阿米巴
实战落地108招

李春佳◎著

中国商业出版社

图书在版编目（CIP）数据

阿米巴实战落地108招 / 李春佳著. -- 北京：中国商业出版社，2022.8
ISBN 978-7-5208-2065-3

Ⅰ.①阿… Ⅱ.①李… Ⅲ.①企业管理-通俗读物 Ⅳ.①F272-49

中国版本图书馆CIP数据核字（2022）第100655号

责任编辑：包晓嫱
（策划编辑：佟彤）

中国商业出版社出版发行
（www.zgsycb.com 100053 北京广安门内报国寺1号）
总编室：010-63180647　编辑室：010-83118925
发行部：010-83120835/8286
新华书店经销
香河县宏润印刷有限公司印刷

*

710毫米×1000毫米　16开　18.5印张　270千字
2022年8月第1版　2022年8月第1次印刷
定价：68.00元

****

（如有印装质量问题可更换）

序

企业的新生、再生与重生

对于今天的人们，提起阿米巴经营模式也许不再陌生。但要了解它的来龙去脉，就不得不从20世纪五六十年代说起。

话说1959年，稻盛和夫在日本创设京瓷公司，他希望将自己拯救松风工业所练就的技能充分施展出来。彼时，"'U'字形绝缘材料"——一种新型的陶瓷材料，给松风工业带来了大量订单，由稻盛和夫主管的"特陶课"因研制出该种材料而成为该公司唯一盈利的部门。

那时的稻盛和夫，口中谈论的不仅是对未来电子工业发展的期望，还有对企业如何提高人才利用率、增添经营活力的见解。隐约间，稻盛和夫的经营哲学已经萌芽破土，他似乎找到了迅速推动企业发展的法门，对于京瓷公司的未来充满信心。但现实总是与理性悖逆，信心满满的稻盛和夫夜以继日的努力经营换来的却是每况愈下的惨淡现实，为给员工发薪水，他甚至靠卖血来维持企业运转。

未来在哪里？这家风雨飘摇的小公司是否还有机会赢得新生？出身贫困、生性胆小、体弱多病、常被命运捉弄的稻盛和夫早已习惯了与绝望相处，岌岌可危之时他没有放弃，而是通过出让部分股票的方式筹到了一笔钱，留下来最后一批员工。

新创企业要新生，就必须勇敢求新、出新、创新。稻盛和夫带领员工以最后一搏的决心和气势，一边开拓电子零部件加工，一边研发小型尖端通信设备。因为迎合了时代发展的需要和秉持对客户高度负责的态度，日本京瓷公司在短时间内成长为具有综合实力的高新技术企业，此后又逐步兼并了"三田工业""塞巴耐托""雅西卡"等知名企业，业务涉及电子、机械、太阳能技术、珠宝产品及服务、网络等领域。

创业的艰辛让稻盛和夫积累了丰富的商业经验，也深刻验证了自己的商业理念：将一些理想化的理念剔除，引入以实用为主的经营理念。

就在外界认为稻盛和夫将以京瓷为主根向外延伸根脉时，他却在试图寻找其他养分充足的领域植入另一个主根。1984年日本通信行业深化改革，民营企业被允许进入，但面对已经对日本通信市场垄断了100多年的巨无霸——日本电报电话公司（Nippon Telegraph and Telephone，NTT），即便知道这是一块"肥肉"，敢于直接杀入的企业也不多。时年52岁的稻盛和夫力排众议，创立了DDI（第二电电企划株式会社，简称DDI。1984年6月1日由京瓷、三菱商事、索尼、SECOM等25家日本企业合资成立）通信公司，矛头直指NTT。

对于DDI而言，这是新生；对于整个通信行业和稻盛和夫来说，这却是一次再生。但在当时却没有人看好这家企业，即便有稻盛和夫坐镇。

最终，DDI发展成为日本第二大通信公司KDDI（日本电信运营商），排名依然在NTT之后，却成功地在对手身上割下"一大块肉"。NTT很疼，但毫无办法，对手不仅实现了自身的再生，还刷新了日本通信领域，让这个原本死水一潭的领域焕发了勃勃生机；NTT很恼，但也无可奈何，对手的打法从未见过，柔韧如水，无孔不入，力量强大。

研究京瓷与KDDI经营模式的绝不止NTT一家，业内对手、业外看客轮番上阵，希望深入挖掘稻盛和夫是如何管理企业的。一轮又一轮的研究之后发现，在稻盛和夫的企业内看不到一点"以制度、流程为中心，以量化考核为形式"的传统管理的影子，他不把自己的主观意识强压给员工，而是按照事物自身的客观规律进行有效引导，目的是提高员工的主动性和创新意识，关心员工的心灵，尊重员工的付出，重视员工的成长。可以说，稻盛和夫没有进行管理，他也不认为自己是企业的管理者，他对自己的定位是引领者，一个引领大家合力经营将企业做好的智者。

稻盛和夫反复强调：企业发展靠经营而不是管理。因为管理是从生产看企业，运用失当就会导致管理过剩；而经营企业则是从市场看企业，思维是开源的，行为是激励的。

在创办京瓷公司之初，稻盛和夫认为必须确立正确的"管理哲学"，建立制度，并让员工适应制度。但在经历了最初的极困难期后其迅速做了调整，认为"必须建立正确的'经营哲学'，并让全体员工共同拥有这种哲学思想，同时还必须建立能够及时、准确掌握基层组织经营状况的经营会计制度"。为此，稻盛和夫在致力于技术开发、产品研发和营销活动的同时，不遗余力地确立经营哲学和经营会计制度。在京瓷规模不断扩大的过程中，稻盛和夫十分渴望赢得那些同甘共苦、共同分担经营重任的伙伴的信任。于是，公司被细分成若干个"阿米巴"，从内部选拔阿米巴领导，并委以经营权力，培养出了许多具有战略性经营意识的领导者——经营伙伴。

稻盛和夫将员工称为经营伙伴，将公司称为超级阿米巴。

"阿米巴"是变形虫 Amoeba 的中文译音。作为生活在自然界的一种普通变形虫，它的最大特点是能够随着外界环境的变化而变化，不断地通过自我调整来适应所面临的环境。将企业看作阿米巴，就意味着无论企业的外部环境如何变化，企业都要具有不断调整自己并适应新环境的能力。阿米巴经营是以各阿米巴为经营核心，自行制订各自的计划，并依靠全"巴"成员共同完成目标。这种经营模式让一线员工成为经营主角，实现"全员参与经营"。

在各种各样的经营模式中，阿米巴经营模式最为特殊，因为它可以改变组织结构、决策机制、企业文化、价值导向……在阿米巴经营模式中，虽然也有"目标必须达成"的严格要求，但更加重视员工的精神世界和物质幸福，时刻关注员工的个人感受与成长。

凭借以经营思维为核心的不断完善的阿米巴经营模式，京瓷和 KDDI 始终处于高速发展的轨道，双双跻身世界 500 强。稻盛和夫成为日本人民心中的骄傲，人们将他与松下幸之助、盛田昭夫、本田宗一郎并称为"经营四圣"。

圣人也有疲惫的时候，在65岁时，稻盛和夫被查出胃癌。外界哗然，其本人却表现得平静坦然，手术后宣布退休，只担任名誉会长，同时正式皈依佛门，此后13年他都是修行身心的闲散人与慈善家。当稻盛和夫再一次真正以企业家身份走到前台时，他已经78岁了，受时任日本首相鸠山由纪夫的委托，出任日本航空集团（以下简称日航）董事长。

由于长期官僚体制、组织臃肿、流程畸形、人浮于事、效率低下等问题，日航逐渐"癌症入骨"，截至2009年亏损已高达1328亿日元，于次年1月申请破产，昔日世界第三大航空公司走到了倾覆的末路。为了挽救日航，日本政府组织了以首相为首的"动员团"，请求稻盛和夫出山解救危局。

与前两次创业的新生和再生不同，第三次创业要将已经破产的日航重新带活，是不折不扣的起死回生。白手起家和再接再厉总好过接烂摊子，何况还是异常庞大的烂摊子，这需要耗费很多心血。这位耄耋老人是否有能力和精力收拾旧河山呢？人们拭目以待。

从2010年2月1日出任日航董事长，到2011年3月底，总计424天，稻盛和夫带领日航创造出了新的利润纪录——1884亿日元。再结合上年同期日航净亏损1800亿日元，短短一年多日航收入3600亿日元，这是在它破产后规模和销售额都严重缩水的情况下完成的。虽然与另一家航空公司"全日空"相比，乘客数量很少，却创造了超过"全日空"3倍的利润，这就是奇迹。

创造奇迹的人是稻盛和夫，创造奇迹的体系是稻盛和夫建立的阿米巴经营模式。阿米巴经营模式将企业分割成许多小集体，每个小集体都是一家"小企业"，各自独立经营核算，并将每月的营业额、利润和经费等收支向员工公布，这种家庭账本式的管理方式能将全体员工融入经营中。阿米巴长集结所在组织的全员智慧，根据"销售最大化和费用最小化"的经营原则，带领"巴"员共同完成当月经营目标，从而实现全员参与经营的理想状态。

正因为有了阿米巴，稻盛和夫在宣布接手日航的那一天，一改谨慎的言辞，对外坦言："冬天越是严寒，春天越是樱花烂漫。企业也好，个人也好，都要把逆境作为动力，实现更大的飞跃！"

2013年9月19日，日航回归东京证券交易所，这一事件标志着日航彻底完成重建，距离2010年破产保护仅过去2年零8个月，稻盛和夫再次创造了奇迹！

创办京瓷，再创KDDI，复活日航，稻盛和夫和他所创立的事业一起实现了新生、再生和重生。其实，任何事业从起步到成熟再到获得成功都需要经历这几个阶段，不脱掉几层皮，企业就无法真正长大。蜕皮成长的过程是艰难痛苦的，一不小心就会成为对手的"盘中餐"，没有能绝对确保安全的方法，只有最大限度延展企业生存性的阿米巴经营模式。无论企业处于怎样的阶段，阿米巴就像其本质的变形虫一样能够快速适应，然后发展。对于日航的再次成功，稻盛和夫坦言自己仍是航空事业的门外汉，他依靠的不是专业能力，而是作为一名经营者，在经营企业的经验中归纳出了正确的经营思想和有效的经营模式。他曾说："我没有什么特别的高招，我到日航去，就是要把我的经营思维渗透到日航的员工中去，再没有另外的技巧。"

如今我们研究、学习、借鉴阿米巴，也是希望能将稻盛和夫的经营思维渗入自己的企业中去，以正确的经营思想带动正确的经营模式。但"橘生淮南则为橘，生于淮北则为枳"，同样的模式，因国情不同、环境不同，不是"抄作业"就能消化的。京瓷、KDDI、日航都是在日本的大经济环境之下，有着时代的影响，因此如果只是照搬便难以将阿米巴经营模式的精髓与企业实际相结合，片面的改进无法真正让阿米巴经营模式对企业实现助力，还会因为"水土不服"让企业经营越发失常。

企业的状况各不相同，无法进行统一性归纳，但我们可以将阿米巴经营模式中的精华加以提炼，并以框架形式呈现出来，企业既可以通篇学习，也可以专注精练，找出与自己企业相符合的方法进行组合，形成与自己企业高度适应的独特的"变形阿米巴"。这种运用方式也是稻盛和夫认可的，他不喜欢其他企业对阿米巴进行"复制"和"粘贴",而要有目的地学习和有标的地改进,让阿米巴不断升级。

当企业真正实现了全方位阿米巴,就会形成不可阻挡的内部自驱力,员工从"要我干"变成"我要干"。企业发展的核心是员工,员工强则企业强,员工弱则企业弱。

在"互联网+"时代,人们对新环境的认知焦虑、企业变革的各种尝试和数字技术的飞速发展,共同交织形成了互联网时代的底色。大变革时代的企业面临的是前所未有的生存与发展的考验,阿米巴从历史中走来,在现实中不断升华,必将伴随经济时代的发展走向遥远的未来。

目录

第一章　顶层设计

NO.1——经营理念：全员物质与精神两方面的幸福 / 2

NO.2——经营体系图：由粗放到精细逐步推进 / 6

NO.3——服务顺序：优先保障员工利益 / 9

NO.4——目标意识：阿米巴经营模式下只有一个目标 / 12

NO.5——全员智慧型：降本增效系统 / 14

NO.6——自主经营体：企业内部模拟市场化 / 17

NO.7——本职经营者：变"要我做"为"我要做" / 20

NO.8——经营者意识：让更多的人成为更厉害的自己 / 23

NO.9——利润中心：你的企业里，谁在创造利润 / 25

NO.10——Master Plan：阿米巴目标值是年度内的必达目标 / 27

NO.11——知行合一：答案永远在现场 / 29

第二章　经营哲学

NO.12——经营思维：从管理走向经营 / 34

NO.13——成功方程式：思考方式 × 热情 × 能力 = 结果 / 36

NO.14——敬天、爱人：敬畏之心和关爱之情 / 39

NO.15——以人为本：给予员工最充分的信任 / 42

NO.16——人心转换：让员工获得更多的关爱和体恤 / 44

NO.17——利他性：自利则生，利他则久 / 46

NO.18——做正确的事：工作是磨炼灵魂的道场 / 48

NO.19——精准淘汰：只剔除该走之人 / 50

NO.20——三把尺子：深度理解阿米巴经营思想 / 52

NO.21——四大构件：夯实创造奇迹的地基 / 54

NO.22——五个条件：不只是为利润而生的管理手段 / 58

NO.23——六项原则：精进力的实践与应用 / 60

NO.24——经营十二条：稻盛和夫的切身体悟 / 64

NO.25——经营哲学教育：企业必须重视负责人的人性 / 70

第三章　组织架构

NO.26——组织模型：自下而上的"蜂巢图" / 74

NO.27——四种形态：预算型、成本型、利润型、资本型 / 76

NO.28——四项维度：产品、客户、区域、品牌 / 78

NO.29——四个步骤：阿米巴组织划分的必经之路 / 80

NO.30——拆分与合并：用户第一的平行裂变 / 83

NO.31——量化分权：极致分权的另一面是高度集权 / 86

NO.32——临变结构：从现在开始建立具有竞争力的体制 / 88

NO.33——创建新项目：研究本部和事业本部内的开发部门 / 90

NO.34——"套娃模式"：SBU量化分权 / 92

NO.35——单位化小：创建"最小"的阿米巴组织 / 94

NO.36——人单合一：员工自由组合完成目标 / 96

NO.37——"蚂蚁军团"：平台 + 小组制 / 97

NO.38——缩小作战单元：构建能随时战斗的组织 / 100

第四章　会计体系

NO.39——数据指南针：销售额和费用背后的实际经营状态 / 104

NO.40——经营晴雨表：多层化、精细化、即时化、可视化 / 106

NO.41——"稻盛和夫会计学"：会计七原则 / 108

NO.42——经营会计报表：真正精细化管理和数据化经营 / 111

NO.43——统、分、算、奖：阿米巴经营系统的开源与节流 / 114

NO.44——会计科目：通过系统、分类、联结进行设计 / 116

NO.45——费用：相应时间段内所花费的全部内容 / 118

NO.46——费用分摊："巴"内分摊和"巴"外分摊 / 120

NO.47——时间：员工掌握自己的工作内容 / 123

NO.48——经营核算：依照各级阿米巴的经营会计科目设计进行核算 / 125

NO.49——实绩和余额：进行实时正确的管理 / 127

NO.50——经营损益：精细化管理，数据化经营 / 131

NO.51——单位时间核算表：销售最大化、费用最小化 / 134

NO.52——单位时间附加值：在成本节约方面的剩余空间 / 138

第五章　内部市场化

NO.53——独立核算管理：通过企业内部交易流程实现 / 142

NO.54——内部交易：企业内部模拟市场交易 / 144

NO.55——买卖关系：厘清企业内部存在的交易关系 / 145

NO.56——收支：对"收入"和"支出"负责 / 147

NO.57——订单生产方式：设定销售部门和制造

部门的收入机制 / 149

NO.58——库存销售方式：预先估算产品的定价与销量 / 151

NO.59——内部定价：提升资源有偿意识和完善服务质量标准 / 153

NO.60——外部采购：把市场引入企业内部 / 156

NO.61——交易规则：阿米巴交易双方的风险界定 / 158

NO.62——跨"巴"交易：不同的阿米巴之间进行的内部交易 / 160

NO.63——利息：用经济压力明确责任划分 / 163

第六章　经营最大化

NO.64——全员经营：自己的职场要靠自己去经营 / 166

NO.65——双重核查：一定要执行"双重确认"签收制度 / 168

NO.66——明确结算部门：实现企业经营深度活性化 / 170

NO.67——确定决心：通过会议统一思想 / 174

NO.68——铸灵魂：具有结算意识才是真核 / 176

NO.69——员工意识：变负向思维为正向思维 / 178

NO.70——聚餐会：将员工的内心集中到一起 / 180

NO.71——再生计划：设立"企业再生资源机构" / 182

NO.72——服务单价：把握每一个"最小项目"的收支 / 184

NO.73——脱离本体依存：减少母公司负担 / 186

NO.74——整合：共享价值观和共享目标 / 188

第七章　业绩评价

NO.75——核算贡献：小集体部门核算制度 / 192

NO.76——年度经营计划：体现未来一年的经营意志 / 194

NO.77——组织业绩评价原则：进步性、贡献度、公平性 / 196

NO.78——组织业绩评价模型：主基二元法考核模型 / 198

NO.79——组织业绩考评表：八步填写，完成综评 / 200

NO.80——组织业绩评价：企业绩效分析和评价系统 / 203

NO.81——个人业绩评价：员工对企业的贡献度和进步度 / 205

NO.82——个人业绩评价步骤：先组织后个人 / 207

NO.83——业绩分析报告：分析目标计划值和实际完成值之间的差异 / 210

NO.84——"非绩效主义"：业绩评价不同于业绩考核 / 212

NO.85——二元制：个人业绩评价结果活用 / 214

第八章　激励机制

NO.86——人才素质：阿米巴管理人员的核心要求 / 218

NO.87——胜任条件：各级阿米巴长的任职条件 / 220

NO.88——阿米巴长竞聘制：真人才从竞争中走来 / 225

NO.89——6M实效模型：人才的快速复制 / 227

NO.90——单元奖励：精神奖励和物质奖励双轨道 / 230

NO.91——全面薪酬价值：企业高、中、基层的奖金结构 / 232

NO.92——三三制薪酬：个人价值—岗位价值—绩效价值 / 234

NO.93——岗位工资：对单一工资进行拆分 / 236

NO.94——贡献奖金：实现战略吻合与能效结合 / 238

NO.95——员工奖金：确定奖金的来源、总额与分配标准 / 240

NO.96——年度效益奖：任务达成与任务超额 / 243

NO.97——期权薪酬：对优秀者的最大奖励 / 245

NO.98——股权激励：留住最核心的人才 / 248

第九章 导入推行

NO.99——六项要点：导入阿米巴是"一把手"工程 / 254

NO.100——调诊结合：详细调研与全面诊断 / 257

NO.101——设立关键部门：异常重要的"管理部门" / 260

NO.102——PDCA 循环圈：创建阿米巴经营循环改善系统 / 262

NO.103——经营分析会：让员工像老板一样思考、决策和执行 / 265

NO.104——年度计划：确立阿米巴经营的主线 / 268

NO.105——月度计划：实现高透明度经营 / 270

NO.106——执行计划："巡视 100 次"的宗旨 / 273

NO.107——反馈结果：对照预算和年度计划展开深度讨论 / 275

NO.108——评估结果：使用结果进行验证 / 277

第一章 顶层设计

NO.1——经营理念：全员物质与精神两方面的幸福

想要理解稻盛和夫的经营理念，理解阿米巴经营模式的神奇，我们先来看看日航重生后稻盛和夫的自述。

1962年以来，日本政府的"企业再生支援机构"协助破产企业重建，总共有138家符合条件，其中有将近半数的59家企业在重建过程中最终消亡，而重新获得上市的企业只有9家，而且从着手重建到上市需要的最短时间，也花了7年多的时间。日航从宣告破产重建到重新上市，只用了2年零7个月的时间，所以许多人不相信我们，认为我们肯定是有些虚假的动作，而且还断言一定会出现第二次破产。

我想，媒体的怀疑是有根据的，这样猜想是因为日航在过去的几年中，已经宣布过多次重建计划，但是最终都没有实现，最后不得不选择破产。但是，我在这里可以很自豪地告诉大家，2011年度，我们的纯利润已经达到了1840亿日元，预计2012年度将会达到2490亿日元。能获得这么高利润的航空公司，在全世界范围内为数很少。而且，日航重新上市后，政府通过再生支援机构支援我们的3500亿日元的资金，我们不仅已经全额偿还，而且还多给了3000亿日元，在政府财政困难的情况下，这也算是我们对于国家的一份贡献。

日航为何能够在这么短的时间里获得新生？许多专家学者正在研究、探讨其中的秘密。我想，除了金融机构免除了公司的债务之外，政府也提供了重建支援资金，还有广大的股东给予的理解和支持。如果一定要说到秘密的话，那么这秘密会有5个。

第一，我零工资的奉献，给了全体员工以很大的精神鼓励。我接受政府的邀请出任日航董事长时，已是近80岁的老人，这个年龄在许多员工眼里，我是他们的爷爷、父亲或叔叔。更重要的是，我一生与日航没有什么关系，却愿意不领一分钱的工资为日航的重建奉献最后的力量，这无疑是给了全体员工一个很好的榜样。

第二，按照政府再生支援机构的重建要求，日航要裁掉一部分员工，但同时也要保障有更多的员工能够继续留在公司工作。我之所以答应政府的邀请到日航来担任董事长，是因为我认识到不能让日航倒闭，不能让它影响到日本经济，同时尽可能地保住更多人的工作机会。所以，虽然社会上也有些议论和反对、担忧之声，但我还是以一种历史责任感走进了日航。

第三，我担任董事长后做的第一件事，是要明确日航的经营目标，并将这一目标反复地向全体员工传达，目的是让每一位员工时刻牢记自己要做什么，公司要做到什么。这一做法，与我创建和经营京瓷公司、KDDI公司一样。我觉得，企业是为了全体员工的幸福而存在的，企业如果仅仅为了追求利益而不顾员工的幸福，那么员工的心就会离去。因此，只有把员工的幸福放在第一位，大家团结一心，经营者与员工的心灵产生共鸣，这样的企业才能走出困境，才能获得健康且长久的发展。

第四，我在日航担任董事长后，我用我的经营哲学和人生观，对企业进行了改革，尤其是对官僚体制进行了彻底的改革。日航之所以会破产，是因为盲目的扩张和严重的官僚主义。因为现场与总部的渠道不同，导致现场的要求和问题反映不到管理层，所以，我首先对企业的经营服务意识进行了改革。

我原本以为，航空公司最关键的要素，是拥有最先进的客机和最完善的设施。但是，当我成为日航董事长后，我发现事实并不是这样的，能够给乘客提供一流的优质服务和舒适安全的飞行环境，才是最为重要的。因此，我深入第一线，与乘客、与机长、与客舱服务员、与行李搬运员、与其他的地勤人员交流，一起商议提高服务质量的问题，一起研究如何改善客舱餐，并且制定了40个项目的服务内容，让员工和我一起拥有共同的价值观、拥有共同的经营理念，做到"物心两面"一致，日航新的企业理念也因此形成。

如何让优秀的员工脱颖而出，选拔优秀的员工担任管理干部，培养一批年轻优秀的人才，也是我们十分重视的工作。因为只有这样，公司才能真正地打破陈旧的官僚体制，才能让每一位员工树立起经营者的意识，建立起一种创新的公司规则，人人成为公司的主人。

第五，我担任日航董事长后，最为吃惊的是，公司的各项统计数据不仅不全，而且统计时间还很长很慢，往往需要3个月之后才能搞全数据，这样就使得经营者无法迅速掌握公司的运营情况。所以，在对企业内部进行改革时，我特别关注统计工作。经过改革，现在各个部门的数据都可以做到即有即报，公司详尽的经营报告，做到了1个月内完成。

同时，对于公司内部经营体制实施了改革，实行了航线单独核算制度，并确定了各航线的经营责任人。

许多人认为，对于企业的经营最重要的是确立经营的战略，但是我认为，最重要的是那些看不见的公司风气和员工的意识。也就是说，如果每一位员工都能够以自己的公司而自豪，都能够发自内心地为公司服务，那么这家公司就一定会发展得很好。相反地，如果员工成为批评家，经常批评自己的公司，那么这样的公司就一定会破产，即使经营者再努力也好不起来。

所以，日航之所以能够走出困境并且重新上市，就是因为在短短的两年多时间里，公司风气改变了，员工的意识改变了，员工能够发自内心地与公司同心同德同努力。所以，我要感谢我们的员工，是他们辛勤的努力和付出，拯救了自己的公司。这才是日航获得重生的最大秘密。

当泡沫经济崩溃后，日本经济受其影响迟迟无法走出低迷泥潭，大小企业都无法重现昔日辉煌的发展势头。除了常规的无法改善的经济通缩状况、快速演进的老龄化、严峻的全球竞争外，还有更为深刻的原因，如企业和员工之间的关系逐步发生了变化，员工的能力和员工对企业的热情不能被充分认可，企业仅仅依靠经营者和部分精英来支撑，如此一来，企业发展必然受限。

稻盛和夫率领KDDI成功从NTT身上"挖肉"，借助的就是人的力量，具体说是全体员工的共同努力。即通过阿米巴模式让所有员工参与经营，拉动全体员工高涨的士气和刻苦的精神，凝结全体员工的智慧和力量，毕其功于一役，最终成就KDDI。

既然企业发展的最核心力量来自员工，那么企业经营的目标也应首先为员工服务，这是稻盛和夫在创立和经营企业的过程中逐渐得出的结论。

在创立京瓷之前，稻盛和夫凭借不断的自我学习成为松风工业的技术大牛；在创立京瓷时，他将企业定位为"让稻盛的技术发扬光大"的平台。但在创业第二年企业遭遇经营危机时，他的经营理念被迫发生了大转变。起因是员工逼迫稻盛和夫保证给他们涨薪和发奖金，因为在日本员工选择企业，哪怕是一家微不足道的小企业时，这些年轻人也是抱着托付终身的愿望而来的。所以，当稻盛和夫了解员工的心声后，他对自己之前确立的经营理念感到非常后悔，甚至产生了德不配位的想法。但在当时，他对企业经营还缺乏足够的自信，因而"无法保证员工的诉求"，但也与每个人推心置腹地交谈，最后，终于有一部分人愿意留下。

那是一段极其艰难的时期，稻盛和夫面临着内忧外患。也正是这段时期，使得他对经营企业的思考得以深入，最终他得出了结论，企业存在的目的并不是为了实现经营者个人的梦想，而是为了守护全体员工及其家人的生活品质，为了实现大家的幸福。

在创立京瓷的第三年，稻盛和夫正式修正了企业的经营理念，并要求他本人与每一个京瓷人铭记。（见图1-1）

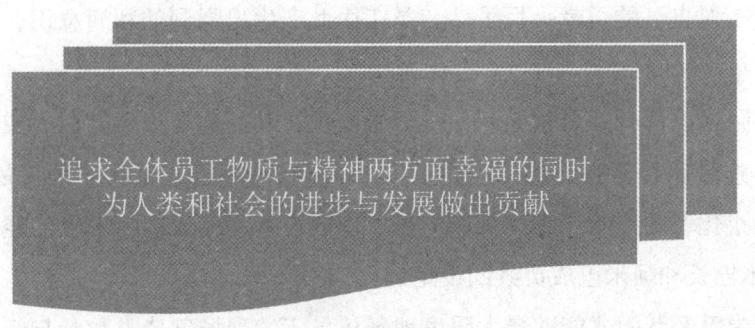

追求全体员工物质与精神两方面幸福的同时
为人类和社会的进步与发展做出贡献

图1-1　经营理念

这不仅仅是字面上的改变，而是全员价值观的改变。由于企业经营的目的变成了"追求全体员工物质与精神两方面的幸福"，所以作为创始人的稻盛和夫和全体员工之间的关系从支配者与被支配者、管理者与被管理者，变成了为共同目标奋斗的"同志"，变成了将京瓷当成"自己的公司"的自家人。

NO.2——经营体系图：由粗放到精细逐步推进

我们已经知道，如果单说"阿米巴"，那它就是一种会变形的虫子（Amoeba），因其可向各个方向伸出伪足，从而体形不定而得名。这种生物有极强的适应能力，在地球上存在了几十亿年，是地球上最古老、最具生命力和延续性的生物体之一。

阿米巴虫的特性启发了稻盛和夫，他认为创立企业就要像阿米巴虫一样，柔软有弹性，可随时变形，有超强适应能力，因此创立了阿米巴经营模式。稻盛和夫将京瓷公司划分为1000多个阿米巴，均由5～10人组成，每个阿米巴都如同一家小企业一样进行独立核算与运营，各阿米巴的营业额、利润、经费等收支，在每个月月末被迅速结算出来，之后在公司内部公开。这样做的好处是，不仅可以让利润中心下沉，而且各阿米巴的业绩也很清晰，员工对自己的贡献一目了然，员工由此产生出强烈的利润意识，充分做到以"单位时间核算"的经营指标为基础，实现附加价值最大化。

各阿米巴都有一名领导者——阿米巴长，其一边凝集"巴"内成员的智慧，一边带队经营自己的"小企业"，即所在阿米巴，践行"销售最大化、费用最小化"的经营原则，带领"巴"内成员共同完成本阿米巴的经营目标（由阿米巴长和阿米巴成员共同设定）。

阿米巴经营模式能够最大限度地释放员工的现场创造力和参与经营的积极性，员工能切身感受到自身在工作中不断成长，能品尝到与伙伴们一起达成目标的喜悦感和成就感。可见，阿米巴经营模式可将大企业的规模和小企业的优势统揽于一身。

阿米巴长经营自己阿米巴的过程中，通过数字信息技术或手段掌握本阿米巴的经营情况非常重要，但阿米巴长的主要任务是经营，不是管理，所以不能让信息收集工作牵绊阿米巴长的精力。通常阿米巴内会设立专门收集和加工信息的小部门，所要收集的信息包括当月销售额、成本、固定费用、变动费用、盈利情况、单位人效、单位时间附加值等。每一条信息都需要在信息系统的支持下随时把握，要做到即便没有经营会议，也能让阿米巴长在第一时间获得第一手资料。

阿米巴经营模式的运用效果，是将"复杂的管理问题"提升到"经营"的高度，因为管理不是目的，"获取经营成果"才是企业存在的根本。

京瓷实行了阿米巴经营模式，所以自创业以来从未亏损，并且仍在持续发展壮大；顺利导入阿米巴经营模式的KDDI和以阿米巴经营模式为核心重建的日航，也都实现了高收益。由此让我们更加明白，企业经营的根本是围绕战略目标、战术目标和具体目标进行的，将执行的方法和手段赋予员工，通过量化授权的方式让员工自动自发地去实施、去创造、去改善。（见图1-2）阿米巴经营模式是真正激活"人心、机制、效益"的企业经营模式。

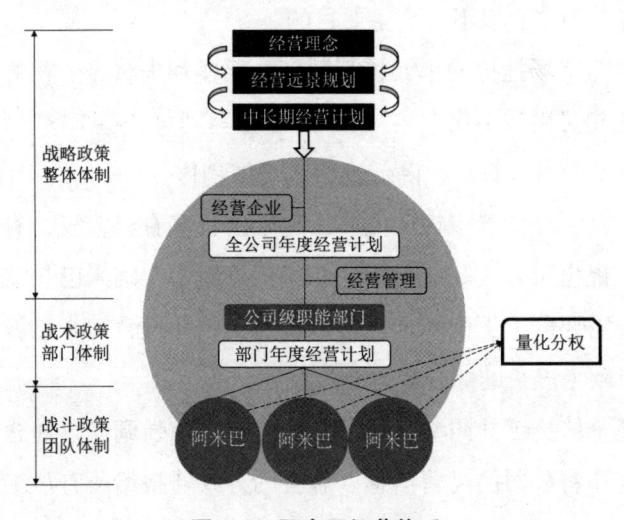

图1-2 阿米巴经营体系

一度，稻盛和夫将阿米巴经营模式当作独家经营秘籍，打算绝不外传。但后来他意识到要让阿米巴经营模式被更多人了解和应用，因为这也符合其经营理念的后半部分——"为人类和社会的进步与发展做出贡献"。为此，稻盛和夫在2006年出版了《阿米巴经营》一书，同时他愿意与大家共同讨论阿米巴经营模式的现状与未来，以及有哪些面向未来的可能性。

阿米巴经营模式既是方法，也是组织形态，是在正确经营理念的指导下，把组织划分成一个个独立的经营核算单元，通过自行制订各自经营计划、自主经营、独立核算，并依靠全体成员的智慧和努力来完成目标。也可以这样说，即每个阿米巴就是一个小企业、小公司、小商店，它们之间是买卖关系。

具体来说，阿米巴经营模式主要包含以下两个内容。

一是在企业的组织形式上，按照一定颗粒度把企业分割成独立核算的若干单元，其目的是鼓励和引导全员从经营的角度思考问题，实现全员参与经营。

二是在企业文化和价值观上，以高度统一为塑造目的，保证各独立单元的目标一致性和对各独立单元的可控制性，从而极大地提升企业竞争力，使企业做大、做强、做久。

阿米巴经营模式有以下三个主要目的。

一是确立与市场挂钩的单元核算制度。稻盛和夫将企业核算定义为"追求销售最大化和费用最小化"，并要求可以核算到每一道工序、每一个个体，所有员工都要学会自己算账，降低支出，增加销售。

二是培养具有经营者意识的人才。阿米巴长享有经营权，有权制订本阿米巴的计划，提出符合实际的目标。在经营过程中，阿米巴长需采取各种措施减少消耗，需要同上下游阿米巴协商谈判，因此经营阿米巴就是经营独立的小企业，对阿米巴长的综合能力要求极高。

三是实现全体员工共同参与经营。稻盛和夫在强调经营理念并获得员工认可的同时，还将公司的经营信息以晨会的方式通报给所有员工（包括新人和临时员工），实现"玻璃式透明经营"。这样一来，员工能及时掌握公司信息，明确努力的方向和成果。

由此可见，稻盛和夫的阿米巴经营模式就是"制度上分权+精神上集权"，这两点互为支撑。制度上分权必须以精神上集权为保障，只有统一了思想才能保证各路"诸侯"步调一致；精神上集权必须通过制度上分权加以释放，利用行动的多样性保证了企业未来发展的更多可能性。

NO.3——服务顺序：优先保障员工利益

稻盛和夫在接受采访时说："企业的职责很多，但首要职责是实现全体员工物质与精神两方面的幸福。"阿米巴经营模式的最终目标是成为高利润率和高幸福度的企业，也就是说，企业的利润率和员工的幸福度二者之间成正比，利润率越高员工也感到越幸福，这也是正向企业成长理念，与很多企业通过压榨员工的幸福度来获取高利润率的反向成长理念完全不同。

众所周知，企业的首要职责是获取利润，因为获取利润是确保企业生存与发展的唯一标识。但利润不是躺在记录页上的数字，利润需要有具体的去向，只有让利润被正确运用起来，让企业不断强大才是获取利润的根本动力。

说到正确运用利润，人们首先想到的是为企业发展注入资金，如更新设备、引进人才、开拓市场、研发产品，等等。往往很少有人会想要运用利润来提高现有员工的物质待遇，这种做法通常被认为是没必要的。因为现有员工每天做着该做的工作，薪资待遇照常发放，这是正常的交易。

稻盛和夫不认可这种常规认知，他认为企业追求利润不只是为了完成企业扩张，更不是为增加企业家或少数人的财富，而是要着力提升员工待遇，让员工获得更高的物质享受和精神享受。他认为，只有优先保障员工的利益，建立与员工幸福度有关的体制，才能获得员工的认可，才能得到员工的拥护。任何企业想要发展壮大，都需要有全体员工积极配合执行，作为强大后盾形成的助推力。

员工的幸福度一定和其所得的物质收入有关，也与其受到的尊重程度有关。员工赚取薪资收入可以有两种模式：一种是"爱一行干一行"，是因为兴趣而从事某个行业或岗位，一定是充满斗志的；另一种是"干一行爱一行"，是因为现实需要或工作安排而从事某个行业或岗位，没有兴趣作为前提条件是很难产生"爱"的。一个人做自己不喜欢的工作就难以提起精神，心情不会舒畅，也不会有斗志。因此，让员工做他自己喜欢的工作，让员工按照自己喜欢的方式做事，决定着员工能否发挥出自身潜藏的能量。

阿米巴经营模式可以让员工根据自己的兴趣、喜好进行定位和自由组合，这样形成的阿米巴团队极有凝聚力和战斗力。而且，在企业人力资源调配方面，可以最大限度优化人力资源的供应与开发，在没有加重企业负担的情况下，员工满意度和创造力可以得到大幅提升，企业业绩也将大幅提升。

企业通过组建阿米巴，利用更简单的组织流程、更灵活的市场应对和更高效的自主行动，保证团队有意愿、有空间、有能力聚焦于客户的需要和效率的提高，通过各阿米巴成员的持续努力，销售收入最大化，成本费用最小化，从而实现更多的经营利润。再结合员工自身的兴趣爱好，就会积极主动地完成更多工作，企业地位和形象在员工的积极行动中会不断被增强拉高，利润率不断攀升。有了经济效益的大蛋糕，员工是第一批分享蛋糕的人，员工的幸福度会进一步提高。这种正循环如同利益的永动机，员工能够持续创造更多收益，也能持续分享更多收益，企业也在持续壮大着。

真正成功的人都是帮助别人获得成功的人，真正幸福的人一定是为别人创造幸福的人。稻盛和夫做到了这两点，他说："即使是小公司，年轻员工也是把自己的一生托付给了公司。所以公司有更重要的目的，就是保障员工及其家庭的生活品质，并为其谋幸福，而我必须带头为员工谋幸福，这就是我的使命。"

因此，稻盛和夫在经营企业中，始终把谋求员工及其家庭的幸福作为公司第一目标，为了合作商的员工及其家庭的幸福位列第二目标，客户排在第三目标，社区和股东分列目标的第四位和第五位。（见图1-3）在稻盛和夫的思维中，自己作为企业创始人的利益是同公司绑定的，而公司的利益是建立在员工利益的基础之上的。因此，稻盛和夫的终极目标也可以看作是追求成为幸福型企业。

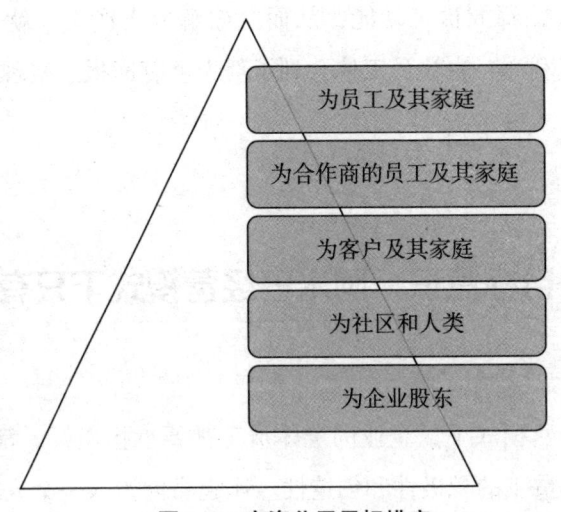

图1-3 京瓷公司目标排序

（金字塔自上而下）：为员工及其家庭；为合作商的员工及其家庭；为客户及其家庭；为社区和人类；为企业股东

虽然稻盛和夫的目标排序图中没有标示出企业创始人的利益，但并不表示创始人就可以不被重视。企业发展的关键在于人的发展，创始人也是企业的一员，还是很重要的一员，其幸福度也应该得到重视。

创始人的幸福体现在是否得到"解放"。通常情况下，企业创始人都是企业的"一把手"，如果不是陷自身于"囹圄"，谁也不可能将一把手"拘禁"。但就是有很多创始人坚持事必躬亲，把自己搞得疲惫不堪，但企业从人才建设到销售经营却一直上不了正轨。原因就是"一把手"管得太多，下面的人被管"傻了"。稻盛和夫本人也曾有过一段"既当爹又当妈"的日子，研发、生产、销售一条龙负责，公司生意却每况愈下，直到要卖血求生。

当他意识到公司虽然是自己创立的，但绝对不是只属于自己一个人的，而是属于每一个在这里打拼的人，于是他转变了思维，希望公司内部有更多的人一起出来承担责任、分享成果。阿米巴经营模式就在这种状况下诞生了，虽然在运行初期仍然有些稚嫩，但效果明显。各阿米巴独立自主后，都成了利润的创造者，通过与市场直接联系的独立核算制进行运营，一线员工直接参与经营，人人都有资格成为经营者。从公司内部选拔出来的阿米巴长，都被量化授权，既委以重任，又可升可降，一些优秀的经营人才迅速被挖掘出来。

解放创始人，释放员工动能，从而全面解放生产力，就是一种成长理念。既获得了高利润，也让员工体会到了努力就有回报，实现了幸福型企业的愿景。

NO.4——目标意识：阿米巴经营模式下只有一个目标

在阿米巴经营模式下，企业的全体员工都要承担指标，都要参与经营，以此来发挥全体员工的积极性和创造性。比起靠创始人一个人或创始团队少数人的企业经营模式，阿米巴经营模式确实相当先进，是非常理想的经营管理体制。

单位时间核算是衡量企业运行各环节贡献大小的指标，并非晦涩难懂的会计学，而是简单表格形式的列出。下面是某企业制造部门阿米巴的单位时间核算表。（见表1-1）

表1-1　单位时间核算表（制造部门）

总出货	
对外出货	
内部销售	
内部采购	
生产总值	
扣除总额	
原材料费	
商品采购费	
外包加工费	
维修费	

续表

总出货	
水、电费	
部门内公共费	
工厂经费	
内部技术费	
返还利息	
临时花费	
结算销售额	
总时间	
正常工作时间	
加班时间	
部门内公共时间	
当月单位时间核算	
单位时间产值	

单位时间核算的计算方法：①阿米巴给自己的产品或服务按照企业内部行情或市场行情设定一个具体的价格，并按照这个价格同企业内部其他阿米巴或其他公司进行交易。②成交价格由交易双方协商而定，交易所得金额就是阿米巴总收入，从总收入中减去除劳务成本外的其他费用支出成本后得出的数目就是阿米巴创造的附加值。③用所得的附加值除以阿米巴成员的总工作时长，得出的数值就是"单位时间核算"。这个结果体现了该阿米巴单位时间里所创造的附加值。（见图1-4）

（阿米巴总收入 – 除劳务成本外的其他费用支出成本）÷ 总工作时长 = 单位时间核算

图1-4 单位时间核算的计算公式

一般在企业内部，工作目标是不够明确、坚定的，决策层经常会因外部环境的挤压而产生很多想法，比如说，这里要改进、那里要提高，因而经常会有新目标被制定出来，这样的行为会导致员工在执行时难以明确工作重心，工作常常半途而废，久而久之员工将失去工作积极性。但在阿米巴经营模式下，目标只有一个——单位时间核算（每个人每小时创造的附加值）。

企业既然将经营主动权交给了一线员工，就应尽可能简明地给出发展方向，单位时间核算正好符合这一要求。一般情况下，提高单位时间核算的方法有三种：增加销售额、削减费用、缩短劳动时间。企业只需瞄准其中一种，并想方设法去改善就可以了。若是能够做到"三管齐下"，必定会得到最佳效果。

树立明确的目标能够最大限度激发基层员工的活力，让员工享受到达成目标后的成就感。新目标的制定必须要建立在原有目标的基础之上，即在原有实力的基础上再提高多少，并据此制定单位时间核算的预算。无论这个预算值是高还是低，都必须要体现出新目标的创新点，并且是一个"跳起来够得着"的目标。

目标在可实现的范围内越苛刻，达成目标后的成就感就越强烈，但也要注意不能超过实际情况。

单位时间核算制度可以最大限度刺激各阿米巴之间的竞争。单位时间核算的运用完全跳脱了规模的限制和产品带来的影响，即使是规模很小的阿米巴，若能尽量节约成本支出，并做到提高单位时间效率，也可以取得让人喜悦的成绩。

NO.5——全员智慧型：降本增效系统

稻盛和夫说："好的经营就是如何扩大销售额、如何减小费用的问题，一点都不难。"京瓷和KDDI能保持几十年高利润，日航能从破产迅速转为盈利，都是按照"销售最大化、费用最小化"的经营原则来运营企业的。

企业在贯彻"销售最大化、费用最小化"的经营原则时，需要着重把握"何谓正确"的经营原点。也就是说，企业该降低的成本每一分都要节约，不该降低的费用一分都不能少花。例如，员工工资，不仅不能随便降，还得依据实际情况予以提升。

因此，阿米巴经营是一套汇集"全员智慧"的降本增效系统解决方案，是实现企业与员工共同富裕的经营方式。

某食品精加工企业引入阿米巴经营模式，通过一年多时间的努力，实现了"SBU 量化分权"和"Min-SBU 量化分权"两个阶段。

SBU 是 Strategical Business Unit 的缩写，即战略业务单位，意思是每个人都成为经营者，每个人都具有企业家精神。SBU 具备四个组成因素。（见图1-5）阿米巴经营模式实质上就是事业部制（SBU 量化分权）在企业中的进一步深化实施，是更加精细化的 Min-SBU 量化分权。

明确的目标

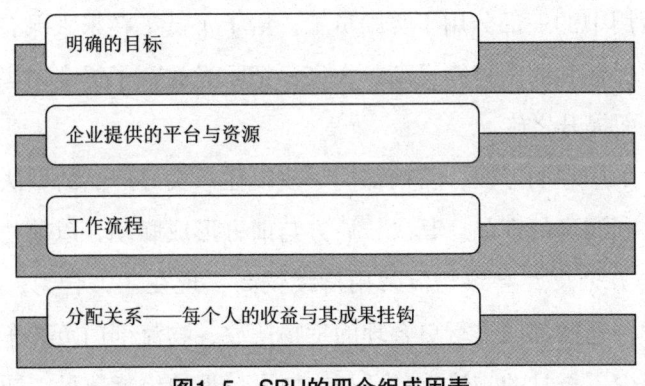

企业提供的平台与资源

工作流程

分配关系——每个人的收益与其成果挂钩

图1-5　SBU的四个组成因素

此前该企业销售额连续 3 年在亿元上下徘徊。自从实施阿米巴经营模式后不到两年的时间，企业销售额成功突破 3 亿元大关，整体费用率在原基础上不仅降低了近 10%，而且还抵御住了金融危机后主要食品原材料成本上涨高达 26% 和企业整体费用上涨 8% 带来的经营风险。

该企业取得如此巨大的改观究竟是如何做到的呢？下面我们仅通过促销赠品费用所占比这一个方面进行介绍，便可看出端倪。

在导入阿米巴经营模式之前，该企业因促销的赠品费用达到总支出费用的 9.5%，会有如此高的赠品支出费用只是因为大区经理们反映竞争对手的赠品费用支出比例都在 10% 左右，为了抢占市场份额也必须这样做。

在引入阿米巴经营模式后，通过经营会计报表直接反映各大区的利润指标。因为每个大区经理都有利润指标，在销售额提升较慢的情况下，大区经理们都知道降低费用支出是最快速提升利润的方式。但这种认识并未形成统一，所以各大区的做法也不一致。在 1 个月之后的业绩评价会上，有的大区促销赠品费用率仍在 10% 左右，但有的大区的促销赠品费用率已经开始下降，最好的一个大区已经接近 8%。企业高层看到了实质性变化，于是，正式通过经济和精神两个方面表彰赠品费用率下降最多的大区的全体员工。3 个月后，企业的促销赠品费用率已整体降至总支出费用的 6% 以下，下降幅度接近原来的一半，效果非常显著。所有员工都在保证促销效果的前提下想方设法地降低赠品费用的支出数额，几个月后赠品费用支出比例已经降低至企业总支出费用的 2.5% 左右，可以说到了降无可降的程度。企业方面将节约下来的费用中的一部分用于奖励员工，给予了员工在未来保有节约成本的动力。为了保证利润率持续提高，大家又把眼光放在了提高销售额上，开启了另一场全面提升之旅。

首先，采用利润考核，营销部门一改以往只卖好产品的做法，现在积极主动地销售利润高的产品。其次，后方与前方形成联动，以前物流、仓储和销售总是三方扯皮，导致物流费用持续偏高，现在三方合力，销售部门进行客户管理，仓储部门进行更合理的货物摆放，物流部门负责车辆与路线安排。虽然减少了每月的物流次数，却增加了单批的出货数量，同时增设了几个中转仓库；虽然提升了人力资源费用，但大幅度节省了运输时间和费用。再次，研发部门不再埋头苦干，而是抬头看路，与生产和销售部门展开了深度合作，研发部门能够与市场快速地对接新产品，并且尽可能降低生产过程中的复杂系数，为企业的成本节约和销售提升同时立下大功。最后，生产部门开启全面的精益生产，从改进生产设备、改良生产环节、改建园区各类生产辅助工具入手，在降低生产成本的同时，极大提高了生产效率。

关于该企业的阿米巴经营模式的改进措施不再一一细说，只要明白一点，就是一切都是围绕扩大销售额、减少费用支出而进行，利润就是两者间的差额。

因此，经营企业的关键是，不应拘泥于一些常识认知或固定概念，比如，原材料费应占总生产成本的百分之几，促销费必须达到多少，等等。为了实现销售最大化和费用最小化，企业经营的关键在于不断付出坚韧不拔、持之以恒的努力。

NO.6——自主经营体：企业内部模拟市场化

将企业的传统经营模式与阿米巴经营模式进行对比后，可以得出一个形象的比喻，就像是老式绿皮火车 VS 高铁动车组。（见图1-6）

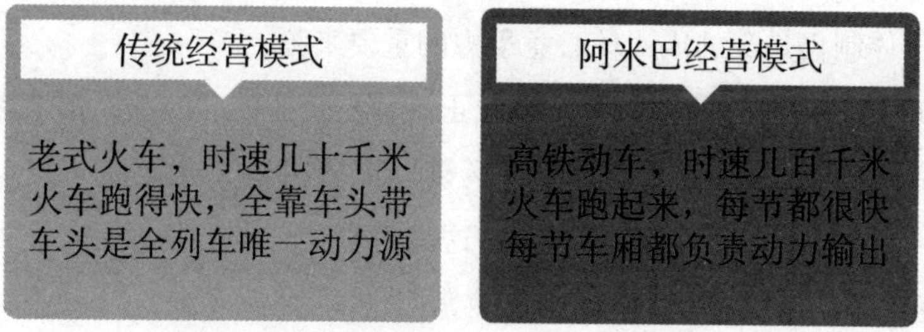

传统经营模式	阿米巴经营模式
老式火车，时速几十千米 火车跑得快，全靠车头带 车头是全列车唯一动力源	高铁动车，时速几百千米 火车跑起来，每节都很快 每节车厢都负责动力输出

图1-6　传统经营模式与阿米巴经营模式对比

企业的传统经营模式只能以领导带头，领导强则团队强，企业就能跑得快。反之，领导弱则团队弱，企业就跑不动。

阿米巴经营模式之所以是"老式火车"到"高铁动车组"的进步，原因在于员工具备了对企业的利润负责的态度！企业通过阿米巴组织划分，让每个阿米巴都成为独立的盈利中心，阿米巴组织架构比传统的行政组织架构更具成本意识和盈利思维，因此更具效率性，使得企业更容易成长起来。

例如某企业在引入阿米巴经营模式前，其组织划分主要采用功能型结构，设置了 N 个部门——研发部、生产部、销售部、市场部、导流部、财务部、人力资源部等。各部门不具有独立性，都由企业高层领导直接管理，实行集中控制和统一指挥。这种传统组织结构的优点是直线管理，一级对一级负责，号令统一，行动一致，便于统一管理。但弊端也很明显，责权划分不明、管理层级偏多、组织机构冗余、专业化程度不够等，难以形成合力。显然传统组织结构的弊端要大于优点，但仍有很多企业领导者抱定不放，其核心原因在于能够掌握决策权。但因为没有明确的制约性，所以最后出现的局面很可能是，成也领导，败也领导。

采用阿米巴经营模式之后，企业不再由部门职能去构建组织结构。企业组织架构得到细分，即使是最底层的阿米巴同样能够最大限度地发挥企业的整体能量。其中最为重要的是，经过组织划分后，员工的权、责、利等方面将得到细化，工作上必然更加积极主动。

1998年，美的集团效仿松下公司，在其内部全面推行"事业部制"改造，形成了以"集权有道、分权有序、授权有章、用权有度"的16字方针为核心的事业部分权体制，直接促成了美的集团业绩新一轮高速增长。至今这套分权体制仍是美的集团核心竞争力的重要来源。

1998年，海尔集团创始人张瑞敏正式提出企业的"内部模拟市场化"机制，在海尔集团内部全面推行"市场链"流程再造，并提出了"人人是人才，赛马不相马"的全新用人理念。这是与京瓷阿米巴经营模式极为相似的模式，被称为"自主经营体"。

"自主经营体"是指在用户需求的推动下，由企业内部来自不同职能部门的市场数据链接各环节（包括市场、企划、研发、生产、供应链、渠道、人力、财务等），组成的能够共同对用户需求进行及时反应，并能独立核算投入与产出的自主经营团队。

可见，这个自主经营团队打破了企业原有的部门界线，形成了跨部门、跨区域、跨项目的综合团队。通过损益表、日清表、人单酬表等核算方式进行独立核算，促使每一位身处其中的员工主动工作。

海尔集团倡导的"自主经营体"模式也在为适应时代发展而不断改进着，保证了"自主经营体"在海尔的良好效果。

1. 公司内部结构的转变

金字塔结构是传统企业的固有组织形式，越往塔尖职位越高。在新经济环境下，这种罗列层级的滞后管理结构已经越发难以适应了，取而代之的是倒立金字塔——倒三角结构。因为三角的尖端朝下，这就意味着企业领导层从最高处降到最低处，而且整个组织的重量都压到这个小尖角上，所以领导层的责任比以往更重了，对广大员工的依赖也更多了。

在海尔集团，处在"倒三角"最上部的是与顾客接触最直接的员工（销售人员、服务人员），往下是各个职能部门，上部员工将市场需求向下反映，保证"市场"为企业各种行动的起点。这种以"市场链"为纽带的组织结构，结合"OEC管理"（日清日高、日事日毕），将每一位员工从被管理的客体改变为参与经营的主体，实现了"人单合一"。

2. 员工自有身份的转变

不仅海尔集团整体转变为"自主经营体"，每一位员工都转变为"微型自主经营体"，员工视自己为自主经营、自负盈亏的"小公司"。集团为每一个"微型自主经营体"设计了一张财务报表——"'微型自主经营体'损益表"，上面将每个人的支出与收入清楚列出，通过具体数字反映员工的工作状态。

由此一来，员工必须对自己负责，并对自主经营的整个流程进行有效控制，争取在周期内实现利润突破。若出现连续两个周期亏损的"微型自主经营体"，集团就要做出人员调整。

3. 企业功能的转变

创业得到企业，企业阻止创业。这句话怎么理解？每个企业都是通过创业得到的，但企业本身却剥夺了处于其中的员工的创业机会。当代经济形势鼓励人们去创业，去做一个"创客"，显然在传统企业中是矛盾的。

海尔集团在成为"自主经营体"后，企业功能发生了转变，其内部搭建起创业孵化平台，将原来只负责执行命令的员工转变为企业的动态创业合伙人。这条"创客链"更加彻底地打破了企业边界，在形成的满足用户需求的利益共同体生态圈中，通过与各平台之间的合作协调，各类优质资源被源源不断地输送到以自组织、自管理方式形成的"小微单元"。

目前，海尔集团共形成了2000多个自主经营体，通过化小经营单元的形式，带动了自身大生态圈的活力，这正是阿米巴经营模式的精髓所在——"小前端+大平台=富生态"。

NO.7——本职经营者：变"要我做"为"我要做"

传统的企业经营模式通常具有周期性，可以形象地比喻为"七年之痒"，其实一般用不了七年，只要两三年的时间，员工与工作之间就会出现矛盾。员工在工作岗位上死气沉沉地应付差事，只要有机会就会不由自主地"摸鱼"。面对这种情况，作为企业领导者所能做的就是两点：一是加大管理力度，抓到就罚，见到就批；二是对员工进行更新换代，但新人变旧人后情况依旧。那么，能不能让员工像老板一样负责，像老板一样思考，像老板一样尽力呢？答案是"能"，但前提是不能在传统企业管理模式中寻找，要跳出管理舒适圈，要到阿米巴经营模式中寻找你想要的。

稻盛和夫说："凡是经营不善的公司，往往有许多缺乏独立自主精神的员工，他们为公司创造的利益还不及自己得到的工资，等于是公司养着他们。"

可见，员工是否具有独立自主精神非常重要。具备独立自主精神的员工通常具有和企业创始人或领导者一样的主人翁意识，如果全体员工都能具有主人翁意识，就是一股极其强大的力量。现实中，具备这种力量的企业可谓是凤毛麟角，因为大部分企业里的员工都习惯于听命令做事，能做到指哪打哪的已经是优秀员工了。

所以，员工不具备独立自主精神的责任不在于员工，必须由企业领导者承担，因为是企业没有给员工创造独立自主的机会，很多领导者甚至还抱有给员工自主权是极大风险的错误观念。在任何情况下，权、责、利三项都是对等的，有了权力才应负责任，敢于负责任才能博得利益，有了利益才更愿意掌握权力和承担责任。只有赋予员工一定的自主权，员工才能体会到真正的责任感，主人翁意识才能萌芽。企业导入阿米巴经营模式正是要彻底将员工的"要我做"心态转变为"我要做"心态。

2003年，京瓷收购了当时仅有40多名员工的东芝化学（无锡）。该公司已经连续8年累计亏损超过1200万元。京瓷接手近一年，公司便扭亏为盈，利润率达到16.1%，其后十几年每年都是更上一层楼。

是阿米巴经营模式改变了员工的思维，大家在各自的阿米巴内完成蜕变。以京瓷接手东芝化学第一年为例，人还是同一批，仍然是早上8时上班，晚上5时下班，过去一天生产70吨产品，3个月时间内就上涨到每天生产150吨，半年后就超过日均生产产品300吨，与生产效率同时提升的是产品质量，订单从四面八方纷至沓来。

如今，企业的人力资源管理越来越倾向于以"人"为导向，这就要求企业培养和激发员工的主人翁意识。而主人翁意识是组织氛围的要项，是企业集体奋斗的思想基础，也是一种在实践中得来的信仰，它所蕴含的是对组织的肯定和认同，是对所承担工作的责任和使命。只有让员工更具主人翁意识，才能充分调动员工积极性，才能增强企业战略的贯彻实施，这决定了企业的凝聚力和竞争力。

"知不知道"+"能不能够"+"愿不愿意"是组织的三类状态。企业的运营体系等保障性因素决定了员工"知不知道"，岗位培训等资源性因素决定了员工"能不能够"，价值观则决定了员工"愿不愿意"。（见图1-7）这三项中，哪一项占比更高，说明组织的实际状态更倾向哪一类。通常情况下，企业更加重视员工"能不能够"，认为员工只要能够胜任工作内容就可以了。但因为企业忽略了"知不知道"和"愿不愿意"，所以员工没有主人翁意识，只是"打工人思维"，这就注定了关于企业发展的任何事情都需要领导者一力承担。

组织中的"知不知道"与安全感相关，如果企业的运营体系让员工成为不知道任何信息、只懂埋头执行的"瞎子""聋子"，那么员工将毫无安全感可言；"能不能够"与荣誉感相关，如果企业的工作内容和工作模式是员工难以适应的，那员工执行工作时就无法获得成就属性；"愿不愿意"和归属感相关，如果员工不愿意主动工作，那就说明其与企业并不在同一思维轨道上，自然也就没有归属感可言。

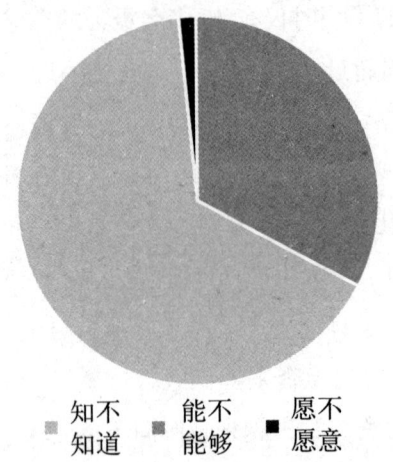

图1-7　组织的状态（以"能不能够"占比60%为例）

　　有的企业的员工，安全感、荣誉感、归属感三样都没有。作为领导者却盲目自信地认为自己已经做得足够好，他们会因此而感到很郁闷：员工为什么就不能多为企业考虑考虑呢？在这里笔者要说的是，这种情况下的员工一定不会为企业考虑，哪怕是一点点。面对这种情况，一些领导者会天真地认为只要放权就能达到预期的效果，因为放权就代表着信任，而信任是相互的，领导者信任员工，员工也必然予以回馈。但通过以上阐述可知，员工的主人翁意识需要集合"知不知道"、"能不能够"和"愿不愿意"三种，绝非简单的、突然性的赋予权力就能收获。在缺乏主人翁意识的组织内，大家没有共同愿景，也没有共同分享的心智模式。如此一来，领导者的盲目放权只能增加组织压力，并且加重组织协调和运营的管理负担。

　　阿米巴经营模式是以经营者和员工、员工和员工之间的信赖关系为基础的全员参加的经营，是一种以人为本的经营体制。在这个体制中，劳动者付出的不仅是劳动，还有智慧、心血、责任感和对企业的情感。阿米巴经营正是由于挖掘出了员工内心的潜藏情感，让每一位员工都带着"自己是经营者"的意识，在感受胜任工作所带来的荣誉感和成就感的同时，也感受到作为主人翁的归属感。因此，阿米巴经营模式是"尊重人性的经营"，是把"体贴人的经营"变为现实可能的经营体制。身处阿米巴经营环境中的员工的工作态度是自发的"我要做"，而非被动的"要我做"。

NO.8——经营者意识：让更多的人成为更厉害的自己

当企业处于新创时期，通常只有几个人，创始人可以事无巨细地管理，此时也需要这样的管理方式，更利于企业生存、壮大。当企业发展到拥有几十人的规模后，"独行侠"式的管理方式就显得吃力，如果企业规模再大一些就根本应付不过来了。稻盛和夫也曾当过一段时间的"独行侠"，京瓷的所有事务都由他一个人做决策，结果呢，心力交瘁换来的是公司的岌岌可危。

创业的过程就像西天取经，路途漫漫且险阻丛生，一不小心就可能前功尽弃。我们既要是唐三藏，有坚定不移的信心；也要是孙悟空，有上天入地的本领。齐天大圣虽然有72般变化，但也要有帮手相助，队伍内部可以依靠猪八戒、沙和尚和白龙马，队伍之外可以寻求佛、道两路相助。但还有一路帮手总会被忽视，却也有很大作用，也是孙悟空最值得信任、从未失手的一路，就是孙悟空的毫毛变出的一群小"孙悟空"，它们共同发力击败一群群妖怪。

稻盛和夫就像是孙悟空，他变出尽可能多的具有经营者意识的自己，这样一来就可以像他那样去经营企业了。当企业内部具有经营者意识的人越来越多，即便企业发展得再快，也不用担心经营不善的状况出现。

那么，如何发掘和培养员工的经营者意识呢？稻盛和夫的做法是将京瓷公司的内部能划分成阿米巴的部门都划分成阿米巴，每个阿米巴都设有阿米巴长，来承担整个阿米巴的经营责任。阿米巴长不仅要像经营者一样思考企业的生存与发展，要与领导者的经营理念保持高度一致，还要保证所管阿米巴的行为都不可以损害企业的整体利益。

稻盛和夫创立的阿米巴经营模式，为京瓷培养出许多能力优秀的企业经营者，保证了京瓷的长期健康发展。后来的一些正确导入阿米巴经营模式的企业，也走上了人才复制的快车道。

某电气企业在导入阿米巴经营模式之前，招聘工作都是人力资源部门负责。因为企业地处偏僻，且技术含量偏高，导致招聘工作难度增大，招来的员工不是能力不达标，就是对企业环境不满意，虽然企业尽力劝服，但仍然解决不了员工流动量大的问题。老员工留不住，新员工招不上，企业生产就会受到影响，即便新员工数量够，但工作能力不足也会影响企业生产。

该企业于2021年推行阿米巴经营模式，直接目的是在企业内部培养具有经营者意识的中高层管理人员，间接目的则是提升企业的综合经营能力。该企业内部划分了多个独立的大阿米巴，每个大阿米巴下面又划分若干个独立的小阿米巴，阿米巴长就是具体负责阿米巴经营的"老板"。阿米巴长首先要做的是招聘员工，根据自己所在阿米巴的经营需要招聘合适的人，至于招聘的方式和被招聘对象的条件都由阿米巴长自行决定，企业不会对阿米巴长在招聘环节有任何要求，但各阿米巴的生产和销售目标是必须要完成的。其次，所有阿米巴长行动起来，积极招入合适的人选，并且深度培养和予以关怀。

随着各阿米巴的建设到位，企业的生产经营项目也能快速推进，生产旺季各阿米巴订单饱和，但仍能保质保量完成。生产淡季，各阿米巴的订单不能饱和，便自行外接订单予以补充，阿米巴长要对所接订单全面负责，外接订单获得的利润由企业和阿米巴进行合理分配。

由此可见，划分阿米巴后，该企业的人才呈现出井喷式爆发，以往一些普通员工如今都成为能独当一面的大将了。这就说明阿米巴经营模式的人才复制模式成功了，但更准确地说并不是复制，而是发掘，使人才以各自的才能通过一种合理的平台凸显出来。

企业通过划分独立核算的阿米巴经营单位，虽然可以发掘出更多的人才，但并不意味着阿米巴划分得越多越好，必须具备以下三个条件。

第一，划分后的阿米巴能够成为独立核算的组织，需要"有明确的收入"，同时能够计算出为获取这些收入所需的支出。

第二，最小单位组织的阿米巴必须是一个能够独立运作的、独立完成业务的单位。

第三，划分后的阿米巴能够明确收支状况，且能够贯彻企业整体的发展目标和方针。

阿米巴长必须全面对自己阿米巴的产品质量、经营成本、人工开支、教育培训、工作效率负责，各阿米巴每个月的产量都以销售额的方式进行结算（见图1-8）。

> 本月生产总数×单价=当月销售总额
>
> 当月销售总额-当月经营成本=当月纯利润
>
> 当月纯利润÷总工作时间=单位时间效益（单位时间附加值）

图1-8　阿米巴的单位时间附加值

NO.9——利润中心：你的企业里，谁在创造利润

成本与利润，如同一枚硬币的正反两面，相互离不开，却又永远背向存在。

企业追求的是利润最大化，但利润一定与成本关联，成本又涉及生产、销售、财务等方方面面因素，如果这些因素都能为利润服务，企业经营就可以从成本中心演变为利润中心。

运用阿米巴经营模式可以使企业内部各阿米巴之间按照市场机制建立交易关系，前提是明确相互之间提供的产品和服务以及收费标准，确定违约责任和索赔机制。比如，某企业制造部门的阿米巴，自行负责调整产品售价，使之能够适应变动中的市场价格，最终形成能够灵活应对市场变化、降低费用、提升利润的独立业务单位。

各阿米巴长在制定销售目标和利润目标时，为提升本阿米巴的收支核算水准，会将目标数字调高。这是一个有挑战性的事情，因为要做到一方面要提高销售利润，一方面要削减成本费用。

实现变"成本中心"为"利润中心"有以下两个比较典型的案例。

1. 海底捞——"拆拆拆"

海底捞是餐饮领域最早实行阿米巴经营模式的企业，外界盛传是由稻盛和夫（北京）管理顾问有限公司辅助落地的，但这种说法被海底捞联合创始人施永宏否定了，说他们并没有接受机构辅导，完全是自己摸索进行的，"就是部门间做核算"。

海底捞逐步拆分出了颐海、蜀海、微海、海海等多个公司，业务内容从一个火锅底料加工、物流配送、工程建设、门店运营等多项业务全揽的公司，分成了多个独立的业务体系。这是典型的阿米巴经营模式——从只有一个决策者的单线经营管理体系，变身成由多个具有经营意识的领导者构成的多维体系。

2016年9月的"心传工坊"活动中，施永宏介绍了海底捞的两次组织结构的变化：第一次是将人力、财务等职能部门变成门店的服务部门，绩效由门店来评价，部门之间"把对方当作客户"；第二次是2012—2013年，把部门全部独立出来成立公司，让一个成本中心变成N个利润中心。"用流行词来说是生态链布局，但我们当时做的时候没有想到生态链，就是为了解决问题而独立的。"施永宏曾说。

但是，任何事都难以做到极致，据海底捞内部人士透露：最初是想将包括行政、法务、厨政、采购在内的所有部门，都设计成阿米巴经营模式。但改了很多次，在运行时因有的部门对定价方面有异议，所以如今并非所有部门都实现了独立核算。

2. 真功夫——增加盈利中心

真功夫以前的利润中心只有遍布全国的将近700家门店，盈利点相对单一。2015年6月，真功夫正式启动阿米巴经营模式，除了门店外，加工配送中心、外卖、市场拓展等部门也可以创造利润，由此增加了3个利润中心。2016年前4个月的利润相比2015年同期增长了2000万元，其中的1300万元以奖金的形式发放给了员工。

与海底捞类似，真功夫也没有实现所有部门的利润中心，比如，采购部门在实行了一段时间的阿米巴经营模式后又改回了成本中心模式。但由于各企业运营模式不同，所以根据实际情况实施阿米巴经营模式的情况也不相同，而且，即使实施阿米巴经营模式的企业也可以同时存在利润中心和费用中心。（见图1-9）

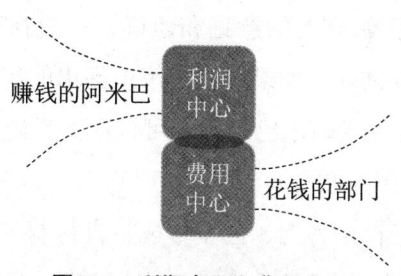

图1-9 利润中心和费用中心

衡量一个企业是不是阿米巴经营的关键在于，能不能让员工看到企业的真实经营状况。用稻盛和夫的话说就是"玻璃板的透明经营"，除了工资、奖金、提成、水电、房租等，甚至包括纳税情况。这种透明取决于企业领导者的心态和格局——让经营暴露在员工面前，既是对员工最大的认可，也是视员工为企业根本的表现。

NO.10——Master Plan：阿米巴目标值是年度内的必达目标

一些企业领导者为了更深入地导入阿米巴经营模式，采取实施彻底的"不管制"措施，即将企业划分为若干个阿米巴后，将经营权力全部下放给各阿米巴领导者，然后坐等经营奇迹的诞生。这种策略是对阿米巴经营模式的严重误解，因为独立不代表撒手不管，阿米巴虽然都是独立经营与核算，但并不表示只看到记录的盈利就可以了，仍然需要领导者对阿米巴的年度经营目标进行管理。

每个部门与每个阿米巴都需要完成企业设定的年度目标——Master Plan（基本计划）。Master Plan 是企业决策层与各部门负责人、各阿米巴领导者一起参与设定的年度总目标，该目标通常根据上一年度的实际目标完成值和其他各种因素设定出来。

具体做法是，企业决策层提出年度总目标，各部门负责人根据年度总目标，一边听取阿米巴领导者的意见和建议，一边在获得阿米巴领导者认同的前提下设定Master Plan。如果企业决策层提出的年度总目标有偏误（或高或低），各部门负责人或阿米巴领导者可以向上反映，以便制定出合理的Master Plan。

各阿米巴的经营目标由各阿米巴全体成员自行制定，这个过程必须经过严谨的反复讨论，"巴"内所有成员都有对本"巴"目标的发言权、建议权和反对权。最理想的结果是"巴"内所有成员对目标达成一致，但这种情况并不常见，通常是"少数服从多数"的形式，一般赞同人数达到2/3就可顺利通过。如果"少数"占比大于1/3，同时"多数"占比少于2/3，这种情形下就不能强行做出决定，要对"少数派"进行有理有据的说服。让阿米巴的内部环境保持团结，是导入并执行阿米巴的关键，因为不够团结的阿米巴无法达到想要的效果。

必须注意的是，Master Plan的制订不能是从下向上反推，必须是企业Master Plan设定好后，部门级别和阿米巴级别的目标值才能进一步设定，也就是先有总体后有分支。（见图1-10）Master Plan里边的差额收益和单位时间附加值，是企业全体员工在本年度必须完成的目标。

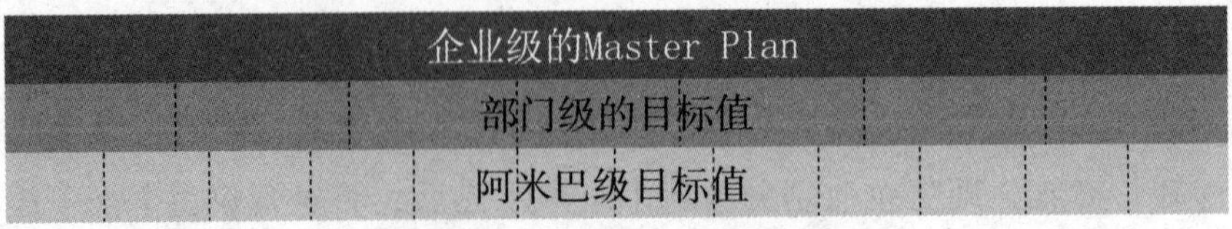

| 企业级的Master Plan |
| 部门级的目标值 |
| 阿米巴级目标值 |

图1-10　Master Plan层级

正是因为企业的Master Plan是全体员工年度内必须达成的目标，而阿米巴的目标值也是各"巴"年度内必须达成的目标，所以阿米巴领导者须规划好一整年的绩效计划，具体到每个月需要做到多少、每周需要做到多少、每天需要做到多少，并根据计划将结算表里需要事先确定好的数据做好记录，这些数据被称为"预定"。

对于"预定"的理解,稻盛和夫举了一个很形象的例子:"以家庭收支来讲,如果要购买一栋新住宅,那就必须有计划地存钱。比如,今后 5 年要攒出新住宅首付的 600 万日元,那么每年就需要存款 120 万日元。而每年如何得到 120 万日元的存款,这个实施计划就是 Master Plan。一年 120 万日元,换算到每个月就是 10 万日元。为了攒出 10 万日元,家庭成员也就是阿米巴成员就必须进行各种各样的努力,在开源节流方面下各种功夫,如减少下馆子次数、节省水电费、多打一份零工等。"

但计划中总会掺杂意外,这不是人的意志所能控制的,就像"日常家庭生活也会遇到一些突发状况,如亲朋好友的红白喜事支出、家中有人生病等,都会导致实际支出超出'预定'计划。因此,家庭成员必须在计划中预留一部分开支,以应对可能出现的各种意外"。企业经营也是如此,为了调整实际经营与目标值之间的误差,需要阿米巴成员将"预定"和实际值进行比照,分析其中差异出现的原因,并讨论出填补差异的对策。

总之,Master Plan 在被制订出来后,就必须被彻彻底底地执行,既不能打折扣,也不能随意取消。

NO.11——知行合一:答案永远在现场

京瓷公司创立之初,拿到了松下电子公司关于电视机显像管中的电子枪所使用的绝缘陶瓷部件以及 U 形绝缘体的订单。之所以选择与京瓷公司合作,一方面是因为稻盛和夫曾经研制出"'U'字形绝缘材料",另一方面是松下公司希望把从其当时合作方荷兰飞利浦公司进口的产品实现国产化。

京瓷公司接下订单后,作为领导者的稻盛和夫考虑是否可以使用镁橄榄石陶瓷。在合成镁橄榄石的过程中碰到的最大困难是矿物原料全都是干燥粉末,难以成型。如果采用黏土的传统工艺,就会混入杂质,无法获取纯净的物性。

时间过得飞快，将近一年时间稻盛和夫都被这个难题困扰着，研发依然毫无进展，眼见距离订单交付时间越来越近。一天，他经过实验室，好像被什么东西绊了一下，低头一看发现鞋底上粘着类似于茶色的松脂般黏手的物质。"是松香。"稻盛和夫低声说了句，突然眼睛一亮，惊喜地说，"就是它！"

稻盛和夫的脑海中闪现了灵感，如果在粉末原料中加入纯净的松香作为黏合剂，应该可以成型。想到做到，他立即将原料和松香放入实验器具中，一边加热一边混合，再放入模子里进行成型。结果令人非常满意，他再将成型的物体放入炉中烧结，连接部分的松香在烧结过程中全部烧尽，成品中没有留下任何杂质。

成功来得看似不经意，但却是稻盛和夫长期实验的结果，灵感来自汗水的积累。但这次意想不到的成功在管理方面给了稻盛和夫启发，他总结出"答案永远在现场"（见图1-11）。

实践出真知。那么，在哪里才能出实践呢？就是工作现场。在现实的企业经营中，很多管理人员不愿意深入一线，而是坐在办公室里指挥，以为通过开会就能讨论出解决所有问题的最佳方案，但是缺乏一线的具体情况作为根据，仅是凭借开会得来的任何结论都无法彻底解决问题。

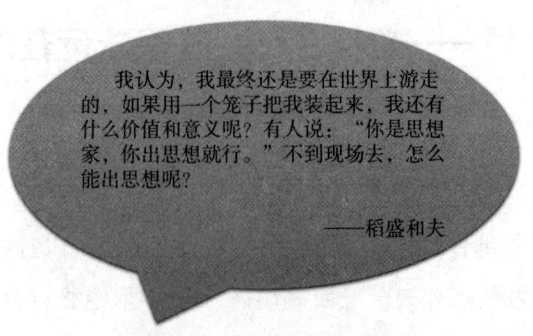

> 我认为，我最终还是要在世界上游走的，如果用一个笼子把我装起来，我还有什么价值和意义呢？有人说："你是思想家，你出思想就行。"不到现场去，怎么能出思想呢？
>
> ——稻盛和夫

图1-11　答案永远在现场

推行阿米巴经营模式对阿米巴领导者提出的基本要求是，必须经常下到生产一线去了解真实的作业状况。某公司在没有推行阿米巴经营模式之前，品质部经理、生产部经理、人力资源部经理、仓储经理等管理人员都很少下到车间，而是坐在办公室里听取汇报，信息误传与误判情况时有发生，结果给公司造成了不小的经济损失。在这种情况下，采取换人策略并不能解决问题，因为新上任的经理还是"办公室一族"，只要脱离一线，发生错误的概率就会增加。在推行了阿米巴经营模式后，该公司明文规定阿米巴领导者必须每月的哪些时间下到一线。强调现场问题现场解决，因为产品在现场、物料在现场、当事人在现场、问题也在现场，所以，还有比即时在现场处理问题更好的办公方式吗？不仅阿米巴领导者要下到一线，企业的高级决策层也应经常深入一线，毕竟处理生产和经营中的问题不可以仅在会议室讨论决定。

某公司长期出现物料实物与计算机记账数据相差较大的问题，为彻底找到问题点，同时对公司所有部门的物料进行一次大盘点，该公司决策层动用了100多人进行点数和对账工作。所有盘点人员按照物料类别及盘点工作需要分为10个人1个小组，每个小组设组长1名，记账员1名，称重人员若干名。盘点工作规则如下：（1）各盘点小组对所负责区域的物料盘点数据的准确性负全责；（2）公司派人在盘点小组盘点后进行复盘，复盘出的不符合项目会进行问责。

全公司对所有物料进行了为期3天的全面盘点。通过这次盘点，找出了物料账目长期不准确的原因，验证了稻盛和夫说的"现场有灵魂"的论断，只有贴近现场才能找到问题的真相。

"知了"不等于"会了"，"听了"不等于"明了"，就是说经营企业不能纸上谈兵，只有知行合一才能让企业走得更远。

第二章 经营哲学

NO.12——经营思维：从管理走向经营

著名学者季羡林先生称稻盛和夫为"企业家中的哲学家"，他是日本"经营四圣"之一，是京瓷集团、KDDI公司的创始人，在耄耋之年成功挽救了垂危的日航……

这样的"标签"和履历无须再言了，稻盛和夫已经成为商界传奇。但传奇不是一天练成的，传奇练级的过程也曾磨难重重，最大的磨难正是来自让人们奉若神旨的管理学。

管理的理念来自西方，随着工业化在世界范围内的兴盛而传播至全世界，所有企业的创立者都需要学习管理学。按照中文解释，管理可以分解为"管"和"理"，管是管控，理是梳理，但很多人只记住了管控，却忘记了梳理。于是，管理学在实践中常演变为"控制学"，企业通过设置各种规章制度去控制员工，比如，各种考核制度，期待通过各类考核方式改变员工的行为，甚至是思维。

管理学能够长期产生巨大影响力，其本身是极具价值的，有效的管理是保障企业生存发展的基石。但是一味追求硬性管理绝对不是优秀企业的做法。那些单纯依靠管理和制度的企业无法从根本上解决因管理引发的各种问题。

已经制定了组织规章，为什么不能高效运行？

已经制定了绩效考核制度，为什么仍然只有老板关注利润？

已经制定了人才考核机制，为什么员工流失率居高不下？

已经制定了完整的会计工作流程，为什么各种费用仍然居高不下？

已经制订了下一步发展计划，为什么企业规模停滞不前？

已经充分了解了竞争对手的布局，为什么企业内部束手无策？

已经……为什么……

…………

这些问题的出现，根源就在于领导者管理观的偏差。因为管理的核心是对事情的管理，只要让制度为事情服务，人就会自然围绕事情运转。但实践中几乎都是针对人的管理，直接针对人制定各种条条框框，而管人是违背人心人性的。试想，管理企业不论战略是否正确、不管计划能否执行，一味地去关注谁听不听话、谁服不服从，这样的管理能有好的效果吗？即便员工都听话、都服从，又能有怎样的效果呢？如果是大企业，员工人数众多，企业规章制定得再详细，恐怕也难以做到事无巨细，总会有"漏网之鱼"不服从管理。可见"管人"带来的结果就是让人趋利避害、去真存伪，甚至是溜须拍马、拉帮结派。

其实，我们进入一个组织，为了一个共同的目标协同奋斗，每个个体都是这个组织中的一个角色，并依照角色需要履行自己的岗位职责。就像我们定义总经理的职责，不管是谁当总经理，都必须按这个岗位职责履行责任和义务。在组织中，领导可以影响一个人或一个团队的行为，领导他人的过程也是对他人产生影响的过程，即领导者是影响，不是操纵和控制。

对于做企业来说，广义上是为了践行使命，狭义上是为了达成目标，因此企业在管理上应该放开格局，管理使命和目标。所以，真正的管理是变"管理"为"经营"。稻盛和夫说："最终引导和主导企业发展的是经营而不是管理。"由此可以这样理解，经营的根本是经营人，人是组织中的角色，按组织分工工作，按制度、标准、流程做事，既各自负责又互相配合，共同实现组织目标。

稻盛和夫的成功并不像人们想象中那样神秘，主要就在于——经营思维！（见图2-1）

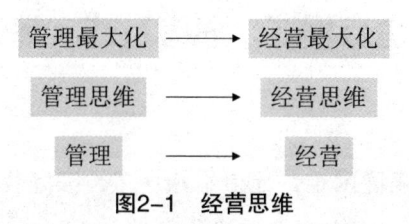

管理最大化 ⟶ 经营最大化
管理思维 ⟶ 经营思维
管理 ⟶ 经营

图2-1　经营思维

在稻盛和夫进入日航之前，那里是典型的官僚文化，是企业官僚与企业工会之间斗争的文化，是一种很坏的文化。从一贯的管理思维来看，日航当时存在的问题太多了，企业文化、经营战略、组织架构、市场营销、人力资源、制度流程、员工心态、能力缺失、缺乏执行等，交错复杂。要想在短时间内以管理思维使企业实现"V"字重生，别说稻盛和夫已经78岁了，就是再给他20年时间恐怕都难以理正。

稻盛和夫进入日航后，首先明确了日航全体员工共同拥有"作为人，何为正确"的判断基准。其次，明确日航的企业目标是"追求全体员工物质和精神两方面的幸福；为顾客提供最好的服务；提升企业价值；为社会的进步发展做出贡献"。在此基础上他还编制了《日航哲学手册》，由此建立起崭新的企业文化。

帮助员工重新树立思维模式，为员工确立新的目标追求，等于为员工插上腾飞的翅膀；企业目标和企业文化的树立，将企业发展拉上正确的轨道，员工拉动着企业高速飞奔。

从表面上看，日航仍是那个日航，但在稻盛和夫去之前和去之后却已经脱胎换骨，再深入内里看，日航已经重获新生，与之前的面貌已经完全不同了。

"其实，我没有什么杰出的能力。因此，我必须具备超出常人的热情，必须付出不亚于任何人的努力。同时，还要掌握比常人更优秀的'思维方式'，也就是优秀的哲学、卓越的思想、高尚的人生观、正确的判断标准……"稻盛和夫说。

对于现代企业来说，必须及时转变思维，只有从管理走向经营，才是实现企业不断成长的最根本动力。

NO.13——成功方程式：思考方式×热情×能力=结果

早年的稻盛和夫家境困难，兄弟姐妹众多，家庭收入勉强能支撑孩子们读书。稻盛和夫小学毕业连续两年都没能考入当地知名的鹿儿岛第一中学，最后只好进了一所普通私立中学。后来他又患上肺结核，好不容易从鬼门关转了回来。他报考大阪大学医学部意外落榜，勉强被刚创办不久的鹿儿岛大学工学部录取。大学毕业后他希望进入帝国石油公司，但却被拒之门外，之后面试多家公司都没有结果。稻盛和夫差点因自暴自弃加入黑社会，幸好大学老师为他介绍了一份工作，才不至于误入歧途。后来因为公司濒临倒闭，他深感前景黯淡，想要参军，是哥哥及时将他骂醒。

这是稻盛和夫创业之前的人生经历，几乎没有一件是能让人稍感宽慰的，失败、不顺、迷茫始终充斥在他的人生里。正因如此，稻盛和夫对自己有了深刻认识——既不具备卓越才能，又不是什么天才。创业之后，身边的伙伴也都没什么背景，是由普通人组成的普通组合。但就是这些普通人却创造了令世人仰望的不普通。多年以后，已经功成名就的稻盛和夫将创造奇迹的密钥总结一个方程式：

$$人生和工作的结果 = 思维方式 \times 热情 \times 能力$$

稻盛和夫说："作为普通人照样可以取得成功，用这个方程式可以完美地解释为什么他们的事业能够长盛不衰。"

如果深入分析，就会发现，稻盛和夫总结出的这个方程式中的3个要素都与阿米巴经营模式一一对应。在这个方程式中，"能力"是指个人才能，包括具体技能、健康状况、适应能力等，既有先天因素，也有后天因素。"热情"是指对工作的认知和努力程度，完全由个体自行掌控。这两者都可以从0～100分的范围内打分。

在不考虑"思维方式"的前提下，对比"能力"和"热情"，哪个更为重要呢？

不可否认，"能力"是一项重要因素，具备相关能力是做好一项工作的基础。在通常的认知中，能力越高对应的成就会越大，能力不够则不会有什么成就。那么，稻盛和夫要第一个出来反对这样的结论了，因为他的成长阶段的经历已经证明，他不是能力突出的人，每一次要考验他能力的时候，他都失败了。若不是老师和哥哥的及时挽救，估计这个世界上就会少了一位"经营之圣"。

有人可能要问，他在松风工业时独立研发出"'U'字形绝缘材料"不就是能力的体现吗？一般人怎么可能做到？其实，结合日本当时的大环境来分析一下，就会明白稻盛和夫的不一般源自一股热情。日本战后工业实力薄弱，新技术更是无从谈起，他的同事们都在闹罢工，他却每天把自己关在实验室里，顶着同事们赠送的"工贼"的头衔搞研发。

对此，稻盛和夫说："我不相信只靠能力就能决定人生或经营的成败。不管能力是否出众，只要竭尽全力地去拼搏，充满热忱地去生活，付出不亚于任何人的努力，就会收获好的结果。"

由此可见，成功者与失败者之间的差别一般不在于能力的大小，而在于对人生和工作的热情度。缺乏热情的人总是用悲观的视角看问题，从而得到悲观的结论；具有热情的人则用乐观的视角看问题，会用积极的经验寻求积极的结论。

假设现在有甲、乙两个人：甲身体健康，在行业里任职多年，"能力"得80分，但因为做事缺乏自信，不能乐观面对未来，"热情"只得30分，两者相乘的结果是2400分。乙身体健康，尚属行业新人，"能力"得60分，但头脑灵活，渴望进步，学习能力强，"热情"得90分，两者相乘的结果是5400分。

对比甲、乙两人的人生结果是：能力很高的甲因为工作热情不够，所以只得到2400分；而能力一般的乙因为工作热情高涨，得到了5400分。从得分上看，两人之间差距明显，乙通过不断努力将逐渐弥补能力上的不足，而甲的能力不进则退，未来的差距会更大。

稻盛和夫认为，该方程式的3个要素中，最重要的是"思维方式"，是人的心态，是人对于人生的态度，包括哲学、理念和思想等。管理学中有句话说"思想的高度决定管理的高度"，意思是说人的思想高度决定了人生的高度。

马尔比·D.巴布科克曾说："最常见同时也是代价最高昂的一个错误，就是认为成功依赖于某种天才、某种魔力、某些我们不具备的东西。"但成功的取得源于正确的思维，一个人能站多高都是由自己的人生态度和思维方式决定的。监狱里关押着很多高智商、高能力的人，他们的聪明才智没有用到对社会有用的方面，而是用在了损害大众利益，甚至国家利益上。这样的人就是思维方式出现了问题，成为"负面人才"。一些企业中也曾有过高能力低人品的"人才"，他们的能力越强对团队的破坏力就越大。因此，稻盛和夫将

"思维方式"的打分范围设定在 –100 分 ~ +100 分。因为方程式是乘法关系，只要该项低于零就会得到负值，比如一个人"能力"得 90 分，"热情"得 70 分，"思维方式"得 –1 分，别看仅仅是 –1 分，但该人最终得分是 –6300 分。如果该人的"思维方式"得 +1 分，最终得分就是 +6300 分。

电视剧《天道》中有句台词"品性这东西，今天缺个角，明天裂个缝，也就离塌陷不远了"。塌陷的标志就是正负的界线"零"，与富有建设性、协调性、感恩心、同理心、肯定、善意、开朗、关爱、知足、分享、积极、勤奋等正面思维对立的就是负面思维，负面思维占比越多，"思维方式"越接近塌陷。

但是，生活中的很多人依然会忽视自己的思维方式的重要性，没有深度思考自己的思维方式是否正确，认为知识、技术以及工作热情是值得追求的。这个方程式已经表达得非常清楚，影响人生过程走向和结果的正是"思维方式"，它是矢量数值，是有方向性的，是从负分到正分的跨度。（见图 2-2）

图2-2　成功方程式与相关系数

NO.14——敬天、爱人：敬畏之心和关爱之情

在被稻盛和夫接管之初，日航满身"大国企病"，企业虽然经历了破产，但从上到下却没有危机感，员工没有盈亏和核算意识，各部门负责人也没有明确的责任划分，大家都怀着一副看热闹的心态。

为了拯救"烂透了"的日航，稻盛和夫引入敬天爱人、以人为本、利他主义等高尚情操作为企业的核心经营哲学,通过三步策略,一步步地进行调整。

第一步:为员工植入新经营哲学和理念。

要想让一家死气沉沉的企业恢复生机和活力,先要转变经营理念。稻盛和夫先是与企业中高级管理层开会,在会上他严厉地批评了企业长期存在的官僚作风,并强调"不换思维就换人"。经过几次会议,管理者们开始转变态度,但并不能立即见效,而且新旧两种理念会出现反复拉锯的情况。为了完全剔除沉疴,需要彻底改变企业的经营环境,让新理念逐渐占据上风,最终成为唯一。稻盛和夫的做法依然是开会,只是将局部性的管理者会议扩大为整体的全员大会,每月至少召开一次,通过会议引导管理者要关爱员工,懂得以人为本;引导员工热爱工作和生活,学会敬天爱人;引导所有人保持利他之心,坚守做人的正确判断基准。

经过不懈的努力,日航员工的工作热情被激发出来,从高级管理层到基层员工,都逐渐树立起责任感,不仅相互交流工作,同时还交流心态,公司上下形成了一股强大的凝聚力。

第二步:引入经营会计体系。

处于下滑期的日航对数字极为不敏感,企业领导者无法对经营做出准确预测,普通员工更是当一天和尚撞一天钟,对企业的经营损益毫不关心。稻盛和夫深知,企业经营过程中最有用的"指南针"就是会计报表上的数字,只有通过这些数字,经营者才能准确把握企业的经营现状。

如果想要提升经营者的经营核算意识,就必须掌握"系统量化工具",借此对企业的经营目标进行有效测量。稻盛和夫为日航引入了经营会计体系,用显而易见的数字给日航的经营现状"画像"。如此,企业领导者和员工都能通过数据看到企业的实际状况和经营中的问题。

随后,日航展开了数轮"经营分析会",所有人都可以参与讨论企业的状况,讨论内容不设限,想到什么就说什么,稻盛和夫鼓励"越尖锐越好",即使过分也不追究。经过广泛且有深度的自我分析,员工帮助企业找出了很多种解决方案,盈亏意识也在不断地分析中建立起来。

第三步：采用"阿米巴式核算经营体制"。

为了让日航彻底摆脱困局，使系统量化工具发挥应有的作用，稻盛和夫采用了"阿米巴式核算经营体制"，具体的操作方式为：先分部门进行会计核算，再对各部门进行独立核算管理。

采用"阿米巴式核算经营体制"的好处是，既可以和市场环境变化挂钩，也可以让每个细分团队（阿米巴）的经营者清楚地知道每条线的经营情况，更为重要的是让各细分团队（阿米巴）的经营者增强经营意识，自觉提高经营管理能力。

一步步在日航完成好上述事情后，稻盛和夫已经很清楚日航的翻身只是时间问题了！只要上下保持长久一致，翻身只是日航的最低标准，再次腾飞就是必然。

稻盛和夫强力将日航拉出泥潭，虽然分为三步来操作使他的经营哲学落地，但根基却是"为员工植入新经营哲学和理念"这一步。没有这一步作为基础，其后两步都无法进行。而这一步的核心是"敬天爱人"，天是道理，是规律，合乎道理、符合规律即为"敬天"；人是同事、同胞，以仁慈之心关爱他人就是"爱人"。

"敬天爱人"是京瓷的社训，是稻盛和夫一生最为信奉的经营哲学和理念，他还总结出将其落地的方式。（见图2-3）他强调，必须以"敬天爱人"理念为基础从事经营活动。这种模式视角宽广，立意高远，是根植于整个人类社会长期积累而成的伦理观、道德观和社会规范，要求经营者要无愧于心、要符合社会整体观念，这也是很多企业领导者直接借鉴京瓷哲学的原因。

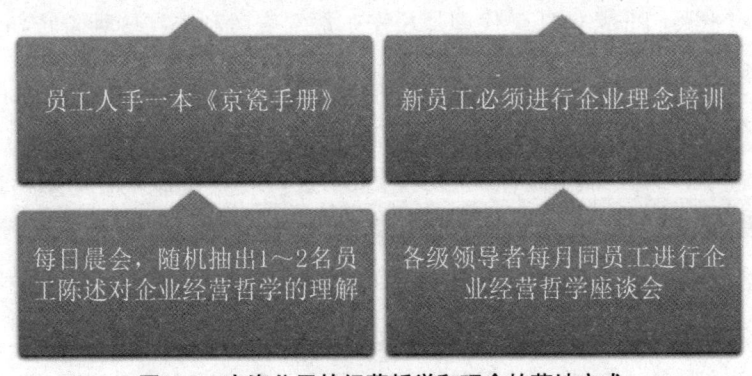

员工人手一本《京瓷手册》	新员工必须进行企业理念培训
每日晨会，随机抽出1~2名员工陈述对企业经营哲学的理解	各级领导者每月同员工进行企业经营哲学座谈会

图2-3　京瓷公司的经营哲学和理念的落地方式

NO.15——以人为本：给予员工最充分的信任

经营企业的根本在于经营人才，经营人才的关键在于经营人心。当企业处于规模逐渐扩大、员工人数不断增加的阶段，统一员工思想的企业才具有凝聚力。从组织架构上看，阿米巴经营模式把组织划分为很多个独立的单元，虽然它们在各自权力范围内独立作战，但并不意味着它们是各自为政的，因为所有阿米巴都服从统一的经营哲学，由统一的思想指导作战。

将员工整肃起来的目的是更有力量地打散出去，让他们在各自作战领域能够发挥出最大能量。就像电视剧《兄弟连》中的第101空降师506团2营E连，他们是伞兵，肩负着深入敌后接应大部队的重任。他们经过了良好的训练，配备先进的装备，在战场上走向成熟。在这个连队里，每名士兵都具有独立作战的能力，又能迅速完成合力作战任务。在突出部战役中，第101空降师被德军围困，身着单衣、弹药不足的伞兵们在冰天雪地的巴斯托涅坚守了20多天。通过主角E连的处境就能看出此次战役的艰难程度，阵地空当非常大，散兵坑之间甚至相互看不到对方，士兵们每日都会遭到轰炸，日日有人受伤和阵亡，因为救援的医疗药品不足，一些伤员得不到及时救治。但上级对士兵们非常信任，代理师长安东尼·麦考利夫在接到希特勒的劝降信后，只回复了一个词"Nuts"（白痴、神经病）。

阿米巴经营模式的基础是对员工的信任。相信员工有能力、有决心、有责任心，以符合企业经营哲学的形式完成各自的经营任务。强调信任的初衷，是因为员工不是机器，员工是有情感的，他们都是企业的一分子。在阿米巴经营模式的开放氛围中，员工受到了认可和尊重，得到了应有的物质报偿，必然会愿意将自己的智慧和心血投入企业中。

信任不是凭空说白话，而是需要切实可行地体现出来的，因此，"赋权管理"成为阿米巴经营模式的另一特征。赋权的关键在于"长久的、充分的放权",很多企业领导者也明白放权的重要性,但既做不到充分,也难以长久。根源就在于没有充分信任员工,"我不认为他可以独立把事情做好",这既是一位企业领导者对其员工的评价,也是很多企业领导者未说出口的心声。

不信任,扼杀的不仅是员工可以发挥自身能力的机会,还阻断了员工通过实践走向成熟的途径。最为重要的是领导者与员工之间会因为不信任而产生巨大隔阂,员工心里就会想:"反正也不被信任,就随便糊弄着干吧!"

做到长久的、充分的放权,其实就是企业在为自己培养具有经营者意识的阿米巴领导者,既可以使企业的每名员工都看到努力工作的前景,又能够不断挖掘员工的敬业精神和企业家精神。

员工感受到来自领导者的信任,能够最快速地建立忠诚,员工对自己、对企业忠诚不是很多企业领导者渴望却不可得的吗?

说到信任,我们可以看一下发生在曹操与袁绍决战于官渡时的事例。大战之前,实力偏弱的曹操阵营中一直人心惶惶,毕竟袁绍号称拥有70万大军,而曹操只有几万人马,胜利的天平似乎已经倾向袁绍。结果曹操获胜后,从袁绍大帐中缴获了很多曹操阵营官员私通袁绍阵营官员的信件,有人建议拆开查找"内鬼",曹操则命人全部付之一炬。曹操说:"在袁绍实力强大之际,连我都对能否获胜没有信心,何况是其他人呢?"

没有人天生就是高贵无瑕的圣人,在很多情况下可能会更在意个人利益,这本无可厚非,如果仅仅因为这种情况就轻易否定他人,则是非常不明智的。争取他人的忠诚,只能靠信任。有的人在危机来临之际也想损人以求自保,但终究没有这样做,原因往往不是这个人情操高尚,而是他们在摇摆过程中看到了更令自己心动的东西——信任。

人与人之间信任是最好的投资,也将得到最好的回报。作为企业领导者,需要有宽广的胸襟去信任跟随自己打拼的人。在企业这条大船上,每个人都明白一荣俱荣一损俱损的道理,其实作为员工是非常希望借助企业的平台来实现自己的价值的,这种"借力而为"的方式比自己赤手空拳去打拼要容易得多。企业领导者要读懂员工的心理，给予优秀员工长久的、充分的信任，这份信任也必将得到回报。最后，以稻盛和夫对信任的解读（见图2-4）结束本节。

信任不是单方面的，要由信任的两端共同努力造就。

图2-4　稻盛和夫解读信任

NO.16——人心转换：让员工获得更多的关爱和体恤

中国传统哲学中深藏着"以心为本"的哲学思想。孟子在《孟子·离娄上》中提出的"得人心者得天下"，就在告诉我们：在日常生活、工作和经营活动中，一定要注重对人心的"俘获"，懂得珍惜和积累他人的认同度，以期获得别人更多的支持。

阿米巴经营模式的精髓不在于技术层面和方法手段，而在于"以心为本"的经营哲学和经营理念。京瓷员工能从公司的发展中获得精神和物质的双丰收，就是得益于"以心为本"的经营理念架构起来的阿米巴经营模式。

以心为本，贵在"心"字。企业把"心"锁定在员工身上，就可以搭建起企业与员工之间的互惠桥梁；员工把"心"锁定在工作和客户身上，就可以联结起个人与工作、客户、企业的互利纽带。

倡导"以心为本"的经营理念，员工可以从企业领导者那里获得更多的关爱和体恤，会使员工更忠诚于企业，这是"爱"与"忠"的互换，是心与心的融合。

由此可见，"以心为本"的经营理念，首先需要有规范的人性品格和道德规范。其次，改变看待事物的心态，即用正确的方式去做正确的事情。阿米巴经营模式"以心为本"体现在"企业如同大家庭",每名员工都是家里的一分子,相互信赖,彼此关爱,追求共同的期望和愿景,享受共同的快乐与幸福。

稻盛和夫接受日航董事长职位的初心是出于挽救日航、维护日本经济、保护日本航空行业秩序的三个大义。正式进入日航后,他的第一步举措就是唤醒"人心",让人们无形中的爱深度净化人的心灵。日航员工都或多或少地受到"三个大义"的影响,并逐渐把它们当成自己的使命。其实"三个大义"中,只有挽救日航跟员工的切身利益相关,为了保住饭碗大家也愿意再努力一次。而其他两项"大义"好像和员工没什么直接关系。但具体有没有关系不是看事情本身,而是看怎样引导,稻盛和夫用自己的行动让员工们意识到,本国经济的好坏也会影响到每个人的饭碗,行业秩序是否得到维护也与每个人的切身利益息息相关。能够帮助一家企业从失败走向成功,这本身就是成功者才能做到的,每个人都有渴望实现价值的心理,挽救日航给了大家这样的机会,当日航重新步入正轨,每个人的人生价值都将因此得以实现。

同样是这批人,他们曾经将一家企业"干"到破产,如今却又重建辉煌,这种废墟之上的重生,任何参与者在未来回忆起来都会充满激动。实现这一切的不仅是工作态度的转变,也是人心的转变,是彻底开启了员工的动力源和事业心。当心觉醒了,正能量开始扩散,必然会出现好的结果。(见图2-5)

图2-5 人心的转换

由此可见,要想让阿米巴经营哲学顺利落地,关键在于"人心"!只要能够将员工沉睡的心灵唤醒,所有难题就都可以迎刃而解。

NO.17——利他性：自利则生，利他则久

危机深重的日航能在极短时间内得以重生，离不开"利他哲学"的主导。稻盛和夫从良知出发，把"利他主义"贯彻到日航的每一名员工身上，贯穿于每一天的每一项具体工作中。

"利他"为佛教用语，后经俗世解析意为尊重他人的利益，出于自觉自愿的给予他人方便和利益的善心，并且不求回报。利他的目的，不是一味地追求利他，还要在利他的同时满足自己的需要，这种既利己也利人的行为，是高情商的一种体现。因此，想要"利己"必先"利他"，"利他"之人最终都会"自利"。

稻盛和夫说："人、财、物、渠道、市场、产品，各种经营资源都备齐，这种被认为必定成功的企业消失了，而只把为社会、为世人这种纯粹的动机作为最大经营资源的KDDI却幸存下来，并且依然继续成长、发展。"

任何人想要获得成功，前提都不能只想利己，不想利他。利己的行为只能为自己博取短期利益，虽然能够生存下来，但未必可以生存长久；利他的行为却可以为自己博取长久利益，能够长期生存下来，且生存得越来越好。（见图2-6）让他人得到其应该得到的，甚至比预计得到的要多一些，有助于我们获得成功所必需的条件——受到认可、获得尊重、收获友情、团结人脉、长久协作、彼此互惠等。

利己则生
利他则久

图2-6 利己与利他

想要做到利他其实并不难，但绝不像有些人说的"为别人着想"或者

"只为别人"。虽然"为别人着想"是对的，但不能失去自己的想法和原则，也就是必须保持初心，只有这样，利他才能长久地行驶在正确的轨道上。单纯地"只为别人"则是不对的，这是完全不顾自己，一个人如果连自己都不考虑，只去考虑别人，在非极端环境下，这是绝不可取的。正所谓"保存自己，才能更好地消灭敌人"，只有将自己的形象更好地树立起来，再辅以利他，才能发挥更大的作用。

看看那些极力想要维护自己利益的人，那些不择手段也要夺取利益的人，那些不惜以牺牲别人利益来满足自己私欲的人，最终都得到了什么。

与这些人对立存在的是另一群人，他们的心里既有自己的利益，也装着别人的利益；他们不会不择手段地侵占，还会施惠于他人；他们从来不会以牺牲他人利益来满足自己，反而在必要时刻还愿意牺牲自己的一部分利益去成全别人。对比古今中外的那些因为利他获得成功和因为不能利他而走向失败的各色人物，二者之间命运的差异都来自自身的思维方式和行为准则。

稻盛和夫创立京瓷期间也走过一段弯路，认为创业就是为了让自己实现梦想。但很快他就明白了创业是为了让更多的人都能实现梦想，他要为公司的每一个人负责，让大家在物质与精神两方面都能得到幸福。这份初心打动了与其并肩作战的每一个人，大家愿意同甘共苦实现同一个梦想。

稻盛和夫很清楚人性也有阴暗的一面，自私自利就像魔咒一样会侵蚀每个人，但他也知道仍然有一些人抵挡住了"利己"的诱惑，愿意更多地去利他。他并不奢望每个人都能够接受他的经营哲学，只是他确信自己的观点与质量守恒定律相吻合，确信"先有利他才能利己"是不变的真理。

稻盛和夫所倡导的利他，不表示要将别人的利益放在第一位，更不表示利他就要伤害自己。因为利他的首要前提是"他"应是值得我们去"利"的，也就是作为"他"的对象是可以让我们值得为之付出的。如果"他"本身是自私的，那我们就不能利"他"而要利己了。

稻盛和夫希望我们记住：利他是有益的行为，利他是高情商的表现，利他是社会美好的基石。

NO.18——做正确的事：工作是磨炼灵魂的道场

电影《硫磺岛家书》中有这样一个场景：一名美国士兵受了重伤，在生命的最后他拿出母亲的来信，希望同伴能为他再读一次。信中有句话让在场的每个人都很动容——"妈妈希望你一直做正确的事。"不久这名士兵去世了，但他妈妈那句"做正确的事"却留在了许多人心里。

我们都知道，做人与做事能面对问题做出正确且及时的判断，就是做正确的事。但怎样才能做出正确的判断呢？

对此，稻盛和夫这样说："拿什么作为判断的基准呢？苦恼之余，来了灵感，我想到了原理原则，这里所谓的原理原则就是'做人，何谓正确'这句话。小时候，父母、老师就教导过的，他们表扬我、责备我，根据是什么？不外乎'是非对错、好坏善恶'这类最朴实的道理。如果这可作为判断基准的话，那不困难，我能够掌握。也就是说不拿赚钱还是亏本作为判断是非对错的基准，也不用所谓的常识、习惯作为判断的基准，而是用最朴实的道理'做人，何谓正确'作为基准。从这一点出发去经营自己的企业，去解决一切日常事务以及企业经营方面的所有问题。"（见图2-7）

图2-7 做人，何谓正确

"做人，何谓正确"，是我们从小就懂得的道理，它是人的良知，是每个人内心共有的。只要对照这句话，用本真的良知去判断和应对一切就够了，这就是天理，而天理自在人心。

阿米巴经营模式是从人心出发，其最好的体现是：每个人做任何事的时候都要以"做人，何谓正确"为起点，在此基础之上，再思考如何让工作更具利他性。这种"利他"不是从善恶两方面的需求考虑的，而是从"做人，何谓正确"的善的需求来考虑的。

管理学经过多年演进，如今稻盛和夫倡导的"珍爱员工"的思想已成主流，这反映了某种埋藏已久的反思——做企业的目的究竟是为股东带来最大利益还是为全体员工谋得最大幸福？每一位企业经营者似乎都思考过这个问题，但苦于受各种思想和利益牵制，难以得出结论。当我们接受了稻盛和夫的经营哲学后，立即就有了返璞归真的感觉，做企业的根本还是要让员工获得最大幸福，让企业架构内的所有人都要收获经济和精神的全面幸福。

谋求幸福的一端是企业领导者，另一端是员工，两者看似方向背驰，却用力一致，只有企业越来越好，所有人的幸福指数才能获得更大提升。当员工看到了这一点，就会将公司看作磨炼灵魂的道场，而不是困住自己的地狱。身在道场，自己会变得越发通透；身在地狱，自己会万劫不复。

一个小小的转变，就会使得前景豁然开朗，员工明白磨炼自己的灵魂是为了能够更好地经营自己的人生。所以，努力工作就是在做正确的事。

京瓷 Elco 有限公司董事兼销售部长佐佐木武夫先生在谈到这一点时，借以自己的亲身经历说："我年轻时在东京做销售，经常研究怎么换乘电车或巴士能再节省 10 日元。同事之间经常互相比较谁花的交通费更少。每发现一种更便宜的路线都会炫耀半天。如果觉得自己天天被核算追着赶着，那心情肯定会很压抑，所以诀窍就是要高高兴兴，带着兴趣和为自己做事的心态去做。"

曾经有人质疑阿米巴经营模式，认为就是"唯会计报表中的数据说事"。但正是看重会计报表中的真实数据，才能长期贯彻从科学角度诠释企业经营，这是"做人，何谓正确"的理性诠释。

最后说一句：只有用正确的方式做正确的事，才能让企业获得最好的发展。在对待股东、员工、客户、家属等方面，都要做到俯仰无愧、心安理得！

NO.19——精准淘汰：只剔除该走之人

2019年夏，笔者在与一位电子元器件生产企业的创始人聊起阿米巴经营模式的时候，这位创始人感慨无限，说若不是当初信了稻盛和夫，他的企业恐怕早就完了。

那时他的企业规模做到年销售额过亿元，员工规模超千人，已经属于成熟型企业了。这本该是令人羡慕的成绩，但他却说："按照原本的规划，2019年前后公司应该具备上市规模了，在我的计划中公司也是要上市的，但是……"原来，在企业逐步壮大的过程中他发现了一些经营问题，但忙于扩大企业规模，始终无暇解决，或者也是因为想不到好的解决方法吧！反正企业还在发展中，有些问题也都被不断提高的销售额遮盖住了。终于到了销售额再也遮盖不住问题的时候了，因为销售额已经无法再增长，此时企业的发展只要能保住销售额不下滑就谢天谢地了。

但下滑的时刻还是不可避免地到来了，问题必须要解决了。他花费了很大精力找根源，最终才意识到公司的成本浪费极大，因为员工都想办法赚短期利益，根本不在乎是否损害客户的利益。究竟是什么时候成了这个样子？他想不明白，但问题实实在在地出现了。为了整肃公司，他听了很多关于经营方面的讲座，也导入过数类管理模式，但公司的问题不仅没能得到解决，还越发严重了。

当时间进入2018年时，该企业已经成了"百足之虫"，虽然体量庞大但接近僵硬，员工们都清楚公司的发展前景越发不景气，"摸鱼"心态也随着越发严重，表面看起来都挺认真的，可是实际却在磨洋工，甚至有的在干私活。各部门就是独立山头，都有自己的"山大王"，带领"小的们"想尽办法利己。

在此插句话：想要挽救这样的企业，是不是要彻底换血呢？在回答这个问题之前想一想稻盛和夫是怎样做的，他有换掉日航的员工吗？其实只有极少数的员工被辞退了，大多数人都留下来成了日后日航重生的基石。稻盛和夫做的不是以换人的方式换血，而是以换思想的方式换血。

这位创始人也很明白，员工看似一盘散沙，但并非所有员工都是这样，只是环境如此，有些员工想要努力都不知从何做起。这样一来，只需淘汰应该被淘汰的人，就可以让剩下的员工愿意努力。后来，这家公司导入了阿米巴经营模式，创始人在公司内部划分出来大、小两级阿米巴，每个月的经营数据在下个月 5 日准时统计出来。各大、小阿米巴的《单位时间核算表》会第一时间送到创始人手中，通过该表不仅可以清晰地看到没有完成任务的阿米巴，还可以精准地看到是谁不能胜任工作岗位，是谁在为企业造成经济损失。对于员工，只要有一次考核没能完成工作任务，就会被扣除相应奖金；连续两次考核不能完成工作任务，就会被问责或调岗；连续 3 次考核不能完成任务，公司有权与其解除劳动合同。

该公司将这种竞争激励法称为"精准淘汰法"（见图 2-8），无论是阿米巴成员还是阿米巴领导者，一律按规章行事，该升职的升职，该淘汰的淘汰。

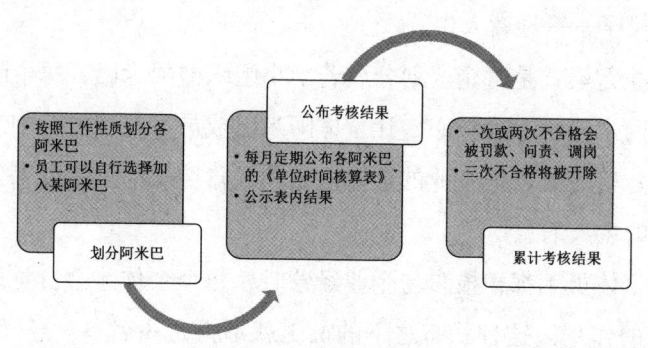

图2-8 精准淘汰法

该企业在实施具有极强大的竞争性的精准淘汰法后，不用再担心会淘汰优秀的员工，自然也不会再给"寄生虫"生存机会。自此，该企业从乌合之众的群体变成了个个都是精兵强将，如此一来，企业必定会走出泥潭，走向强大。

NO.20——三把尺子：深度理解阿米巴经营思想

企业决定在导入阿米巴经营模式之前，需要领导者深刻理解阿米巴经营思想，否则就是治标不治本。为此，我们总结出阿米巴经营思想必须用到的三把尺子（见图2-9）。

图2-9　阿米巴经营思想必须用到的三把尺子

第一把尺子——经营人生。

阿米巴经营模式是将企业划分成若干小组织即阿米巴，每个阿米巴以各自的领导（阿米巴长）为核心，让全体阿米巴成员参与到经营中来。可以通过晨会、团建等方式，把企业的重要信息和经营情况向全体员工公布，以此来提高员工的主人翁意识。

只有当全体员工都积极参与企业经营时，每个个体才会自觉地在各自岗位发挥应有的作用。这种状态之下的员工就不再是一名单一意义的工作者，而是具有经营意识的、企业领导者的经营伙伴。

为了体现个人价值，每名员工都能主动为自己的工作制定目标，并会积极做出贡献。为此，员工的能力将获得迅速提升。在员工完成工作任务后，会从工作中获得极大的成就感；在企业不断发展壮大的过程中，员工会自动生出强烈的自我价值和人生意义。

第二把尺子——经营利益。

通过阿米巴经营模式，京瓷公司的制造部门可以在第一时间准确把握市场动向，根据这些信息确定并投入生产可以盈利的产品，同时做出有效的成本控制规划。另外，因为各阿米巴之间可以进行无障碍交易，可以及时触发连锁反应，所以，每个阿米巴都能根据市场动向适时调整经营策略，实现从整体上让企业获得更好的发展空间。

阿米巴经营模式提倡团队协作，虽然各阿米巴之间会进行交易，也存在竞争关系，但决不能只考虑自身利益，只有每个阿米巴都能够平衡合作与竞争的关系，才能准确抓住市场机遇，实现双方利益最大化。

为了企业的整体效益，各阿米巴之间不仅要在各自能力范围内充分发挥，以应对激烈的市场竞争，还要不断加强自己与其他阿米巴之间的协同合作。以稻盛和夫的话说就是"在合作中相互竞争，在竞争中保持合作"。

第三把尺子——经营事业。

在阿米巴经营思想的指导下，京瓷员工都会把工作当成自己的事业来对待。各阿米巴领导者也将被动管理变成主动梳理。

稻盛和夫说："每个企业的价值观都不尽相同，即便都是实行阿米巴经营模式的企业，其价值观也会有差异。企业要做的是将价值观植入员工内心，这样才能形成强大的凝聚力。所以，为了让京瓷员工体会到阿米巴经营模式的优势，我最常做的就是与员工分享我的价值观，分享京瓷的价值观，最终让他们成为京瓷的主人，把京瓷当作自己的家。"

为了进一步阐述这个观点在企业中的应用效果，稻盛和夫还举了一个例子："曾经有个叫青木导一的新员工，他学历不高，资质看起来也一般。连当初录用他的彦俊六郎都有些担心，这个能力普通的年轻人会不会让自己负责的阿米巴业绩下滑？但结果却出乎意料，因为青木导一不仅在工作中非常刻苦，而且还很喜欢动脑筋。他总能第一个发现自己所在的阿米巴在经营过程中出现的问题，并给出一定的调整建议或意见。经过一段时间，青木导一的表现受到越来越多人的重视。不到半年的时间就因业绩表现良好，和具有更令人信服的领导能力，取代了彦俊六郎成为阿米巴长。"

后来，青木导一也谈了自己对阿米巴经营思想的想法："社长将全部的经营权都下放到阿米巴，我就意识到自己的机会来了，只要努力工作，就能获得晋升。"

青木导一的经历说明了，在阿米巴经营模式下的企业不会埋没人才，可以这样说，只要有能力就可以成为领导者。这仅仅是稻盛和夫讲述的一个例子，在京瓷公司中像青木导一这样的人还有很多。他们经过阿米巴经营思想的洗礼，以出色的工作能力成为具有经营者意识的真正的经营者。

NO.21——四大构件：夯实创造奇迹的地基

稻盛和夫对日航重生的自信心建立在其亲自创建的阿米巴经营模式上。通过阿米巴经营形成一整套可激发员工精气神的组织划分体系、经营会计体系、单元核算体系和人生哲学体系，这也是阿米巴经营的四大构件。（见图2-10）

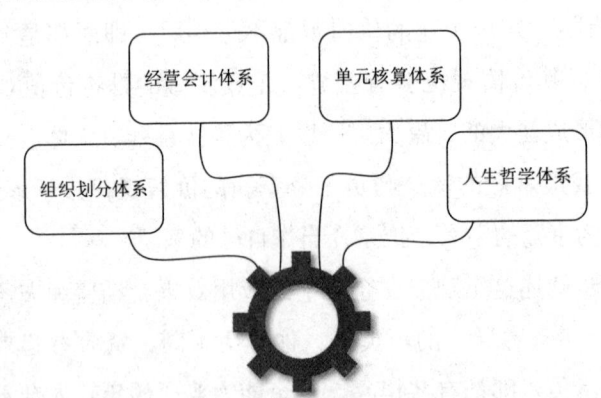

图2-10 阿米巴经营模式的四大构件

第一构件——组织划分。

稻盛和夫认为，企业跟人的肌体一样，只有把全身的组织细胞都调动起来，保持协调一致，才能发挥出最大能力。

稻盛和夫以贯彻公司思想、独立业务单元、独立核算为标准，把一个庞大的企业分割为一个个独立的阿米巴，然后给予各阿米巴足够的信任与权力，再配合共同愿景和科学核算作为保障，实现了全体员工的共同经营。

某汽车集团拥有汽车整车组装与销售、零部件设计与制造、汽车运输等业务，具有独立完整的研、产、供、销体系。在引进阿米巴经营后，该集团根据实际情况，搭配现代管理机制，创造了一套更具适应性的新体制。该汽车集团按东、西、南、北方位将市场划分为4个区域，分别设立了区域阿米巴，各区域阿米巴不仅负责各自区域的销售、市场、开发、公关等业务，还负责对相关人才进行筛选、录用、更迭等事务，区域阿米巴领导者每月向集团总部汇报结算。这一组织变革，不仅使该集团的销售额大幅提升，而且还在产品布局成熟前就做好了人才储备。

各区域阿米巴可以自由支配市场推广资源，自主制定对经销商的政策。集团下面一下子形成了若干个"小型公司"，直接打通了产业链的各个环节。其对市场反应迅速的优势越发凸显出来，区域性决策只需由集团领导层批示就能被执行，极大缩短了决策时间。

企业导入阿米巴经营之初总会让人心怀忐忑，这是因为有部分人会认为各级阿米巴需要独自经营和独立核算，这样一来就很容易失控。事实上，虽然将企业切割成若干"小集体"会给管理带来一些不同，但只要细化责任、明确责任人和责任权限，让每个个体都能清楚地知道自己的职责，就能有效避免管理中出现问题。

第二构件——经营会计。

在《稻盛和夫的实学》一书中有对会计重要性的阐述："如果把经营企业比喻为驾驶飞机，那么，会计数据就相当于驾驶舱仪表盘上的数字，机长就是经营者，仪表必须把时时刻刻变化着的飞机的高度、速度、姿势、方向正确及时地告诉机长。如果没有仪表，就不知道飞机现在所在的位置和飞行状态，就无法驾驶飞机。"可见，如果会计体系不能将企业的实际经营状况正确地反映出来，要想制定行之有效的经营策略就非常难了。

某公司自创立始至今已有12年，前10年都没能构建起合理的经营体制，由此导致内部管理逐渐力不从心。而且，公司陷入了资金、财务的困局，比如每年制定的"销售费用"预算没有明确标准，"费用成效"表现不清晰等。后来该公司借鉴阿米巴经营模式的"经营会计"体系，在全公司建立了"赛马平台"。

具体做法是：领导者充分发挥"量化分权"会计体系的效用，将各部门纳入绩效量化评价系统，使各部门独自完成自我改善，开启自主经营模式；员工从"被管理者"转变为"经营者"，各部门都成为"公司"。

不用多说，该公司很快解决了资金、财务上的问题，并顺势建立起高效的经营体制，真正走上了正轨。

长久以来，会计给人的第一印象都是"财务会计"或"管理会计"，似乎只有专业人士才能看懂那些财务报表。但稻盛和夫认为，那些按固定要求制定出的尽显专业水准的财务报表，并不能很好地体现出企业的经营现状，更起不到改善和提升企业经营绩效的作用。他将专业财务报表看作"绣花枕头"，虽然好看但并不好用。他希望有一种任何人都能一看就懂的报表，然后发给企业内部的所有人，让大家共同为企业的成本节约和销售额提升出力。

经过多年总结，稻盛和夫独创了"小时单位核算制度。"并在实际推行中取得了现实效果。各阿米巴的经营财务信息都向员工公开，企业经营完全透明，员工之间是相互信任、各阿米巴之间是公平竞争的良好氛围。

同时，将企业整体的经营压力分散到各基层阿米巴，采用"价格倒逼"的方法，将部门核算制度与市场挂钩，每个阿米巴都能根据市场变化及时降低成本、提高效率，有效降低企业经营的风险。

第三构件——单元核算。

稻盛和夫说："必须确立与市场挂钩的单元核算制度。"他认为，企业核算可以简单地理解为"追求最小费用和最大销售额"，为了降低支出和增加销售额，每个个体、每道工序、每个阿米巴都要独立进行结算。

一对夫妇经营着一家小食品店，主营项目有蔬菜、鲜鱼、鸡肉和各种加工食品。通常情况下，个体门店的核算都很笼统，往往是算一算总账的盈亏就可以了。虽然总账是盈利的，但不是每一种商品都赚钱，比如说，可能蔬菜是赚钱的，但鸡肉则是亏损的。如果店主明白这点，就可以有针对性地改进鸡肉的营销方式，如扩大规模、减少支出、更换进货渠道等。

在京瓷创业之初，主打产品是精密陶瓷，因为属于全新材料，所以同款产品的重复订单很少出现，在这种情况下再去进行成本核算就没有实际价值了。为了应对瞬息万变的市场环境，就要从产品的生产环节控制好成本，稻盛和夫采用了"销售最大化和费用最小化"的核算方式来实现。

在稻盛和夫"分割"了公司后，他可以根据各阿米巴的核算数据，准确把握企业的经营状况，以便于更好地对公司进行细化管理。

各阿米巴体量虽小，但经营收支必须详细记录，而且为了解决内部交易会计问题，员工们需要掌握阿米巴核算体系的办法——利用《单位时间核算表》。在单位时间内，各阿米巴不仅将收入和经费记录在核算表里，还应计算出两者间的差额，即该阿米巴的附加值。然后，用该附加值除以总劳动时间，从而得出单位时间内的附加值。如此，领导者就能很清楚地知道各阿米巴每小时可以创造多少附加值了。

此外，各阿米巴领导者还应对《单位时间核算表》中的业绩与目标进行对比，以把握实际情况与月初制定的销售目标间的差距，及时做出调整。

第四构件——人生哲学。

稻盛和夫坦言："阿米巴经营模式并不是万用的经营诀窍。仅靠模仿是难以带来良好成效的，因为阿米巴经营模式要有相应的经营哲学土壤。"

稻盛和夫所说的"哲学"，是需要企业领导者通过言传身教将自己的人生观和经营理念有机释放出去，以达到重塑员工的人生观、价值观的目的，也就是对员工的人生哲学进行再造。

稻盛和夫的人生哲学就是"敬天爱人""以人为本""用心经营""利他主义"，公司的第一目标，是追求员工及其家庭的幸福。阿米巴的经营准则既不是"我作为经营者如何做是正确的"，也不是"京瓷公司如何做是正确的"，而是"作为一个人，如何做是正确的"。在此基础之上，企业员工才能最大限度趋向正直、谦虚、勤奋、公正、热情、博爱。但在某些企业中，只考虑阿米巴经营模式带来的效益，只是将其作为改善经营管理和带来经营收益的工具，直接忽视了阿米巴经营模式所传递出来的哲学思想。

某厨具生产公司，深陷经营困境，几近破产边缘。于是，该公司创始人尝试套用阿米巴经营模式，以期重塑公司管理体系。但该公司只用阿米巴之形，忽略了阿米巴的本质，如此运行了一段时间以后，公司经营状况未见好转。在痛定思痛后，创始人邀请阿米巴经营方面的专家介入企业运营，从根本（思想）上做出转变，按创始人的话说就是"大脑彻底阿米巴化"，公司的阿米巴经营终于标本兼修，最终走出了困境。

阿米巴经营模式的本质是在提高心性的基础上发展经营。只有将个人哲学、价值观与企业愿景、使命有机结合起来，并真正地贯彻到经营实践中去，才能形成最有力量的经营哲学体系。

NO.22——五个条件：不只是为利润而生的管理手段

阿米巴经营模式不只是为利润而诞生的管理手段，它的主要目的是让全体员工都参与到经营中，因此必须符合五个条件（见图2-11）。

- 企业内部建立信任关系
- 研究数据要严谨、及时
- 监督检查工作做到位
- 对员工加强教育
- 以理为先

图2-11 阿米巴经营模式的五个条件

条件一：企业内部建立信任关系。

企业领导者要对员工的能力有信心，要着力依靠员工的智慧来推动企业发展。同时，员工也要明白自己的智慧和努力都关系到企业的长远利益，也就是关系到自身的长远利益。因此，企业领导者必须和员工形成互相信任的关系，为阿米巴经营模式提供现实基础。

企业领导者和员工二者之间如同扁担的两端，只要有任何一方达不到信任要求，就会造成企业内部信息不对等，这样双方必然产生隔阂，自然就无法形成合力。所以，企业领导者作为强势的一方，在信任关系中要更加主动，要从内心深处认可员工是经营共同体的地位，而非单纯的劳动工具。

条件二：研究数据要严谨、及时。

相关数据的产生必须经过严谨的流程，否则阿米巴经营模式的作用将无法得到真正发挥。保证数据严谨的前提条件是，企业领导者必须保持严肃认真的经营态度，每一步都稳扎稳打，带领各阿米巴组织以严谨、细致、追究到底的精神记录数据。

另外，真实记录数据仅靠严谨是不够的，还必须及时，要明白第一手数据是最有价值的。领导者应明确要求现场员工参与数字的研究、分析，并做出初步判断，提供初步应对方案。

条件三：监督检查工作做到位。

现代企业的经营形式越来越灵活，反应速度也越来越快。体现在切割阿米巴时，则是必须符合行业规律和生产流程特性，否则会给接下来的工作造成巨大困难。虽然阿米巴经营模式具有优势，但并不是说只要将企业组织切割成阿米巴就一定会收到好的效果。对于企业来说，有些部门可以切割，有些部门无须切割；有些部门需要做大改动，有些部门不需要做太多改动。因此，有的阿米巴切割完成开始正式工作后，仍然需要进行监督检查，以保障工作的流畅性，并利用分列、合并、再切割等形式进行改进。

条件四：对员工加强教育。

"科学技术是第一生产力"，这就是告诉我们技术和能力的重要性，任何人想要拥有高超的技术和能力必须通过学习才能实现。企业只有在会聚越来越多高素质员工的情况下，才能更有力地应对市场竞争和更快速地实现发展。

为此，企业要全面建立培训机制，完善各岗位的职能锤炼，加强对员工的现场教育。尤其在企业刚刚导入阿米巴经营阶段，更需从能力、技术、价值观、思想等各方面对员工进行持续教育，以此让各阿米巴之间主动、有效地建立起共同解决问题和分享解决智慧的协作机制。

条件五：以理为先。

工作中形成的问题都会在工作过程中体现出来，但并非依靠改进工作模式就能快速得到解决，事实上，有些问题反而越解决越麻烦。根本原因就在于没能回归问题的本源，却过多地思考了问题之外的因素，使问题解决起来越发困难。因为员工都喜欢照顾自己的"一亩三分地"，缺乏全局观，没有大局意识，不明白"公司的健康发展"才是对自己最有意义的。

对此，稻盛和夫给我们提供了一个很好的"参照物"。他说："如果企业遇到难以解决的问题，经营者争执不下，不妨把'公司的健康发展'当作参照，认真想一想如何能让公司的利益少受损失。这样就能将问题推回到最初始、最本源的状态，遵循这个思路来解决问题将不再困难。"

NO.23——六项原则：精进力的实践与应用

稻盛和夫将阿米巴经营模式汇聚成为"六项精进原则"（见图2-12），企业领导者务必做好阿米巴哲学的实践与应用，才能更好地践行阿米巴经营模式。

原则一：永远努力付出。

既然是精进，就不能不提到努力。无论是个人事业，还是企业发展，"永远努力付出"是企业经营的最重要条件。

稻盛和夫在27岁时创办京瓷公司，当时别说经验，连如何实施经营都不明白。但他有一个坚定的信念，就是一定要让公司生存下来，不能辜负和自己同舟共济的人。为此，他整日忘我地工作，常常从清晨一直工作到第二天凌晨，但取得的效果并不好，最后公司几近破产。但他仍然咬紧牙关坚持，绝不放弃努力。因此，后来京瓷创造的所有辉煌都是稻盛和夫无论何种情况都坚持不懈得来的结果。

图2-12　阿米巴经营模式的"六项精进原则"

只要提到努力，就总有人对此不屑一顾，认为努力无用，就像认为"读书无用"一样，这类人通常相信机遇，也愿意笃信机遇。如果让他们说，可能会列出一大堆没怎么努力仅仅是凭借机遇就获得成功的名人。但他们往往不会深究，几乎所有成功者的背后都离不开努力加持，再好的机遇也需要实力成全。机会永远留给有实力的人，而实力需要自己去积累。

首先，努力工作是自然界的生存法则。任何生物都在为生存拼命，做企业也是一样。不能因为公司稍有起色，就偷懒享受；也不能因为公司经营不顺，就选择自暴自弃。"不拼命，就没命"，这也是自然界的生存规律。

其次，努力工作会迸发更多创意。当你全身心地投入工作中时，就会进行思考，就会调动全部智慧和激情用于完成工作，而灵感通常来自不断思考后的集中爆发。

最后，努力工作可以磨炼意志。《大学·中庸》中有言："小人闲居不为善。"意思是说，人在闲着的时候，就会生出坏念头，甚至做坏事。人都有惰性，如果把时间交给工作，就无暇他顾了。这样既能增长能力，也能修炼心性。

原则二：保持谦逊，戒骄戒躁。

"保持谦逊，戒骄戒躁"犹如老生常谈般告诫着每一个人。但现实中依然有很多人做不到，有了点成绩就飘飘然，遇到了一些困难就焦躁不安。但是，人只要努力做事，总会取得一定的成绩，也总会面临一些困难，如果每到一个小环节就把自己搞得焦躁不堪，大脑就会经常性短路，那么，接下来的工作要如何正确进行呢？

一个人如果不能时刻保持清醒，就会被自己混乱的大脑击败。保持清醒，就是保持对未知的敬畏。今天取得的成绩并不意味什么，要快速放下，为明天继续努力；今天遇到的困难也算不得什么，要冷静面对，总能找到应对的方法。张瑞敏在事业高峰时曾对人说："永远战战兢兢，永远如履薄冰。"可见，胸怀大志的人，也不总是斗志如火，同时也慎终如始，只有以小心谨慎的态度在风云变幻的商海里稳扎稳打，才能像张瑞敏一样将海尔集团带到"则无败事"始终屹立不倒的高度。

原则三：每日三省吾身。

《论语·学而》中曾子曰："吾日三省吾身——为人谋而不忠乎？与朋友交而不信乎？传不习乎？"意思是说：每一天多次反省自己——替别人做事有没有尽心竭力？和朋友交往有没有保持诚信？老师传授的知识有没有按时温习？

这是古人留给我们的极高深的智慧。一天的时间并不算短，我们可以完成不少工作，能够及时进行自我反思，这一点非常重要！比如，今天有哪些工作没有做好？今天对待员工是否亲切？今天有没有待人傲慢？今天有没有做出不当决定？今天有没有不恰当的言行？

作为企业领导者，反省自己的言行不仅是对自己负责，也是对企业和他人负责。自省可以让我们更及时地发现自己的利己之心，可以让善良、诚信、平等、尊重等美德和品质及时回归。自省也可以让我们更早意识到"自我"，可以遏制贪婪，让"真我"剔除"自我"。

原则四：懂得感恩。

稻盛和夫出身贫寒，成长经历又坎坷不断，甚至差一点因病身亡，工作之后也经历种种不顺。但这些都没有剥夺他的感恩之心，他说："人从出生那一刻起就应该感恩，要对任何事物报以感恩。"

我们的生存从不是孤独的，空气、水、食物，身体内的每个细胞，我们的家人、同事、合作伙伴，甚至敌人，都构成了我们生存的价值。感谢这一切，给了我们生存于世的机会。与其说是"我在生存"，倒不如说是"让我生存"，因此只要我们还有行为能力，身体仍然健康，就没有理由不心怀感恩！

原则五：积善行，存善念。

古话讲："积善之家，必有余庆；积不善之家，必有余殃。"意思是说：修善积德的个人和家庭，必然有更多的吉庆；作恶坏德的个人和家庭，必然会招致更多的祸殃。个人行善，便能惠及全家，这是中国古代先贤倡导的思想。

稻盛和夫虽然是日本人，但对中国文化有相当深的了解，他也很喜欢刘备的这句告诫，在京瓷公司和KDDI公司做演讲时都谈起过。

原则六：忘记感性烦恼。

担心、烦恼、后悔、忧愁、挫折、失败等状况都是人生常态，我们所能做的是积极面对，而非逃避；是解决，而不是放弃。《论语·八佾》中有这样一句话："成事不说，遂事不谏，既往不咎。"意思是说，已经发生的事，再懊恼也覆水难收，若是总沉浸在过往的失败和悔恨中，对于人生毫无意义。闷闷不乐的情绪不仅会影响身体健康，还会给自己的人生带来更多不幸。既然事情已经发生了，去面对、接受、解决便是，然后就放下。向前看，想想新事情，把新想法付诸实践。

关于这一点，稻盛和夫在《六项精进》一书中也有阐述："要对过去的事进行深刻反省，但不要因此在感情和感性的层面上伤害自己，加重自己的心理负担。要运用理性来思考问题，迅速将精力集中到新的思考和新的行动中去。我认为：只要这样做就能开创人生的新局面。"

以上六点是稻盛和夫倡导的"六项精进原则"，是企业经营者做好经营所必需的条件，同时也是追求美好人生必须遵守的基本原则。

NO.24——经营十二条：稻盛和夫的切身体悟

上一节我们讨论了稻盛和夫总结的阿米巴经营模式所必需的"六项精进原则"，本节再来讨论实施阿米巴经营模式所必需的另一套原则——经营十二条（见图2-13）。

图2-13 阿米巴经营模式的经营十二条

第一条：明确事业的目的和意义。

本条向我们传达的意义是，树立一个光荣、崇高的事业目的。比如，可以这样问：经营者为什么要创办企业？它有没有必须存在的理由？为了赚钱，为了养家，为了实现个人价值，都无可厚非。但若希望全体员工都与企业创立者同甘共苦、风雨同舟，那么，凭什么？！

这个愿望，没有能够驱动员工主动跟进的"名分"作为前提条件是无法实现的，这个名分往小了说是条件和目的，往大了说就是愿景和意义。只有怀揣"我努力工作是为了我自己"的渴求和"我努力发展企业是为了使更多的人通过我获得幸福"的大义，员工才能从内心深处自觉地产生必须努力工作、必须与企业同舟共济的动力和决心。

第二条：设立明确的目标。

明确的目标必须以具体数字体现，这个数字不只是销售额，还包含利润、员工人数、工作时长等，并从空间和时间两个维度上同时明确。

从空间上明确，是指不能将企业的总目标看成是抽象数字，要给各部门、各阿米巴分解详细目标，一直到最基层的每一个个体都要有明确的数字目标。

从时间上明确，就是细化目标完成时间，不仅要有年度目标，还要有月目标、周目标、日目标，具体到让每个人在每一天的每个时间段都能明确自己的工作任务。

第三条：强烈而持久的愿望。

一个人能否实现梦想，看的不是设定的目标，而是要看实现目标的决心。只要对实现目标有巨大的渴望，就具备了"无论如何都要达成目标"的心态。这是成功的关键！

对成功的强烈欲望，会影响人的思维能力，比如，每天都思考"销售额要达到多少""利润要实现多少"……这些问题就会进入大脑深层，成为潜意识思维。心理学家指出，潜意识的容量要比显意识大很多。只要某件事进入了潜意识，即使在思考其他问题的时候，也会不自觉地获得达成目标的启示。

第四条：努力，努力，再努力。

若想成就美好人生，获得成功的事业，就要记得稻盛和夫的一句忠告："付出不亚于任何人的努力"。如果无法做到这一点，那么，什么个人成就、什么企业成功，都只是镜花水月罢了。

经营企业千万不要说"今年不景气""这个行业不好做""竞争太激烈"这样的话，因为无论是哪个时期都会有起起落落，任何行业都有成有败，人只要活着就要参与竞争。借口是留给弱者的，强者只想通过自己的努力跨越艰难险阻,直到抵达梦想的彼岸。

第五条:销售最大化,费用最小化。

关于这句话我们之前已经提过很多次了,如今再次重申,下文还会多次提到,说明这句话对于阿米巴经营模式的重要性。其实,想办法获得最大利益不仅适用于阿米巴经营,而且适用于所有企业,因为不论采取怎样的经营模式,获取更多利润对于企业来说都是非常重要的。做企业不是做慈善,必须要赚钱!

京瓷创立之初,稻盛和夫看着非常专业的财务报表很是头疼,不是他看不懂,而是这么专业的东西并没有帮助他的公司降低成本、提升利润。后来他提出了"销售最大化,费用最小化"的经营原则,要求每一名员工都必须贯彻。起初大家认为这就是老板因为赚不到钱而挥动的"三板斧"之一,另外两板斧是切割阿米巴和单位时间核算,执行不了多久就会自动没有了。但谁也没有想到,稻盛和夫不仅在京瓷公司一直挥动着"三板斧",而且还挥到了 KDDI 和日航。如今只要导入阿米巴经营模式的企业都在深入学习这"三板斧",并且花样翻新,已经呈现出"百斧齐挥"之势。

第六条:定价即经营。

定价是经营者的重要职责。合理的价格既能让客户满意,又能保证企业盈利。定价是一件既容易也很不容易的事情,说容易是因为它可以很轻易就能够制定出不考虑市场等因素的价格,说不容易是因为需要决策者在考虑市场等因素的前提下制定出合理的价格。

定价只有合理企业才能获得利润,定价失误必然会对企业造成损失。某公司生产了一款新产品,是市场上独一份的暖菜板。通俗解释就是能够热菜的菜板,听起来高大上,但用起来很"鸡肋",因为每次用来热菜的时间需要几小时,这样一来,即便是保温也达不到理想效果。这个暖菜板起先定价159 元,因为是新概念配合的新产品,又有品牌加持,所以,一些年轻人未经了解就买单了,产品销售量达到了及格线。此时本该是通过用户反馈了解产品在消费者心中价值的时候,该公司却非常自信地省略了这个步骤,在升级了产品外观后提价到 359 元,结果销量呈现断崖式下滑,这款产品迅速地

"死亡"了。

合理的准确定价包含了对市场的了解、客户的预期和产品的价值，只有三者都处于高成长阶段，价格才有抬高的余地。但也不能违背定价规律，不能制定高于客户心理上限的价格。

同时，产品"定价"必须与"采购""降低成本"相互联动。经营者对定价负责，就是对降低采购和生产成本负责。经营者之所以要亲自定价，原因就在于此。

第七条：钢铁般的意志。

创立企业，创始人就是企业的第一任最高领导，其性格特质如何基本决定了企业的性格特质。一位意志坚强的领导者，在确定了目标后，无论前方有多少艰难险阻，都会披荆斩棘坚持到底，直到实现目标。一个意志薄弱的领导者，总会因为各种困难而找借口退缩，这种轻率的举动，只能离目标越来越远。

员工进入一个企业首先看什么？不是看制度，也不是看环境，而是看企业领导者，正所谓"上梁什么样，下梁就什么样"。因此，稻盛和夫说："领导者的意志关系着整个企业的经营意志。"

当然，钢铁般的意志不等于是冥顽不灵的固执，是在正确的道路上坚持到底的决心，如果发现道路错了就要及时转弯或者停下脚步。意志是用来助力自己腾飞的，不是让自己下地狱的。

第八条：昂扬的斗志。

2018年世界杯小组赛葡萄牙对阵西班牙，比赛进行到86分钟时，葡萄牙2∶3落后于西班牙，此时葡萄牙获得了一个前场任意球的机会，已经独中两元的C罗站在了球前。他露出大腿上的肌肉，目光中带着凶狠，盯住西班牙球门，助跑、起脚，足球绕过人墙迅速下坠，入网。

提到运动员C罗有两点是人们交口称赞的：一是他的自律，任何情况下都不会放松对自己的要求；二是他的斗志，任何情况下都不放弃对梦想的追逐。

这个来自马德拉群岛的普通少年，凭借自己永不熄灭的斗志之火，一路杀进了里斯本、曼彻斯特、马德里，杀进了全世界球迷的心里，无论你是不是葡萄牙人，无论你是不是他的拥趸，都无法否认他取得的成绩。

创立企业，也会经历一个由弱到强的过程，就像一名足球运动员从默默无闻到名满天下，需要时刻保持昂扬的斗志。斗志不是莽夫的粗鲁，而是由责任心、价值观和梦想共同组合成的英雄气概。

第九条：遇事有谋，临事有勇。

经营企业难免会遭遇不利的情况，这种情况下没有退路，只有拿出勇气解决这一条路。出了问题就要去面对，然后想办法解决。可以是企业领导者独立解决，也可以是群策群力共同解决，这主要是看问题的性质和企业的经营模式。如果是传统经营模式的企业，通常都是领导者单打独斗，凭个人能力解决问题；如果是阿米巴经营模式的企业，因为经营过程都是公开的，所以企业遭遇的问题也是公开的，员工会自觉地帮助企业解决问题，这样就成了群策群力。

但是，办法可以大家想，拍板的只能是领导者，这就要求领导者必须是具有思考能力、头脑清楚，且有勇气的人。领导者要从众多方案中决定最后的实施方案，在损失和灾难面前毫不退缩，坦然处之。

面对经营难题，能够顶住万千压力、坚韧不拔的领导者，虽然透着一种"悲壮感"，但也极为彰显领导力。总之，作为企业领导者既然选择走上了更为坎坷的路，就不能害怕面对各种难题。越是遇到困难，越要保有希望和信心。

第十条：不断创新。

稻盛和夫曾说过一句很令人感慨的话："我们接着要做的事，是人们认为我们肯定做不成的事。"

京瓷公司最初就是在做当时人们认为做不到的事。无论是开发新型陶瓷，还是将其发展成新型工业材料，直至公司发展成数兆日元规模的综合型企业，都一直令人觉得不可思议。

稻盛和夫还有一句话到如今仍然可以作为企业的经营方针——"不能每天以同样的方法重复同样的作业，要不断有所创新。并且由经营者率先做出榜样，不出几年企业定会有独创性的技术或产品。"

这是要求企业经营要站在战略高度，不要依据现有能力去做事，要制定一个目前达不到的目标，努力按照此目标提升企业能力，使其在将来的某个时间点实现。

第十一条：不失诚挚之心。

经营企业必须保持大诚大信，不做损害消费者利益的事，不做从员工身上巧取豪夺的事，以长远计，对人保持真诚、和善、仁爱的态度必会带来好结果。

第十二条：保持利他心。

关于"利他"我们之前用一节的篇幅单独阐述过，但稻盛和夫将其列为经营十二条之一，可见其重要意义。

A公司是京瓷公司下属一家在美国生产电子零部件的子公司。1989年之前，该公司一直是电容器领域的佼佼者。为让京瓷进一步发展成综合型电子零部件公司，稻盛和夫向A公司提出了收购意向。

A公司董事长认为可以和京瓷公司绑在一起是非常难得的机会，于是同意了收购。收购方式采用"股票交换"的方式，京瓷将当时市值20美元左右的A公司股票溢价估价50%即30美元，然后与同在纽约证券交易所上市、时值82美元的京瓷股票进行交换。

A公司董事长认为30美元的价格仍然偏低，要求增至32美元。当时，京瓷在美国的负责人和律师都强烈反对，认为如果答应对方的要求，会使京瓷在今后的交涉中处于被动地位。但稻盛和夫理解对方董事长提出这个要求的无奈，但是他必须对股东负责，认为32美元的价格并非不合理。

然而，就在双方正式进行股票交割的前一天，道琼斯指数出现大幅下跌，京瓷公司的股票跌至72美元。A公司董事长再次提出要求：交换条件由原来的82美元兑32美元，改为72美元兑32美元。无形之中，A公司的估值再次被拉高。这件事犹如炸弹在京瓷内部炸响了，反对之声迭起，人们都认为A公司的行为太过分了。

大家的反对是有道理的，如果京瓷股票是因为业绩下降而下跌，那么自然就没有任何问题，但如今是受到股市波动的影响，而且这种波动是暂时性的，过段时间市场消化了，波动价格就会回弹。若是在这个时候和 A 公司进行股票交换，京瓷将承受不必要的损失。

结果，稻盛和夫再次接受了 A 公司方面提出的条件。做出这样的决定他不是感情用事，也不是出于算计，只是按照市场规律做事，既然股价在这时候下跌了，那就要接受这个结果。试想一下，如果股价在此时上升了呢？京瓷股票涨到 92 美元了，按照当时的情况是不是也要向 A 公司提出相同的要求呢？而且，企业间的收购不仅是利益融合，更是两种企业文化的融合，因为被收购方的企业文化将要被兼并，所以在短时间内多为对方考虑是完全有必要的。

"利他"就是要求每个人都不能只考虑自身利益，还要多考虑别人的利益。由"自利"升华为"利人"，最终形成互利共赢的局面。

NO.25——经营哲学教育：企业必须重视负责人的人性

在阿米巴经营模式中，各阿米巴领导者都有一个根据 Master Plan 设定出来的关于利润的必达目标。设定必达目标的好处是，让各阿米巴领导者更有紧迫感，必须想方设法地创造出更多利润。但凡事皆有利弊相依，设定必达目标若失去了控制，各阿米巴会陷入只关注本"巴"利益的状态，因追逐利润而发生"自相残杀"的情况也有极大可能，这将对企业带来非常不好的影响。

因此，在实行内部交易的时候，稻盛和夫说："在阿米巴经营中，最终的销售价格是与市场价格直接联系在一起的，如果我们不能在每月都在下降的销售价格的基础上倒推设定出合理的内部交易价格，那我们的阿米巴经营模式就不能正常地运营。"

在实施阿米巴经营模式之前，稻盛和夫就预想到"自相残杀"的局面，因为各部门负责人、各阿米巴领导者都非常重视本部门和本"巴"的结算与利润，这是阿米巴经营模式的特性决定的。比如，原材料部门的阿米巴会尽量提高原材料的内部交易价格，而生产部门的阿米巴则希望以尽量低的价格来购买原材料，其他部门的阿米巴也都希望从前道工序中以尽可能低的价格买入所需物资或面向后道工序中以尽可能高的价格卖出已有物资，因为大家都是同一种思考，所以肯定会发生矛盾。

在这种情况下，根据各部门负责人和各阿米巴领导者个性的不同，所表现出来的言行也不同。

不会很好地控制情绪的阿米巴长，可能会采用极端方式来达到目的，如威胁前道工序的阿米巴降价，或者逼迫后道工序的阿米巴出高价。而性格比较软弱的阿米巴长就会就范，虽然有公司规章予以保护，但没有人愿意经常去公司高层那里"告御状"，毕竟状告多了，可能有理也变得没理了。

还有一些心思灵活的阿米巴长，他们的手段就隐蔽多了，会想办法与同部门的其他阿米巴长形成联盟，在各自的联盟内共同进退，或者一起低进，或者一起高出。虽然这类阿米巴长的行为没有暴力成分，但对企业来说损害更大，会让企业陷入失德的深渊。

因为事先对这类情况有了预估，稻盛和夫在实施阿米巴经营模式后，立即着手对所有阿米巴长的人性展开筛查。针对筛查结果，发现有违背道德行为的阿米巴长，有警告、接受培训、降级、开除等几项措施。若发现有违背法律法规行为的阿米巴长，则直接开除。

在京瓷公司，判断事物正确与否的标准，不是得失，而是善恶，也就是"作为人，何谓正确"。这些内容被总结成"京瓷的经营哲学"，并通过教育培训向全体员工渗透。

京瓷的经营哲学，描述了作为一个有责任心的人，一家有责任感的企业，应该是一种怎样的姿态，以及要达到这种姿态所需要遵循的道德规范。假如某员工或某阿米巴长被发现以"只要自己好就万事OK"的心态经营，就会被估计为"欠缺作为领导的资质"，他就基本没有机会晋升为阿米巴长，已经担任阿米巴长的也将被免职。

我们都知道，京瓷公司的经营理念是"追求全体员工物质与精神两方面的幸福的同时，为人类和社会的进步与发展做出贡献"。为了将这条经营理念渗透到公司的每一个员工和每一个角落,稻盛和夫在日常工作中不断向员工们宣讲和灌输他的思想,以保持公司内部所有员工的道德性。这可以总结为稻盛和夫的"经营之心"(见图2-14)。

图2-14 经营之心

最后,我们以稻盛和夫的话结束本节:"不论是部门之间的内部交易,还是公司的对外运营,都需要高道德水准的人性。什么才是高道德水准?我们需要不断地扪心自问。"

第三章 组织架构

NO.26——组织模型：自下而上的"蜂巢图"

组织架构是企业部门设置和流程运转的重要依据。优秀企业都致力于寻找最佳的组织架构方式，力争搭建出最优质的组织架构，让企业能够稳健、高效、有力地迈出每一步。常见的组织架构包括集权、分权、直线及矩阵式等。

企业的组织架构是决策权的划分体系和各部门间的协作体系。组织架构需要根据企业总目标，把企业管理要素配置在同一方位上，确定其活动条件，规定其活动范围，形成相对稳定的、科学的管理体系。

阿米巴经营模式既是一种经营方法，也是一种组织形态，即在正确经营理念的指导下，将组织划分成若干个独立的经营单元，各经营单元通过自主经营、独立核算、全员参与的模式，不断培养具备经营意识的人才，实现企业内部的人才供给。

传统企业的管理架构大多属于"层级式"，组织架构模型虽然足够稳定但僵化，一些弊端不可避免地出现：比如说，行政机构随着企业规模的发展越来越庞大，直至成为企业继续发展的包袱，既砍不得，也动不得；各部门之间横向关系极为薄弱，部门墙厚重，导致欠缺合作精神，协调困难；各部门之间的纵向关系极易被突破，裙带关系、利益牵扯、贪污受贿情况都可能出现；高层领导者常因为管理关系陷入日常的生产经营活动中；各职能部门员工只注重本部门目标而不是企业整体目标……以上种种都会严重影响工作效率，最终导致企业发展受阻。

由于传统组织架构难以适应新兴的商业模式、快速变化的外部环境和越发激烈的市场竞争，阿米巴经营模式下的组织模型及时地进行了彻底的改变，形成了更具适应性的阿米巴组织架构。

传统的企业组织架构图是自上往下的"金字塔结构",企业决策层在最上面,向下是各级管理层,最下面是基层组织,层层叠压,形成了严密的组织关系格局。管理自上而下,彼此之间不能越级,更不能颠倒,所谓的"向上管理"只是下级向上级提意见而已。

阿米巴经营模式的组织架构图却是自下往上的"蜂巢图",企业创始人落在最下面,从单纯的领导与决策角色转变为更有挑战性的服务角色,中间是一些为一线独立经营体提供资源的"职能型矩阵单位"或者叫"矩阵团体",最上层是由许多个阿米巴构成的自主经营体,具有独立利润中心,直接面向客户。(见图3-1)

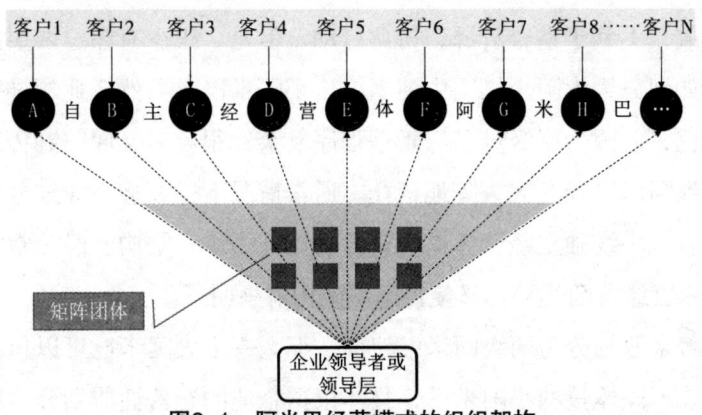

图3-1 阿米巴经营模式的组织架构

建立阿米巴组织架构的基础在于打破传统组织架构的层级界线和部门界线。企业大佬从高高在上的领导者,滑落到最下面成为服务者,服务的对象是企业的一线独立经营体和为一线独立经营体提供资源的矩阵团队,除非在非常必要时刻,否则企业领导者不会走到台前参与经营。如此一来,部门概念也消失了,取而代之的是遍布于组织架构最前沿的各个阿米巴,员工不再是单纯的执行者,而是决策与执行角色共担。当顶层与底层的位置彻底掉转后,原有的中间管理层也被瓦解了,只剩下能够给一线独立经营体提供资源的单位,没有管理职能。

由此可见,一线独立经营体正面是面对用户,反面则面向企业总目标,真正实现了一线与总部对接,实现了每个阿米巴都为利润负责的目的。

NO.27——四种形态：预算型、成本型、利润型、资本型

阿米巴经营模式的组织架构也可以分级，比如，大阿米巴和小阿米巴。这种分级通常应用于大中型企业，否则仅有一个层级的阿米巴将导致基层组织过于分散，不利于整合资源，协调行动。但是，很少有超过两层的阿米巴架构，比如划分为大阿米巴、中阿米巴、小阿米巴，虽然企业领导层也定位为服务角色，但因为层级过多，管理程序复杂，很容易又回归到传统管理模式上，导致阿米巴经营失去阵地依托。通常情况下，大型企业划分两级阿米巴，再配合为一线独立经营体提供资源的矩阵团体，结构已经非常完整，既能发挥阿米巴经营的优势，又使得组织架构清晰明了。

如果将企业划分为两级阿米巴架构，那么一个大阿米巴可以包含若干个不同形态、不同体量的小阿米巴，具体根据企业的经营性质划分。在京瓷公司确立阿米巴经营模式之初，就产生过"一家公司或一个阿米巴必须要统一形态"的误解，导致阿米巴经营模式推进困难。

阿米巴形态的划分都以经济形态为依据，具体表现为四种形态（见图3-2）。理想的情况下，企业的任何部门都可以划分为阿米巴组织，又因为阿米巴具有独立经营、独立核算的形式，所以每个大阿米巴下面都可能同时包含多种形态的小阿米巴，甚至小阿米巴同时兼具多种形态。

图3-2 阿米巴组织的四种形态

第一种：预算型。

预算型的阿米巴组织的主要职责是对工作内容或服务质量进行量化评估，目的同时也是最大优势是控制经营费用，同时还可以为客户提供最佳服务。缺点则是不易评估绩效。

预算型阿米巴组织的特点是发动全员参与预算过程。有两层含义：一是将预算目标逐层分解，做到人人有责，让每名阿米巴成员都树立正确的"成本"和"效益"意识；二是将企业资源更加合理地在各阿米巴之间进行科学调配，各"矩阵团体"与各阿米巴共同参与预算制定，利用透明程序将各组织的作业计划同企业资源进行配比，然后再根据任务的轻重缓急来配置资源。

第二种：成本型。

成本型阿米巴组织的主要职责是进行成本和费用的控制及考核，并对组织费用合理归集、分配，达到控制成本和考核的作用。

这类阿米巴组织的最大优势是对成本的可控性不只停留在某个项目上，还与具体的责任中心紧密关联。

这类阿米巴组织的应用范围最广，只要企业产生成本费用，就会在企业中建立逐级控制、层层负责的成本中心体系。

第三种：利润型。

利润型阿米巴组织的职责有两方面：既可以负责控制成本，又可以增加利润。这类阿米巴组织是阿米巴经营模式的核心类别，其拥有独立的自主经营权，可以独立对收入和生产进行决策。

划分这类阿米巴，需要根据企业实际情况而定，有的部门既可以作为利润中心，也具备成为成本中心的条件，所以要对其利弊进行权衡之后方能决定划分为哪类阿米巴组织或者混合为怎样的阿米巴组织。

随着企业规模的逐步扩大，当前的成本中心必然无法适应企业发展战略的要求，所以要划分出若干个利润中心。大中型企业可以同时设置二级投资型阿米巴组织和利润型阿米巴组织，便于对各种经营局面及时把控。

第四种：资本型。

资本型阿米巴组织属于相对综合性的组织，既要对成本、收入和利润负责，又能产生一定的投资作用，因此也被称为"投资型"。

这类阿米巴组织的特点是，领导者不但同时担负着利润型阿米巴的职责，也具有运营资本和支配实物资产的责任与权力；而且，业绩计量标准多与此有关。

NO.28——四项维度：产品、客户、区域、品牌

企业在进行阿米巴经营模式的组织划分时，往往会踏入只按行政架构进行划分的老路，这样就又回到了传统的组织结构，这种状况的企业在现实中有一定比例存在，是借"阿米巴"之名，行"传统管理"之实。这种自欺欺人的改革还不如不改，保持传统组织模式还能在其中分得一杯羹，改得不伦不类的结果则是传统与变革的两边都靠不上，路会越走越窄。

阿米巴经营模式的组织划分是一项要做就必须做好的事情，没有"差不多"或"先这样"之类的选项。划分的依据可以从四个方面考虑，即四项维度（见图3-3）。

图3-3 阿米巴组织的四项维度

第一项维度——产品。

以企业生产的产品类别作为划分阿米巴组织的维度依据，就是将与生产某一产品有关的活动置于同类阿米巴组织内。因此，每种产品线都是独立的阿米巴组织，在其下细分职能部门，用户与一线经营体直接接触。

按产品维度划分的阿米巴组织，能明确知道哪些工作是用户需要的，哪些工作是生产产品所必须实施的。此类阿米巴组织更利于采用专业化设备，使个人技术和设备优势得到最大限度发挥，在此类型的阿米巴组织经营下，

企业的经济效益因为生产效率和用户满意度的提升而提升。

每个以产品划分的阿米巴组织都是一个利润中心，阿米巴领导者承担利润责任，企业定期评价各阿米巴组织的经营业绩。同一产品线相关的职能活动具有较易协调、更具弹性的特征，更加适应企业的扩展与业务多元化要求。

第二项维度——客户。

以客户作为划分阿米巴组织的维度依据，要求企业确定客户的价值区间。即确定哪些用户极有价值，哪些用户价值一般，哪些用户价值不大，并决定以怎样的形式为各价值区间的用户提供量身定制的产品和服务，以期实现与极有价值的用户形成互利互惠，与价值一般的用户达成价值最大化，挖掘价值不大的用户的深度价值。

按用户维度划分阿米巴组织的企业通常集中在服务类行业。如金融咨询服务类行业普遍选择这种划分方式：他们将用户划分为公司客户、个人客户、机构客户，虽然不同类客户可能消费相同的产品或服务，但产生的价值等级不同，产生价值的过程也不相同，因此必须及时了解用户的需求和偏好，以此采用不同的服务形式。

第三项维度——区域。

以区域作为划分阿米巴组织的维度依据，多适用于企业业务相对分散的情况下。原则是把某个区域内的各类业务集中起来，组建一个大区级阿米巴，委派一位领导者（经理）进行管理。

按区域维度划分阿米巴组织，通常设有企业总部服务部门，如采购、财务、人力资源、后勤等，向各区域阿米巴组织提供专业性的服务。

按区域维度划分阿米巴组织，不是指划分销售市场，而是根据不同地区的客户差异，重新组合研发、生产、物流和销售等部门。这种划分方式在产品的规模效应不明显，但用户群体相对稳定的情况下具有优势。随着全球物流采购系统的完善，地域之间的差异将越来越小，产品的规模优势将越发明显。

第四项维度——品牌。

以品牌作为划分阿米巴组织的维度依据，能够使企业将更多资源用于品牌建设上，能够将旗下品牌的价值逐步提升。

按品牌维度划分阿米巴组织，能够在企业内部形成品类补充，有利于企业打入更多细分领域。

清晰的品牌定位在扩展市场覆盖面的同时也预防了同门类竞争，实现了强力品牌支撑下的高品牌溢价。

企业可以灵活地按产品、客户、地域、品牌四项维度来划分阿米巴，但是，无论怎样划分，任何一个阿米巴组织都应遵循"使组织资源与外部环境紧密关联，并具有迅速调节功能以适应灵活多变的市场环境"的原则。

NO.29——四个步骤：阿米巴组织划分的必经之路

阿米巴经营模式下的组织划分，除了要清楚有四种形态和四项维度外，还有四个步骤需要走对，只有这样才能将组织划分更好地完成。下面我们详细了解一下划分阿米巴组织划分的四个步骤（见图3-4）。

分析确定企业价值链逻辑关系

分析确定各经营单元间的业务关系

分析确定各经营单元的权责关系

分析确定各阿米巴形态定位

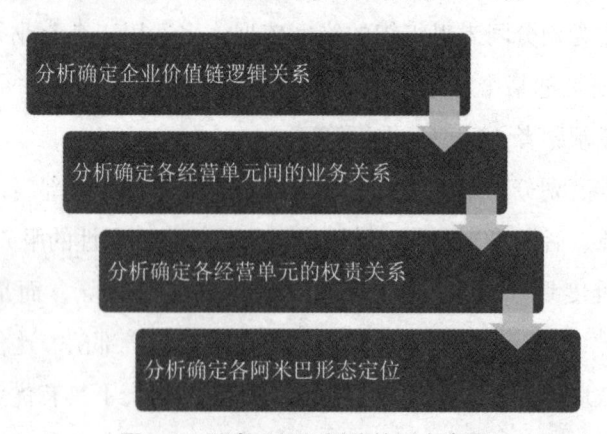

图3-4　阿米巴组织划分的四个步骤

第一步：分析确定企业价值链逻辑关系。

我国企业在经历了长期快速的成长期后，现在步入转型升级、低速成长的趋成熟阶段，这个阶段正是企业领导者需要认真思考的关于企业未来的成长规律、成长逻辑和新成长道路的关键时刻。

企业的成长之道就是"企业价值链逻辑关系"。企业成长的前提是生存，是用什么方式和途径让企业成功活下去。比如，企业是应该先做大再做强，还是先做强再做大？是先做多再做专，还是先做专再做多？这不是先有鸡还是先有蛋或鸡生蛋蛋生鸡的智力问题，而是企业以自身状态为基础所做的关乎未来发展走向和生死存亡的大问题。

只有明确了企业价值链的逻辑关系，在划分阿米巴组织时才能有所侧重，以此划分出来的阿米巴组织才更符合企业价值定位。

第二步：分析确定各经营单元间的业务关系。

因为企业由不同类型的部门构成，所以管理形式和管理内容也不尽相同。企业划分阿米巴组织的一个原则是划分到最基本的业务单元，才能有效避免人员冗余。

同时，企业也要做好部门的设定与管理，其中值得注意的一点是，在企业发展初期，没必要设置独立的人力资源、财务、行政这样的职能部门，对采购、仓储等部门的人员数量也要压缩，集中力量和资源保证研发、生产、销售等盈利部门。待企业规模逐渐扩大后，人力资源、财务、行政等部门有所需要，但也不必单独设立，可以归入统一的综合管理部。只有在企业规模壮大后，职能部门的作用才能真正发挥出来，此时也到了必须要单独设定的时候。因职能部门不好切割为阿米巴，因此很多大企业依然将职能部门保留为传统架构，但也做到了最大化精简。

划分经营单元的目的是确定各经营单元间的业务关系，界定各经营单元间的对接事项和责任分属。比如，员工发生斗殴事件，人事部和生产部都可以介入，所以需要事先做好界定。如某公司就规定由生产部处理，人事部配合。

第三步：分析确定各经营单元的权责关系。

阿米巴经营模式倡导人人经营，放权经营，但前提是要确定各经营单元的权责关系。没有实施利润中心管理之前，全公司只有一张损益表，只有总经理自己为此结果负责，员工普遍存在"吃大锅饭"的心态。实施利润中心管理后，各经营单元独立经营、独立核算，权力和责任都非常清楚，权力下放给了阿米巴，那么责任也由这个阿米巴领导者和全体成员承担。

企业会划分出多个阿米巴，各个阿米巴的经营范围、经营能力和经营状态均有不同，因此授权应采取差异化，以形成对所有阿米巴的有效监督与控制。实施授权的过程必须达到授权前有目标、授权中有监控、授权后有结果，而且要保证这个结果能够量化。

第四步：分析确立各阿米巴形态定位。

在不同管理模式下，总部职能部门的设置有所不同，对阿米巴的管理重点也有差异，以支持相应管理模式的顺畅运行。某企业导入阿米巴经营模式后，总部职能部门的设置分别为战略发展中心、投资决策中心、资源配置中心、人力资源中心、财务管理中心等。

战略发展中心：在企业的整个运作体系中，战略决策中心主要负责战略框架制定、战略目标下达、计划审批及实施监控等职能。

投资决策中心：企业对所属各级阿米巴拥有决策控制权，阿米巴虽然有独立经营权，但所进行的投资策略和行为必须置于企业掌控之中，以保证有限资金投入最佳战略需求上。

资源配置中心：按企业战略需要，资源配置中心对各阿米巴下达年度任务，同时掌握人、财、物等资源配置权，只有保证资源有效配置，才能帮助各阿米巴有足够条件完成任务。

人力资源中心：阿米巴经营模式下的人力资源部门不是对具体员工的调配，而是将阿米巴视为最基本单元进行调配。比如，调整阿米巴的经营范围或投资项目，或者将某阿米巴从利润中心调换为成本中心，或者让某阿米巴与其他阿米巴合并等。

财务管理中心：虽然阿米巴具有独立经营与核算的权力，但企业也需要有总体的经营与核算数据，财务管理中心就是连接企业总部与基层阿米巴之间的数据桥梁，主要职责是为企业汇总各类关键数据。

NO.30——拆分与合并：用户第一的平行裂变

阿米巴组织架构体系不是固定不变的，而是根据经营的需要随时进行拆分与合并的调整，但不论怎样调整都不会影响企业整体运行。

从企业发展角度看，必须要鼓励阿米巴培育新业务，但当与企业的核心业务非相关的新业务发展较快、预期成长性较强时，就可以考虑将新业务从原组织体系中拆分出来，单独成立与核心业务阿米巴平行的新阿米巴组织，或在核心业务阿米巴内设置产销一体的"微阿米巴"，这两种方式都能促进新业务的进一步发展。

阿米巴的拆分与合并有横向和纵向两种形式。（见图3-5、图3-6）横向裂变也称作"平行裂变"，将某个阿米巴拆分成为平级的两个或两个以上阿米巴；纵向裂变也称作"垂直裂变"，将某个阿米巴拆分成为不同层级的两个或两个以上阿米巴。合并与拆分的过程正好相反，是两个或两个以上的同级或不同级的阿米巴合并成为一个新的阿米巴。

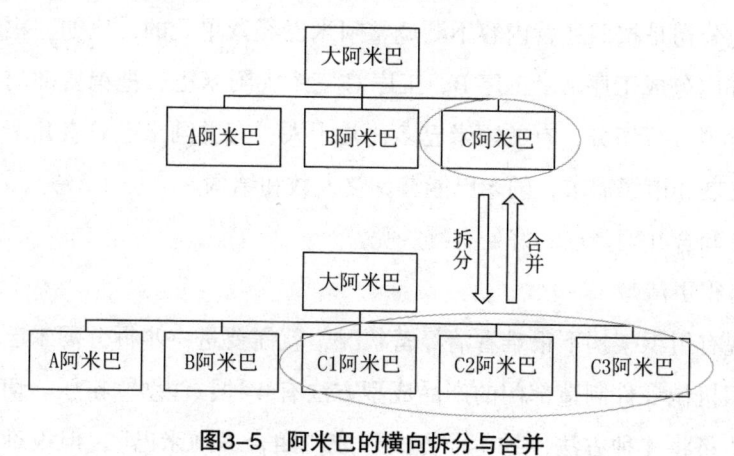

图3-5 阿米巴的横向拆分与合并

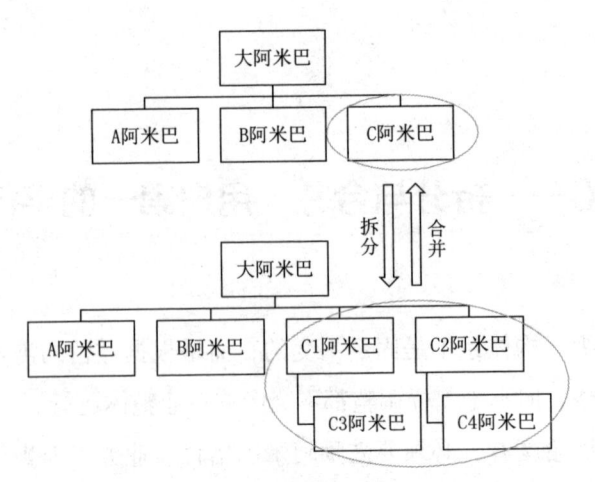

```
          大阿米巴
    ┌───────┼───────┐
  A阿米巴  B阿米巴  C阿米巴
                    ↕ 拆分/合并
          大阿米巴
    ┌───────┼───────┬───────┐
  A阿米巴  B阿米巴  C1阿米巴  C2阿米巴
                    ├───────┤
                  C3阿米巴  C4阿米巴
```

图3-6　阿米巴的纵向拆分与合并

图3-5中，有1个C阿米巴，拆分后成了平级的C1、C2和C3阿米巴。图3-6中，有1个C阿米巴，拆分后成了不同级的C1/C3、C2/C4阿米巴。因此，图3-5上面的组织架构里，二级阿米巴有3个，而下面的组织架构里，二级阿米巴有5个；图3-6上面的组织架构里，二级阿米巴有3个，而下面的组织架构里，二级阿米巴有4个，三级阿米巴有2个。

在决定拆分或者合并阿米巴时，不能简单地以企业方便运营为由来拆分或是合并阿米巴，而要将用户的感受放在第一位。京瓷公司始终将客户感受放在至关重要的位置，若发现有对客户不利的拆分与合并，立即停止进行调整。京瓷公司是按照经营内容不断调整阿米巴经营单元的，比如，稻盛和夫将制造部门分成工序A、工序B、工序C三个大阿米巴，把销售部门按照区域产品营销进行切分，有的阿米巴多达几十人，有的阿米巴只有几个人，根据企业发展和市场需求，阿米巴能够调整人数和结构。

拆分和合并阿米巴的好处有哪些呢？

1. 看得更清楚

当现有组织架构下很难看清经营状况，就需要进一步拆分阿米巴。川内工厂纺织机械零件制造部门的产品成型方法有4种：注塑、挤压、切削、冲压。起初是将4种方法作为生产方式形成"四合一阿米巴"，但很难分辨哪种方法利润高，于是拆分为4个独立阿米巴。结果是高下立见，最赚钱的是冲压，其次是挤压，最不赚钱的是注塑。"原本以为技术最新的注塑最赚钱，没想到拆开后结果完全不一样。"该部门负责人说。

2. 采用更加具体的改善措施

拆分意味着按更加细化的原则来进行，这样就使得核算变得更为简洁和透明。注塑为什么赚钱最少，后来经过更加细化的核算发现，模具、树脂材料的选用和作业流程的烦琐是导致该方法成本居高的原因。在将这几个问题一一解决后，注塑跃升成为第二赚钱的方法。

3. 激发组织活力

一个人常年在同一个团队中进行着同一项工作流程，换作是任何人都会感觉内心疲劳。若有机会经常接触新东西，对保持工作热情很有帮助。阿米巴的拆分与合并给了员工不断尝新的机会，虽然变动多属微调，但也会带来足够的新鲜感。

4. 屏蔽阿米巴领导者的能力缺陷

如果阿米巴业绩长期得不到改善，那极大可能是领导者的经营出了问题，也就是领导者的能力不够。在不得不替换阿米巴领导者的情况下，如果没有合适的接替人选，就要将该阿米巴拆分，交给多位领导者分别经营。这样做的好处是，一方面有利于阿米巴经营，另一方面也可考察领导者能力。当然，也可以选择与其他阿米巴合并，让有能力的领导者肩负更大的责任。

5. 剪除没有发展前途的部门

阿米巴业绩也并非全由领导者决定，当阿米巴因其领域地位下挫而业绩下滑时，就成了没有发展前途的阿米巴，此时必须要压缩此类阿米巴的经营成本，选择对其进行合并或者直接裁撤。比如，当半导体封装的主流从用玻璃封接的陶瓷双列直插式转变为可贴装电路的多层陶瓷式时，京瓷就将分散在两个工厂的双列直插式生产部门集中到了一处。

拆分和合并二者从表面上看似乎矛盾，其实质却是不可分割的，因为拆分可以促进合并的形成，而合并也为拆分预留了空间。

NO.31——量化分权：极致分权的另一面是高度集权

有人说："阿米巴分权的目的是集权！"之所以出现这样的说法，是因为阿米巴经营模式就是一种极致分权下的高度集权。

阿米巴经营模式的分权是为了看清企业的经营状态，了解经营中出现的问题，更好地展开经营活动。量化分权背后的含义就是权力背后的含义，即按照承担的责任行使权力。企业通过组织划分，量化分权，将权力下放，以此培养员工的经营者意识。每个阿米巴拥有独立的经营权，企业的一切经营活动都是透明的，既是由上而下的透明，也是由下而上的透明，员工可以从企业得到所有想要的信息，企业领导者也可以从基层得到所有必须知道的经营状况。企业领导者通过每个阿米巴的经营会计报表了解企业的运营情况，哪个阿米巴亏损了，哪个阿米巴方向错了，哪个阿米巴是高效率的，哪个阿米巴具有极强的发展前景，都能在报表上一一体现。

那些与具体经营业务密切相关的权限，那些企业高层想管也因远离市场无法管好的权限，那些本就该由员工自行决定的权限，都应全面下放给基层阿米巴组织。也就是说，领导者要站在企业的角度，除了必要的决策权、职能权、监督权之外，其他权限能分的都要分出去。

首先，企业将其拥有的资源根据预先达成的条件合理分配给各阿米巴，各阿米巴领导者在授权范围内对资源行使占有、支配、使用和进行必要处理的权力，由此使得企业内部形成相互制约、相互激励的运营机制，充分调动阿米巴的经营积极性。

其次，企业必须充分授予各阿米巴经营职责相匹配的权限，包括在企业总体战略框架下制定经营目标和经营计划、对已分配到阿米巴组织里的资源进行自由支配、内部员工的任免权和薪酬制定、对阿米巴业务的经营决策和新产品开发及推广等具体经营管理权。

再次，量化分权的责、权、利关系已经完全不同于传统流程分权，是一种可控制、可主导的权责关系。

最后，把管理会计作为授权的工具。要实现这一点，就需要有一套让企业领导层及所有阿米巴成员都能清楚地把握经营状况的体系。比如，京瓷内部就采用阿米巴内部决定的管理会计体系。

传统的直线职能制组织架构的缺陷就在于太过集权，而阿米巴经营模式的组织架构是集权和分权的有机结合。因此，在传统的流程分权模式下和阿米巴经营量化分权模式下，作为一名阿米巴领导者面对问题和处理问题的心态截然不同，得到的结果也必将不同。

某位营销部门经理约见客户的招待费用预计在3000元左右，超出了他能做主的权限范围，但由于销售总监出差不在，所以他拿不到审批，以致这位经理很可能因为没有权力动用更多资金而错失这位客户。但在阿米巴经营量化分权模式下，情况就不同了，营销经理变身为营销阿米巴领导者，他根据对这位客户的了解，自行决定是否进行这次价格不菲的见面。在这种模式下，权是根据实际情况计算费用并合理支出，责是会见客户的损失，利是签下客户增加的销售额。

由此可见，阿米巴的量化分权就是要将财务权、业务权、决策权等实际经营权力分给阿米巴领导者甚至是阿米巴成员，让他们有真正自主的权力。阿米巴经营模式的量化分权解决了企业的三大矛盾：有了权力，基层才有能力快速执行；有了责任，员工业绩才能保持平稳；有了利益，员工与企业才能长久共存。（见图3-7）

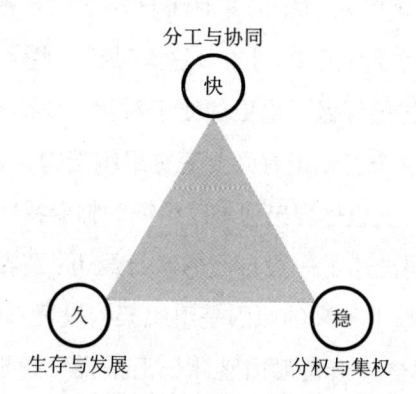

图3-7　阿米巴量化分权解决了三大矛盾

NO.32——临变结构：从现在开始建立具有竞争力的体制

运用阿米巴经营模式的组织架构最突出的特点是，只要有合理的理由意识到目前的组织架构不合理，就要马上进行拆分、合并、裁撤或更换领导者。稻盛和夫在《提高心智、扩大经营》一书中说："我并不认为在企业经营中存在什么非有不可的组织架构……我觉得组织就是公司存在并不断发展下去所需要的要素集合。我就是抱着这样的想法，根据需要随时调整组织架构，进行最合理的人员分配，以期靠最少的人数完成企业使命。"

注意稻盛和夫这段话中的两个关键词——"随时"和"最合理"。

从京瓷正式实施阿米巴经营模式开始，就一直坚持根据实际需要临机应变，改变组织架构，因此京瓷员工常笑着说："咱们的组织太短命，改变就是家常便饭。"甚至出现过早上刚组建的阿米巴，到了晚上就被解散了。既然"随时"到了这种程度，就不会存在必须要等到了某个时间阶段再变更的情况。

日本企业的会计年度从当年的4月1日至下一年的3月31日，因此很多企业都会选择在4月1日或10月1日这天进行一些大方向的变动，这样做既可以让会计年度报告更好做，也更加便于对比改变前和改变后的经营情况。但在京瓷公司，只要这个月觉得有必要变更组织架构，就必须立即着手准备，下个月就要完成变更，这也体现出阿米巴组织的临变特性。

KCCS的森田宏嗣讲述了一段自己的亲身经历："某次我在8月份意识到自己领导的阿米巴业绩上不来的原因是组织架构设置不够合理，便决定从10月份开始进行组织调整。当我跟稻盛社长汇报说'我想调整一下组织架构，从下半年开始实施'，没想到遭到了稻盛社长的严厉训斥。他说：'既然现在

就意识到了问题，为什么不马上就改？这和上下半年有什么关系？8月份业绩不好，9月份就开始改。'"（见图3-8）

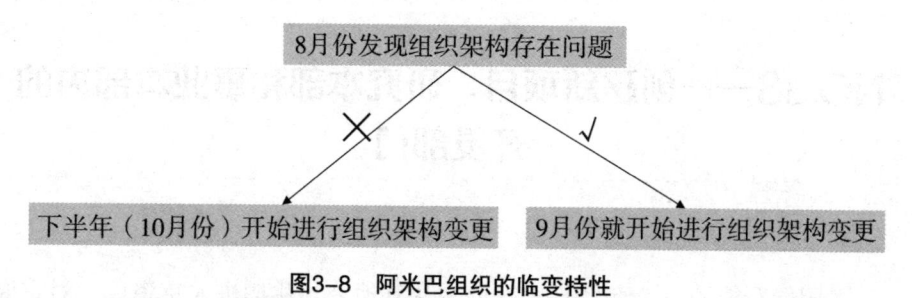

```
                    8月份发现组织架构存在问题
                      ╱              ╲
                     ✗                ✓
    下半年（10月份）开始进行组织架构变更    9月份就开始进行组织架构变更
```

图3-8　阿米巴组织的临变特性

其实，企业在年度中间变更组织架构会给相关管理部门造成很大负担，但这在京瓷公司不是最应该考虑的问题，最重要的是"从现在开始建立一种具有竞争力的体制"。因此，京瓷的阿米巴组织架构的变革数目非常多，科技阿米巴拆分、合并、裁撤或更换领导者的事件每月约有30件；班组级阿米巴的组织变更次数多到无须统计，只要适合作业就可以。即便是事业本部级别的组织变更也相当频繁，几乎没有哪个事业本部能够保持同一体制两年不变。

如今流程再造已经很少被企业提及，但这一情况并不意味着流程再造已经失去了价值，而是它通过另一种更为合理的调整，改进原有的组织架构或工作方式束缚下的效率低下的问题，阿米巴的组织调整机制符合这种经营需要，通过随时性的不断调整，及时发现业务流程中的不合理因素。

由于京瓷的员工对于组织调整早已"免疫"了，没有人对组织变更心存抵触，反而在不断的变更中意识到了组织合理性的重要作用。只有自己身在高效合理的组织中，才能发挥自身最大的能量，才能让自己不断进步，从而取得成绩上的突破。

京瓷的各事业本部对各阿米巴经营和员工成长提供了巨大支持，从稻盛和夫开始树立起"我们只不过是后勤"的服务意识。

NO.33——创建新项目：研究本部和事业本部内的开发部门

太阳能新能源事业部部长手冢博文从其他公司跳槽进入京瓷后，对京瓷的经营方式感到非常吃惊，他曾表示："不仅要搞开发，还要负责制造、工程设计、挑选零部件供应商、合作公司的生产线启动、品质保证等业务。要想把业务开展下去，这些工作都得做，当时压力太大了。"

对于在原公司只负责其中一个环节的手冢博文来说，进入京瓷就如同"受罪"，自己每天都像陀螺一样转动，却不能将事情做好。看看其他同事，工作也很多，却显得游刃有余。逐渐地，手冢博文找出了自己与其他人之间的差距，主要是自己还不能适应京瓷的阿米巴经营模式。后来他总结说："阿米巴就像一座乡镇工厂，研发领导人就像这个工厂的创造者。只有站在经营者的角度积极主动思考问题，才能把一粒粒小种子培养成一项项具有竞争力的新事业。"

阿米巴组织架构不是搭建之后就固定不变的，而是会随着企业规模的扩展、新项目的不断出现而随时进行调整。阿米巴经营必须适应企业的发展规划，以将新的具有成长性的项目不断纳入、将旧的快速下滑的项目坚决剔除为根本。而纳入新项目的阿米巴的核心在于研发。

京瓷公司的基础研究在研究本部进行，应用研究由各事业本部的开发部门负责。（见图3-9）新事业基本都是现有事业的衍生课题，研发人员通常负责从研究开始到商业化之间的所有工作。

京瓷公司就是让技术人员深入除研发以外的其他环节。也就是说，作为研发人员并不是把产品开发出来就万事大吉了，而是要全面负责直至产品实现商业化。

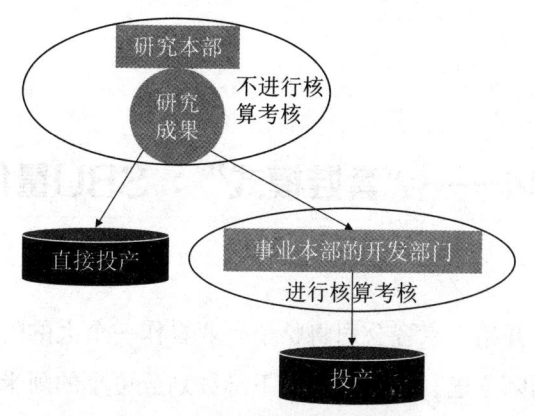

图3-9 新项目从立项到投产

热敏头是受一家大型电器精密仪器生产商委托开始研发和生产产品的，最初由综合研究所的三位研究员负责焊接试制后交给客户。逐渐地，订单越来越多，仅靠三个人已经不能完成了，而且该产品已被预测将有极大前景，于是便正式上线投产。公司先是成立一个阿米巴，由三位研究员担任正、副阿米巴长，配备必需的人员和设备。其后，该阿米巴随着该项事业规模的扩大，逐渐拆分成为采购、制造、组装三道工序——三个阿米巴，原先的三位研究员分别担任三个阿米巴的"巴"长。

事业本部的开发部门负责对新项目进行探讨。光纤通信零部件光纤连接器是由滋贺工厂负责精密加工开发的部门开发，后来在北见工厂正式投产。

研究本部的研究成果通常情况下有两个去向：一是由关联性比较强的开发部门接手，进一步完善后发展成独立业务，如半导体产品上的基板的新制造法；二是不经过开发部门，直接上线投产，如传真机的零部件热敏头。

研究本部不进行核算考核，事业本部接手后就要开始考核单位时间核算。何时能转化成利润比核算出的数字更为重要，当初光纤连接器连续几年亏损，但开发部门预估到了未来的行情，顶住了压力，坚决支持该项目生产。

正是因为不断有新项目被创建，使得专门生产精密陶瓷起家的京瓷，如今的事业群已经包括电子元件、半导体零部件、相机等光学仪器、打印机等信息设备、手机等通信设备的众多领域，通过一些合作企业将业务扩大到通信服务和娱乐行业，并且仍在随着时代进步而持续地拓展或收缩。

NO.34——"套娃模式"：SBU量化分权

从组织划分开始，京瓷公司将整个企业看作一个大的阿米巴，把各事业部看作小一点的阿米巴，在各事业部下继续划分更小的阿米巴，然后再划分出最小的阿米巴。（见图3-10）整个划分过程就像是俄罗斯套娃，大"巴"套小"巴"，层级打开，大"巴"带领小"巴"，小"巴"聚成大"巴"。

- 公司是最大的"阿米巴单位"
- 各SBU是小一点的"阿米巴单位"
- 更小的Min-SBU"阿米巴单位"
- 最小的Cell-SBU"阿米巴单位"

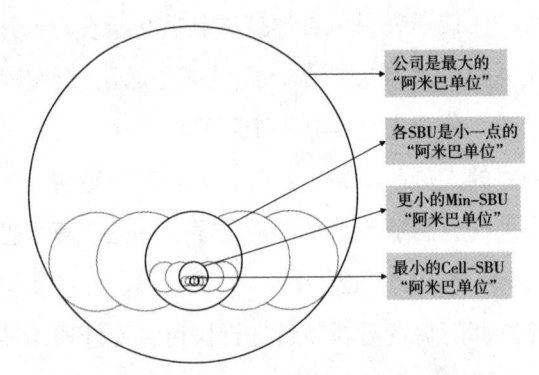

图3-10 从"事业部"进化到"阿米巴微粒"

通过图3-10可以看出，整个企业可以看作最大的"阿米巴单位"；企业的各个事业部，即SBU是小一点的"阿米巴单位"；在SBU内部继续划分，得到更小的"微事业经营单位"，即Min-SBU；继续细分到更加微小的"细胞经营单位"，即Cell-SBU。Cell-SBU层级的阿米巴是稻盛和夫《阿米巴经营》一书中介绍的"阿米巴小集体"。

由此可以看出，阿米巴组织结构的基本特征是，每一个阿米巴单元都可以独立核算单位时间创造的经营利润。

首先，把组织单元区分为业务单元（直线经营部门）和非业务单元（职能辅助部门）。非业务单元再分成两类：一类是常规类部门，如财务、人力资源、行政、信息化等部门；另一类是参谋类部门，通常包括经营企划部和经营管理部。参谋类部门的层级比常规类部门高，有人将经营企划部形容为企业领导者的右脑，负责向领导者提出企业战略规划方面的意见，并培育新的事业单元；将经营管理部形容为企业领导者的左脑，负责企业整体经营计划的执行工作，及对各事业单元进行业务指导。

其次，各组织单元分为战略（整体体制）、战术（部门体制）、战斗（团队体制）3个层次。从时间和空间两个维度加以区分：从时间上分为战略（一年以上），战术（一个月～一年），战斗（一个月以内）；从空间上分为战略（宏观），战术（中观），战斗（微观）。

SBU就是战略业务单位，所倡导的理念是人人对业绩负责，人人对市场负责。只有当企业内的每个人都成为经营者时，企业的战略才能落实到每个员工身上，战术和战斗也能以最高效的形式展开。员工成为企业创新的主体，通过为用户创造价值的过程体现自己的价值，也是经营自我的过程。

最后，不同层次的经营单位的权限不同，阿米巴组织按照"量化分权"给各经营单位授权。量化分权的关键在"量"字上，就像量化数据一般，有一定限额的分权，即根据各层级阿米巴单元的数据责任，给它们一定数量费用的使用权力。

授予最基层的战斗级阿米巴单位（Cell-SBU）的权力叫作"机能量化分权"，即满足基层战斗级阿米巴单位功能展开、达成业绩目标的一定数量费用的使用权力。

授予战术级的阿米巴单位（Min-SBU和SBU）的权力叫作"事业量化分权"，即满足战术级阿米巴单位利润和资产保值增值目标的一定数量费用的使用权力。其中，SBU不仅要对利润负责，还要对资产的保值增值负责。

授予战略级的总部阿米巴（企业最大阿米巴）的权力叫作"联邦量化分权"，是企业总部的权限，表明总部不仅对整个企业的利润及资产的保值增值负责，还要对企业的现金流负责。

企业在推行阿米巴经营模式时，不要试图快进，应该遵循由上到下、由大到小分层逐步推进的规律进行。总体而言，企业要以"SBU量化分权"为基础，再实现"Min-SBU量化分权"，最后实现"Cell-SBU量化分权"。

NO.35——单位化小：创建"最小"的阿米巴组织

有句俗话叫"大事化小，小事化了"，众所周知，能够将问题化小是非常聪明的处理方式。在企业经营过程中，总是会出现各种各样的问题，必须将问题快速解决，企业才能更快走出困境，实现持续发展。我们知道，解决问题需要找到问题的根源，但大问题并不意味着有大起因，很多问题的起因都很微小，然后逐步扩大。那么，为什么没能及时发现问题的苗头呢？稻盛和夫认为与企业组织不够灵活有关。传统经营模式的企业内部虽然划分等级，各等级设立各类部门分管一摊，但效率并不高，偏重管理、重复管理、遗漏管理的情况时有发生，导致很多问题没能及时被发现。

与传统企业自上而下的组织架构不同，阿米巴组织架构是自下而上的。企业组织架构由若干个阿米巴构成，每个阿米巴都是一个利润中心，基层阿米巴被推在最前沿，受到的关注最多，承担的责任和决策权力最为丰富。对于问题的发现速度、重视程度和解决方式都由各阿米巴自行决定，"最小"的阿米巴也是最前沿的阿米巴，会遭遇各类问题，因而是最容易发现问题和消灭问题的"排头兵"。

已经成功划分阿米巴的企业，内部架构会更细化，员工也会因为组织细化更为明确自己的权、责、利，因而更积极主动地投入工作。

阿米巴组织是分等级的，最小的阿米巴组织也必须具有能够独立完成业务的能力和权力。

因为原料部有采购原材料和调配原材料的责任，同时还是生产工序的第一步，所以是京瓷公司生产部门最先划分出的阿米巴。在考虑把原料部单独划出一个阿米巴时，稻盛和夫从"独立完成业务"的角度出发，曾担心会不会使组织架构切割过细。但他注意到，当时市场上已经出现了为陶瓷生产商提供原料调配业务的公司，看来这将在未来成为专业性的细分领域。于是，京瓷公司的原料部阿米巴被设立出来了，主要职责是参与原料的采购和调配，并在公司内部销售给下一道工序，由此实现了"独立完成业务"。

原料的采购与调配往下走是成型工序。当时很多承接商的工作流程是：接受委托方提供的设备和材料，然后提供相应的加工业务。在京瓷公司内部，则由成型部阿米巴向采购部阿米巴采购已调配好的原料，负责加工成型，然后将半成品销售给下一道工序——烧结部，这也是一个完全独立的核算部门。

我们无须将京瓷的每一道工序的阿米巴都讲述出来，因为它们都是完全独立的利润中心，都有着各自成熟的经营体系。现在我们需要知道的是，阿米巴组织是不是划分得越细越好呢？一定有人认为越细越好，笔者曾在一个公司亲见几乎每个人都是一个阿米巴，老板对此非常欣慰，觉得他实现了稻盛和夫都没能实现的局面，将每名员工都等同于组织，一个人完成了N个人的工作。我惊讶于他的格局，推行阿米巴经营的目的是为员工在经济和精神两方面谋求幸福，不是为了更多的压榨。但是，也有人认为不必划分得过于精细。毕竟阿米巴切分得这么细，企业内部会因为组织过散造成管理浪费和沟通障碍。目前主要有3种阿米巴组织的单位范围划分观点（见图3-11）。

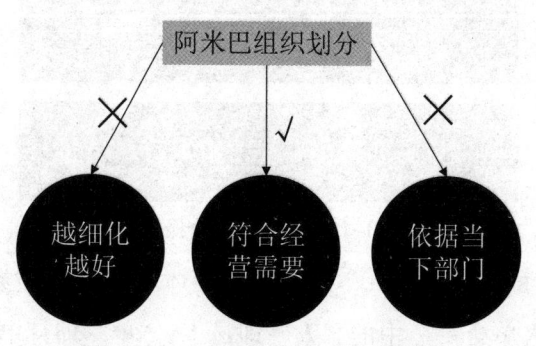

图3-11　阿米巴组织的单位范围划分

企业决定推行阿米巴经营模式之初，必须明确各阿米巴的收支情况，不仅要在阿米巴之间做好定价，还要确定出现问题时的对策……这些方面的运作并不轻松，过于细碎的组织划分将不利于问题的解决。

NO.36——人单合一：员工自由组合完成目标

互联网时代，企业经济的驱动力就是平台。"平台"就是在平等的基础上，由多主体共建的、资源共享的、能够实现共赢开放的一种商业生态系统。阿米巴经营模式作为一种联合共赢模式存在，首要的功能就是充当创业平台，让员工在完成自主经营的同时，实现创业的心理需求。

海尔集团导入阿米巴经营模式，实现"平台创业化"，值得许多企业借鉴。在海尔集团的"互联网创新交互大会"上，张瑞敏提出了"企业平台化""用户个性化""员工创客化"三个概念（见图3-12）。这三个概念的确立，使得海尔集团的组织架构被彻底重构，打破了传统的"金字塔式"科层制，取而代之的是由平台主、小微主、员工创客共同构成的网络化架构。

"企业平台化"——商业模式层面

"用户个性化"——产业链层面

"员工创客化"——组织管理层面

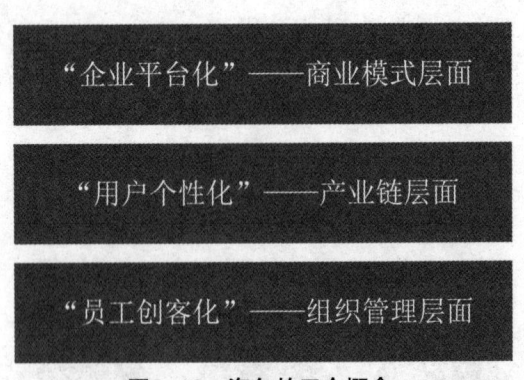

图3-12　海尔的三个概念

张瑞敏提出的"人单合一"管理模式，本质上是用交易替代管理的单边平台模式。"人单合一"中的"人"即员工，"单"即订单，也就是用户，"合一"就把每名员工和与其关联的用户连在一起。

"人单合一"的具体体现就是"去组织化，去中心化"。没有领导，员工自由组合成小组,且自行制定小组目标,组员共同完成目标。这中间所有的生产权、决策权、用人权以及薪酬权都下放到各小组。

海尔集团内部形成了上千个自主经营体,最大的自主经营体有数百人,最小的不到10个人。海尔集团的自主经营体分为3级,由前方到后方的顺序依次是:直接按"单"定制、生产、营销的一级经营体;为一级经营体提供资源和专业服务的平台经营体;负责创造机会和创新机制的战略经营体。

员工以"抢单"的方式进入经营,接单而聚,完成而散。自主经营体之间施行末位淘汰制,被淘汰的自主经营体或被兼并,或自行解散。

除了自主经营体外,海尔集团还孕育和孵化100多个"创客小微"。"创客小微"既有海尔在职员工,也有离职员工,还有一些社会人士,他们共同在海尔集团的云创平台上实现自己的创业梦想。

"雷神"是海尔集团创客小微的成功典范。3个20多岁的年轻人组建了创客小微团队,通过对网上搜寻到的3万多条用户意见的归纳,总结为13类问题。他们从用户需求出发,创造了一个全新的游戏类笔记本叫"雷神"。2014年1月15日,"雷神"笔记本在京东上市,20分钟内3000台笔记本就被抢购一空。

通过"雷神"的诞生与崛起可以看出,海尔集团走的是一种轻资产模式,只关注产品设计和如何与用户更好交互,上游交给笔记本代工厂,物流、售后等共享海尔内部平台。"雷神"的10人团队在一年半的时间里实现销售额2.5亿元,净利润1200万元,粉丝人群从3万暴增至130万。

NO.37——"蚂蚁军团":平台+小组制

在南美洲亚马孙河流域生活着一种既渺小又庞大的生物,就是行军蚁。它们属于迁移类蚂蚁,喜欢群居,一个群体有一二百万只。它们不会筑巢,从一出生就在不断地移动,在移动中发现猎物,然后吃掉猎物。因为行军蚁近乎恐怖的战斗能力，人们往往谈之色变。

有人将阿米巴经营模式形容为"蚂蚁军团"，即围绕用户和任务形成一个一个小集体，再由小集体形成大集体。员工具有经营者意识就如同蚂蚁具有战斗精神一样，这样的团队必然战斗力强悍，所到之处尽收囊中。

我们已知，阿米巴组织架构是倒三角形，一线独立经营团体处在最上方，中间是给予一线经营团体支援的矩阵团队，最下面的尖部才是企业领导层。所有采用阿米巴经营模式取得丰厚成果的企业，其组织架构也必然是倒三角形，企业领导者都在最下面"乖乖"地做着服务者的角色。

韩都衣舍的发展与其阿米巴经营模式的小组制组织结构（见图3-13）密不可分。公司层面成立企划中心，统筹全局。其主要职责是根据历史数据，参考年度的波峰与波谷节奏，制定整体目标。再用售罄率倒逼各个链条，做到"单款生命周期管理"，将品类目标分解到各个小组，各个小组在年度、季度、月度都有详细的考核指标。中间是服务部门，目的就是为前方小组提供各种支持。

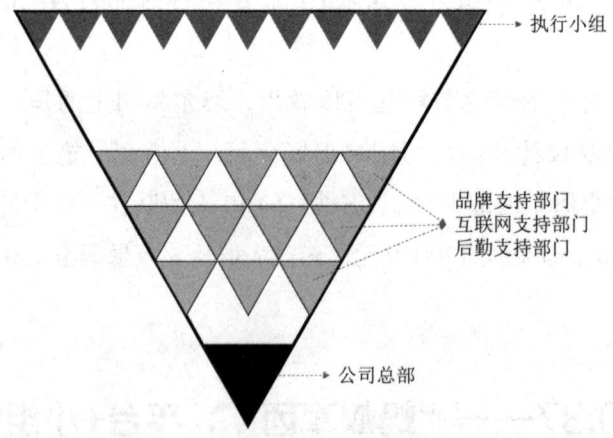

图3-13 韩都衣舍的小组制组织结构

图3-13中，服务部门共有三类：第一类是企划、视觉、市场等品牌支持部门；第二类是供应链、物流、客服、IT等互联网支持部门；第三类是人力、行政、财务等行政支持部门。整个公司以小组为中心，其他所有部门全是小组的支持部门，所有公共资源与服务都围绕着小组展开。

韩都衣舍内部划分成几百个三人小组，称为"蚂蚁军团"，核心是"平台＋小组制"。其他企业的组织模式大多是基于流程建立起来的串联组织关系，韩都衣舍则是给予服务用户建立的并联组织模式。

每个小组有3个人，分别为一名产品开发专员（负责产品设计）、一名页面制作专员（负责产品详情页制作）、一名货品管理专员（负责与生产和仓库对接，依据销售动态确定下一步行动）。3个人各司其职，小组整体决策由三个人商量确定。小组负责选款、页面制作、打折促销等非标准化环节；公司负责客服、市场推广、物流、摄影等标准化环节。

小组由员工自由组成，不合适的可以退出，再实行重组。于是，韩都衣舍有一种常见的"怪现象"，就是公司内部贴满了挖人海报，用来让各小组之间挖角与反挖角。

公司只对小组整体进行考核，并根据考核结果分配奖金。具体每组的奖金数额分配由组长依据公司统一的考核标准决定。组长有部分权限调整奖金分配，通常是为了留住合适下属和激励下属。

公司赋予每个小组很大的自主权，可以概括为一句话"既要小组加速跑，还要小组跑得好"，具体的权限有下面几项。

一是款式决定权。

二是库存深度决定权。

三是定价权（先期定价、后期调价）。

四是促销活动选择权。

五是折扣节奏和深度决定权。

六是广告位自由竞价权。

这种并联组织模式把公司变成一个平台，让所有小组在平台上如同插件一样，可以公平地获取平台的资源。由此员工形成了自发性的向上状态，小组之间也形成了良性竞争。韩都衣舍的小组数量并不固定，优秀员工可以从原小组中主动脱离，加入其他小组或者成立自己的小组。能力相对较弱的员工为了能够跟上组织进度，必须不断学习以提高能力才能有机会留在原有小组或加入其他小组。

小组的奖金数额是各小组成员自己干出来的，公司不会干预如何分配。在各考核期末，各小组根据公司规定的考核标准，可以算出来自己能拿多少钱，想多挣钱就努力干。

为了给各小组打"强心剂"，公司每天早上会公布前一天的销售排名。可以想象，不管排到第几，每个员工的内心都是波涛汹涌的，力争上游、不甘落后是每个勇于竞争的人的心理常态。在这种机制下，组长和组员都会自觉地以经营者的心态去看数据、定策略、关注毛利和库存指标，会积极主动地提高业绩。

每个小组都有自己的考核标准，每3～5个小组产生一名主管，每3～5个主管产生一个经理。主管和经理职位只是名义上级，主要职责是为小组协调资源。主管和经理的奖金与小组的计算公式一样，这样一来，他们也有动力帮助小组完成任务。

总而言之，韩都衣舍的组织模式是"内部平台化+N个蚂蚁战队"。这种模式更加贴近用户需求，而且，小组在责、权、利上实现了统一。

NO.38——缩小作战单元：构建能随时战斗的组织

缩小作战单元就是对企业的组织架构进行精简，就是缩小企业面对市场的"一线作战单位"的规模，因此也被称作小单位模式组织架构。

2016年6月，腾讯公司以566亿元人民币收购以小单位模式组织架构运行的芬兰Supercell公司。当时Supercell公司有员工180人，下辖若干个5～7人组成的研发小组，每个小组都有自主研发新产品的权力，每名员工都有提出自己创意的权力。而且这家公司的每一个决策都能在第一时间传达至基层的每名员工，且保证能在第一时间得到执行。这样的小单位模式让Supercell公司一直保持着对同行竞争对手的优势。

但是，很多大企业却难以将庞大的组织架构调整成小单位模式组织架构。原因在于无法改变"厚重的历史",不愿走出曾经成功的舒适区,而且企业内部利益关系复杂,做出改变的阻力太大,若领导者没有破釜沉舟的勇气很难重新调整组织巷道,建立与新经济形势相匹配的组织架构和人才机制。

同大企业因为盘子太大不好操作而不进行缩小组织架构的努力不同,新创企业或小企业因为过多依赖创始人的能力,使得创始人的格局决定了企业未来的发展方向。有的创始人紧抓权力不放,没有在最关键的时期为企业打造出不依赖个人的组织运行机制,没有完成从个人能力到组织能力、从机会成长到组织成长的华丽变身。

那些敢于"向自己开炮"的创始人,则是以轻松的步伐带领企业奔向一个又一个成功。小米的成功关键有两点:一是把握住了互联网时代的特征,并做出了一系列创新实践;二是创始人雷军及其创始团队在管理方面做出不少颠覆性的实践。

基于互联网时代的特征,贴近用户,拉近与用户之间的距离,小米实行简化管理和组织扁平化。因此,用户有机会参与到小米产品的设计、研发和传播中来。

为避免团队因快速发展而导致人员冗余,当某个团队达到一定规模后就必须被拆分,成为新的独立的项目团队。

小米的员工在价值观、责任感的驱使下工作。因此,小米的员工不打卡、没考勤,一切工作全靠自我驱动。责任感提升,做到了"把别人的事当成自己的事",小米内部被完全激活。

组织扁平化、管理简单化,一切围绕客户价值运作,是小米在互联网时代的管理创新,与阿米巴经营模式的组织划分如出一辙。

采取缩小作战单元的策略,可以让靠近前方熟悉市场行情的人指挥战争,有效加强一线的综合作战能力。

2014年任正非在华为"中子公司董事赋能研讨会"上强调,未来的战争是"班长战争"。

通过小单位作战部队到前方发现战略机会,再向后方请求强大火力支援，用现代化手段实施精准打击，任正非将这种模式形象地称为"让前方呼唤炮火"。

为使改革措施贯彻落实下来，华为在子公司建立了董事会，资金、品牌、客户等资源全部配齐，某些重大经营决策权也被授予子公司董事会，子公司董事会最重要的职责是监督经营者。"我们既要及时放权，把指挥权交给一线，又要防止一线的人乱打仗，所以监控机制要跟上。"任正非在此次研讨会上同时指出。

"缩小作战单元"不仅可以让管理更简洁，也可以激活价值创造力，最重要的是提高员工的工作积极性。但想要将小单位模式组织架构构建得当并不容易，必须要做到两项原则（见图3-14）。

组织绩效化　收入差异化
员工的薪酬、福利和晋升应根据"战略贡献"进行评定

交出指挥权　掌握监督权
企业应充分放权，但同时必须建立完善的控权机制

图3-14　小单位模式组织架构的两项原则

第四章 会计体系

NO.39——数据指南针：销售额和费用背后的实际经营状态

稻盛和夫说："如果把企业经营比喻为驾驶飞机，会计数据就相当于驾驶舱仪表上的数字，机长就是经营者，仪表必须把时时刻刻变化着的飞机的高度、速度、姿势、方向正确及时地告诉机长。如果没有仪表，就不知道飞机现在所在的位置，就无法驾驶飞机。同样地，如果不懂数字化经营，就无法把企业经营好。无论在公司里，还是在出差中，我都第一时间看每个部门的经营会计报表。通过销售额和费用的数据，可以很快明白各部门的实际经营状况，出了问题也能及时发现。"

如今，已经进入大数据时代，每个人都被数据和信息包围着，我们在享受数据带来便利的同时，也会被数据的多元和良莠不齐所困扰。信息渠道越丰富，数据集成就越方便，对数据的辨识能力不断提高。电影《教父》中有句台词："花半分钟看透事物本质的人和花一辈子都看不清本质的人，注定是截然不同的命运。"虽然电影拍摄于20世纪70年代，当时的信息不够多元，但这句话应用于当下却很合适。越是在海量信息的时代，越要锻炼自己甄别信息的能力。

现如今，不仅个人生存需要掌握信息，企业经营更需要有数据加持，尤其是财务数据，能真实反映出企业经营的现状，最直观地体现出数据的价值（见图4-1）。企业领导者通过查看财务数据和了解数据产生的过程，可以精准掌握企业的经营成本和利润来源，当然前提是这些数据必须准确、及时。但是，不是所有领导者都能看懂复杂、专业的财务报表，如果只是盯着利润数据，领导者也只是看到了一些数字而已，对数据产生的中间过程一概不知，这样的掌握数据是没有意义的。

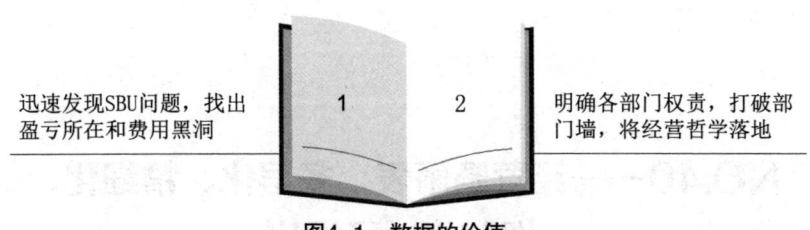

迅速发现SBU问题，找出盈亏所在和费用黑洞　　１　　２　　明确各部门权责，打破部门墙，将经营哲学落地

图4-1　数据的价值

那么，是不是能够看懂财务报表，就一定能够了解数据背后的东西呢？答案是否定的。因为传统的财务报表数据缺乏及时性和关联性，只注重了历史性和全面性。复杂的数据摆在那里，又很专业，所以显得冷冰冰的。通过过往的经验可知，过于专业的东西总是晦涩难懂，没什么"温度"。就像教材，虽然里边知识丰富，却让人提不起兴趣；但一些有趣的解析类书籍，却能抓住学生们的心。

因此，若仅仅是专业数据，并不能让企业领导者看到其背后的更多东西，这种不能利用的纯记忆形式的"掌握"没有什么意义，尤其是对企业经营不具有真正的价值。而数据对于企业经营的重要性，就是通过简单直观的报表，让企业领导者看到数据背后的东西，以便准确、及时地掌握企业的实际经营状态。

为了让"不具备专业财务知识"的领导者也能很容易理解财务报表中数字的意义，就必须改进报表形式，让其成为简单、易懂、易用的经营工具。这就是阿米巴经营模式下常用的经营会计报表，它不需要具备专业财务知识就能看懂。一个懂得利用数据的领导者在参与经营时才能发挥最大能力，才能促进企业健康成长。

NO.40——经营晴雨表：多层化、精细化、即时化、可视化

阿米巴经营会计报表是反映企业经营状况的最佳数据。经营会计的财务体系架构设计受企业业态和运作模式的影响，通常可以概括为四个特征（见图4-2），这四个特征犹如企业经营的"晴雨表"。

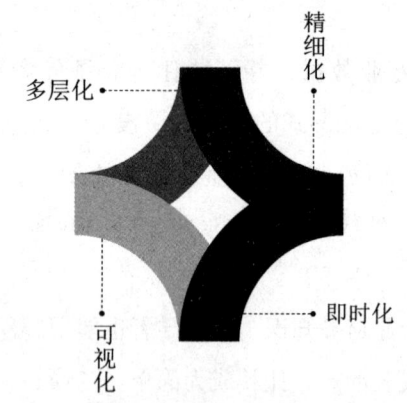

图4-2 阿米巴经营会计报表的四个特征

特征一：多层化。

一份完整的经营会计报表不限于一个经营单元或一个部门，而是对整个企业的各个阿米巴做出报表，以利于各阿米巴之间有针对性地做出改进和完善。同时，通过经营核算对产品种类、材料、制造工序、设备、生产技术以及工作气氛进行掌握。只要领导者审读《单位时间核算表》，阿米巴的工作情况、部门的现状和所面临的问题都会逐一呈现。

特征二：精细化。

一份及时的、精确的经营会计报表贯穿事前计划、事中控制、事后分析。

事前计划：作为经营会计需要每天记录经营的各种数据，且以附加价值

作为衡量标准，要求在每个月的月初为数据达成制订一个计划。

事中控制：在经营过程中定期将现场数据同计划进行对比，便于领导者能够与经营现场直接关联，当某项数据偏离计划时，就要迅速找出产生问题的原因。

事后分析：用经营会计报表和《单位时间核算表》评价各阿米巴完成计划的情况，针对各阿米巴的评价结果，分别提出相应的措施。

特征三：即时化。

经营核算不是在月末统计一次当月发生的订单、生产、销售、经费、时间等经营信息，而是每天统计，并迅速将结果反馈给阿米巴成员。只有准确掌握每天的业绩数据，才能时刻把握计划的进展情况。因为每月初，各阿米巴会对《单位时间核算表》的所有项目制订计划。

如果产品订单、销售金额及产品制造等计划拖延，阿米巴领导者会立即采取对策以使计划顺利完成。如果经费开支超出经营计划范围，阿米巴领导者能迅速采取措施控制支出。

特征四：可视化。

各阿米巴领导者及成员把《单位时间核算表》作为掌握经营计划和经营业绩的重要依据，各阿米巴的经营数据最后汇总成企业整体的经营数据，企业的每个人都能看到经营结果。由此逐步形成通过统计各阿米巴的单位时间核算掌握企业经营业绩的机制。

企业不仅统计各阿米巴的经营数据，还统计各阿米巴的总体规划、月度计划核算表，从而计算出企业整体的计划数据。

为使整个企业共同拥有统一的单位时间核算指标，并以相同的标准和制度运作，企业必须统一《单位时间核算表》的格式。只有在各阿米巴的经营数据汇总成企业整体的数据之后，才真正有利于企业领导层把握正确的经营方向，并向各阿米巴及时通报企业的经营业绩，让全体员工准确了解各阿米巴和企业的经营现状，最终从责任感的角度提高员工参与经营的意识和决心。

NO.41——"稻盛和夫会计学"：会计七原则

经营数据对于企业领导者、阿米巴领导者和阿米巴成员来说都是非常重要的，必须能够及时、真实、完整地反映当下的经营状况。因此，企业导入阿米巴经营模式后必须每天准确无误地进行会计处理，让大家都能随时把握各阿米巴的销售、生产、费用和时间等数据，这种会计处理的基础性思维就是"稻盛和夫会计学"。

京瓷的经营哲学中，"做人，何谓正确"同样适用于会计处理。比如，京瓷公司对设备进行折旧时，不以税法规定的"法定使用年限"为标准，而是以每台设备能够正常使用的"自主使用年限"为标准进行折旧。但这并不意味着就不遵循"法定使用年限"，毕竟不能违反法律，所以京瓷公司必须同时采用两种方式来计算折旧。这样表面上看起来更为烦琐了，但若是探究折旧的本质就会发现，按照设备的正常使用年限折旧更能反映经营的真实状况，毕竟设备不会在运转良好且并不落后的情况下就被淘汰了。

"稻盛和夫会计学"不以固有思维方式和惯例进行判断，而是要追究本质，更深入地回归经营的本质。以下就讨论"稻盛和夫会计学"的会计七原则（见图4-3）。

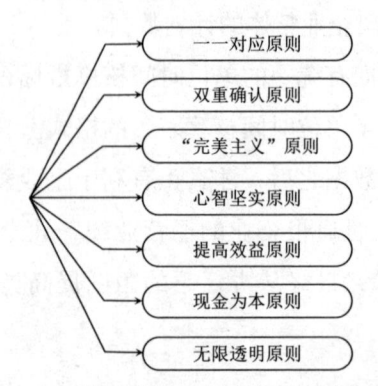

- 一一对应原则
- 双重确认原则
- "完美主义"原则
- 心智坚实原则
- 提高效益原则
- 现金为本原则
- 无限透明原则

图4-3 "稻盛和夫会计学"的会计七原则

第一项：一一对应原则。

日常经营活动中，物品和钱款都在不停地流转。在会计处理中，必须要让物品和票据一一对应，必须将每一笔钱款的流入与流出记录清楚。

某部门生产过程中出现意外，更换一个特殊零件，便直接向其他部门下单了，票据没有及时跟进。部件购入后被及时使用，虽然问题得到解决了，但过后会计却没有将这个零件的费用计入报表中。虽然只是一个零件的费用不准确，看似小问题，但已经不能正确反映实际经营状态了。更为关键的是，"千里之堤，溃于蚁穴"，这次少记录一个零件觉得无关紧要，下次就会少记录其他的，松懈之门一旦开启，漏洞只能越来越大，会计报表的记录就失去了意义。

因此，无论何时、何种情况，只要物品、钱款出现了变动，就必须及时准确记录，只有这样才能随时把握物品和钱款的流动状况。

第二项：双重确认原则。

为确保会计处理的正确性和可信度，经手物品和钱款的人要和填写单据的人分开，要在从采购品入库、产品出货到应收账款回收等各环节中，建立双重确认制度。避免给员工提供"道德滑坡"的机会。

第三项："完美主义"原则。

完美主义在某些时候是贬义的，因为要追求毫无瑕疵，所以是既疲惫又难以达到效果。但在阿米巴经营模式下，完美主义是褒义的，是在工作中每一个细节都争取努力追求完美。

阿米巴经营不存在"虽然没有100%完成，但完成了97%，也可以了"这样的想法。因为，若是97%可以接受，那么95%、90%是不是也可以接受？若是再低一些呢？

虽然实现完美是异常困难的，但若是在所有工作中都能力争做到100%，就能孕育出卓越的产品和服务。虽然在产品生产和服务过程中追求100%难度很大，但在会计处理中的难度却低了很多，所以更加不能放松对数字准确性的要求，必须是100%正确，绝对不能出现一点瑕疵。

第四项：心智坚实原则。

经营中难免会出现这样的情况：某种产品没什么利润，但有一定的客户群体，真是食之无味弃之可惜，还是暂时先留着吧。某些被淘汰或精简下来的设备，处理掉怪可惜的，也先在库存中留着吧。

"舍不得"的心理人人都有，但经营要求我们必须学会舍得，学会构筑无赘肉、筋肉坚实的经营体质。那些不产生销售额和利润的产品线和设备要坚决剔除，既然食之无味了，又何必纠结弃之可惜呢！

没有多余库存的一个最重要的好处是，让员工更加珍惜现有的东西，不能随便浪费。但也会给大家造成"危机感"，总是有"即将缺什么"的感觉，所以总想要多买一些东西存在那里，以备不时之需。所以，一定要坚持"按需购买的原则"——在必要的时候、按必要的量购入必要的东西。这样才能真正做到没有多余库存，才会节约花费在库存管理上的费用和时间。

第五项：提高效益原则。

在阿米巴经营模式中，为了提高核算效益，必须彻底贯彻"销售最大化，费用最小化"的经营原则。只有全体员工都持有经营者意识，锐意进取，果敢创新，团结一致，才能共同建立强有力的企业经营体制。

第六项：现金为本原则。

现代会计制度依据的是"发生主义"，收款或付款的时间点与作为收入或费用入账的时间点会出现差异，导致实际资金流动和财务报表中的损益变化存在脱节。而"现金为本"则强调依据"现金流动"进行会计处理，要求关注经营中最重要的"现金"，要求将实际发生的"现金流动"与"利润"直接挂钩。

第七项：无限透明原则。

无限透明就是最大限度的透明，也就是不仅企业领导者要把握企业的实际经营状况，全体员工也要了解企业的实际经营状况。

京瓷公司每天的晨会都会公布各阿米巴截止到前一天的实绩，各事业部和公司整体的月度业绩也会按月公布。正因为全体员工能够充分掌握公司和自己部门的销售、费用和时间等详细内容，所以每天都能采取有针对性的措施来提高核算收益。

NO.42——经营会计报表：真正精细化管理和数据化经营

导入阿米巴经营模式的企业，根据《月度经营会计损益表》，企业领导者可以清晰看到各阿米巴的真实经营状况，以及员工的工作进度和完成质量，并明确每项工作在经营中的盈亏状况。员工可依此改进自己的工作形式和工作内容，快速提高工作能力。企业则可以有根据性地调整经营策略和计划，建立更符合市场要求和企业发展的经营体制。

江苏餐饮公司仁和楼的一位董事说："通过使用经营会计报表，真正体会了什么是'一表管天下'，每名员工都能清楚地知道哪里赚钱、哪里赔钱。以2014年11月旗下两家店铺的盈亏对比为例，没导入阿米巴经营模式，且未使用经营会计报表的那家店铺，其利润同比下降了3%；而另一家导入阿米巴经营模式并使用经营会计报表的店铺，利润同比增长了8%。"

阿米巴经营会计报表包含3个内容和2种表现形式。（见图4-4）

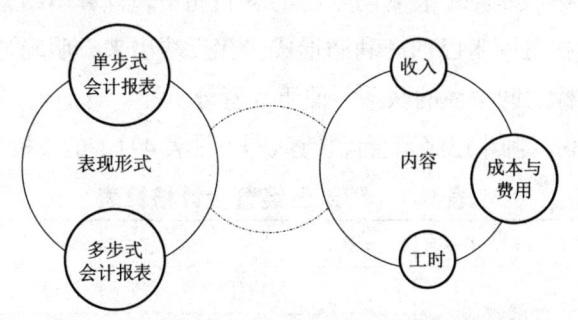

图4-4 阿米巴经营会计报表的内容和表现形式

1. 内容

（1）收入。各阿米巴的净收入。产品销售是阿米巴的主要收入来源，如果是利润型阿米巴，包括内部交易产生的收入和对外销售获得的收入。将这两部分相加，再减去各因素造成的支出金额（如设备租赁、回收产品、水电费等），还要减去内部采购的金额，所得就是该阿米巴的净收入。

（2）成本与费用。各阿米巴在单位周期内产生的成本和费用。成本包括原料成本、辅料成本、人力成本等。费用分为统计和分摊两部分：前者指阿米巴在运营过程中产生的费用；后者指阿米巴以外的部门或企业整体产生的费用，但需要该阿米巴承担一部分。

（3）工时。各阿米巴在单位周期内产生的工时。包括三个部分：一是该阿米巴自己产生的工时，即该阿米巴在单位周期内的工作人数与工作时间的乘积；二是该阿米巴以外的人员，如上级人员、总部人员等产生的分摊工时；三是临时外借人员产生的工时或该阿米巴成员加班产生的工时。

不同的阿米巴形态，不同的订单方式，产生利润的情况各不相同。如利润型阿米巴通过外延、增加销售价格和数量的方式提高利润，成本型阿米巴通过内求、降低产品生产成本和费用的方式获得收益。

2. 形式

（1）单步式会计报表。科目格式设置比较简单，很容易理解，也能很清楚地把阿米巴的总费用和总收入显示出来，每位员工都能足够重视自己所在阿米巴所产生的费用、收入和利润。单位时间核算表就是单步式会计报表。

（2）多步式会计报表。科目格式设置分为三步：第一步是分性质、分步骤，把各项费用、收入进行配比、小计、累计；第二步是对各小类指标的损益进行计算；第三步是汇总到阿米巴的总利润中，计算出结果。月度损益表可以更详尽地把各阿米巴的净利润形成步骤反映出来，明确显示出获得净利润的各构成指标之间存在的联系，便于经营分析。

下面是一份《阿米巴经营会计核算表》（见表4-1）的模板，仅供参考。

表4-1　阿米巴经营会计核算表

项目			计算
营销收益	外部收益	客户甲	A
		客户乙	B
	内部收益	阿米巴甲	C
		阿米巴乙	D
	总收益合计		E=A+B+C+D

续表

项目			计算
直接成本	变动费用	材料费	a
		配件费	b
		折旧费	c
		水费	d
		电费	e
		修理费	f
		销售佣金	g
		内部购买	h
		外包加工费	i
	固定费用	场地租金	j
		设备租金	k
		固定资产利息	l
		公共分摊	m
		杂费	n
	总成本合计		F=a+b+...+n
经营毛利			G=E-F
劳务费用	固定费用	工资总额	o
		社保总额	p
	变动费用	福利总额	q
		分红总额	r
	总劳务合计		H=o+p+q+r
经营纯利			I=G-H
投入人员（个）（以月初为准）			J
时间	工作耗时	正常工作时间（小时）	s
		加班时间（小时）	t
	非工作耗时	转移时间（小时）	u
		公共时间（小时）	v
	总时间（小时）		K=s+t+u+v
单位人均产值（元）			L=E÷J
单位时间产值（元）			M=G÷K

NO.43——统、分、算、奖：阿米巴经营系统的开源与节流

阿米巴的"统""分""算""奖"（见图4-5）涉及的是战略梳理、组织划分、经营会计、人才激励4个方面，都与经营会计息息相关。

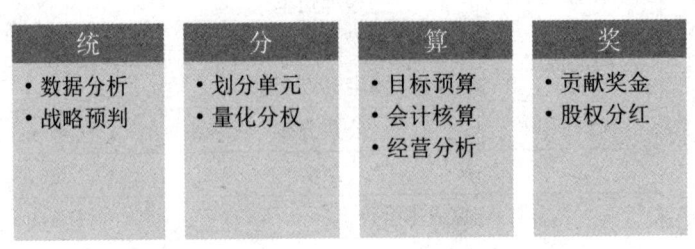

统	分	算	奖
• 数据分析 • 战略预判	• 划分单元 • 量化分权	• 目标预算 • 会计核算 • 经营分析	• 贡献奖金 • 股权分红

图4-5 阿米巴的"统""分""算""奖"

1. 统——从管理走向经营

需要经营会计报表体现整个阿米巴组织内部的数据分析，以达到战略预判的准确。

从经营的角度去布局，从激发人性活力的考量去做战略。传统企业管理依存于级别关系，或者是上下级，或者是平级。阿米巴经营模式在企业内部划分出许多独立的业务单元，每个业务单元就是一个阿米巴，就是一个独立的利润中心。在这里，级别关系变成了客户关系，管理思维和成本思维变成了服务思维和利润思维。

2. 分——解放生产力

根据经营会计报表划分经营单元和量化分权，做到真正对利润负责。

阿米巴经营通过传导"市场温度"，参与市场化运营实现经营，因而制造端也与销售端一起参与到了市场应对行为中。制造端每天面对各类客户，已经不是简单的交付行为了，需要考虑如何定价才能盈利。因此，客户思维

下的生产关系已经改变。

因为阿米巴经营需要达成利润目标，所以人的主动性和创造性是否充分发挥，直接影响着阿米巴的经营业绩。针对这一点，阿米巴将以效率和控制为核心的管理思想彻底打破，建立以客户价值和利润为中心的经营思想，从而让每个人成为更加关注价值和利润的经营者。

3. 算——提升利润空间

经营会计报表的作用是目标核算、会计核算和经营分析，通过可视化数据算出成本和利润。

管理是死板的，经营是灵动的。经营既要在某一点上"死抠"，更要在某一点上不计得失，要灵活应对市场变化。阿米巴通过经营会计报表及时、准确的核算，得以清楚了解企业的问题、缺陷、优势，随时调整方案计划。

4. 奖——员工角色改变

经营会计报表能反映出各阿米巴的盈利和利润，保证了进行人才激励有章可循，按照贡献大小进行奖金分配和股权分红。

在阿米巴经营模式下，利润和奖金都与员工的收入挂钩，员工从打工者变成了经营者。角色的改变，更加促进阿米巴的人性导向思维。俗话说"要想处理好事情，须先处理好心情"，就是这个道理。

阿米巴经营模式严格意义上说，是一套系统完善的开源与节流的经营模式，纵观整个经营模式始终保持着"数据化""可视化"，由此可以对经营进行分析、评价和决策。

在传统的财务会计报表中，企业领导者无法快速且准确地在繁多的数据中看到企业的利润点、亏损点、发展点和收缩点。但阿米巴的经营会计报表能真正利用所记录的数据，让企业领导者和所有员工都及时看到数据的变化，并将数据所提示的必须使用的资源运用到工作中，让数据所提示的必须剔除的东西从工作中消失。

NO.44——会计科目：通过系统、分类、联结进行设计

阿米巴的会计科目不同于传统会计，通过系统、分类和联结3个关键词设计。

阿米巴会计科目，即与本阿米巴经营活动有关的人员、经费、设备、场所、税金等都应包含在阿米巴的总成本中。联结企业战略层设计，通过企业的收入、成本、费用等系统反映企业的经营状况。

传统会计只关注"收入－费用和支出＝利润"，非常笼统，无法看到企业的实际问题。阿米巴经营会计通过分类看到问题，单位化小就是分类的一种。

阿米巴的收入包括外部收入和内部收入。外部收入是同外部市场发生交易产生的收入，内部收入是企业内部各阿米巴之间发生交易产生的收入。

阿米巴的费用包括固定费用和变动费用。变动费用是与销售额成正比的费用，销售额高则变动费用高，这种正比例变动很容易甄别销售的哪个环节出了问题。固定费用是不管盈利与否都必须支出的那部分费用。此外还有分摊费用，企业各种职能部门产生的费用需要总部分摊，其他事业部和各阿米巴的支出需要各阿米巴来分摊。

阿米巴经营会计需重新进行组合科目，一般分为日常费用和分摊费用两大类。日常费用是阿米巴日常产生的费用，能即时计入阿米巴的费用，此费用在数量和时间上应有一定要求，如果时间跨度大或金额过高，也会采用分摊的方式进行费用计入。分摊费用包括总部各职能部门的费用、上级阿米巴组织的费用等。

阿米巴会计科目表的设计主要是解决会计科目的名称确定、分类排列、

科目编号的问题。会计科目表应列出全部一级会计科目的名称和科目编号,及其所属的全部明细科目的名称和科目编号,以增强会计科目名称的统一性和会计信息的可比性。(见表4-2)依此类推,除了一级科目外,还有二级科目、三级科目等。(见图4-6)

表4-2 阿米巴会计科目表的成本科目

一级	二级	三级	四级
直接成本 (阿米巴内的成本)	成本	材料	
		直接人工	
		制造费用	实际费用
			预提费用
	费用	管理费用	
		销售费用	
		财务费用	
间接成本 (阿米巴外的分摊成本)	成本		
	费用		

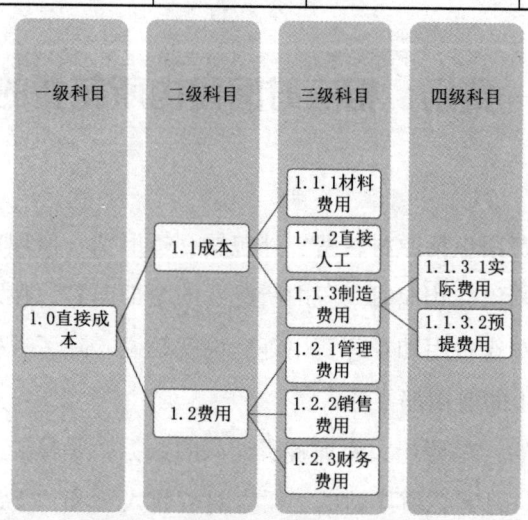

图4-6 阿米巴会计科目的等级

会计科目表设计完成后,要在表后进行下列说明。

一是会计科目的核算内容与核算范围。说明该科目核算的具体经营业务的内容与范围,有些会计科目还需特别指出不在该科目核算的内容。

二是会计科目的核算方法。说明该科目核算的经营业务内容增加时记在账户的哪一方；减少时记在账户的哪一方；期末余额在哪一方，表示什么含义。

三是明细科目的设置依据及具体明细科目设置。首先，概括说明设置明细科目的要求和依据；其次，具体写明所需设置的各个明细科目的名称及核算内容。

四是关于该科目所核算内容的会计确认条件与时间规定。对各科目所涉及的有关确认方面的会计准则、会计政策、会计方法，应结合企业实际情况做出详细说明，如该科目在何种情况下须满足何种条件才能记入借方，在何种情况下须满足何种条件才能记入贷方。

五是关于该科目的会计计量的有关规定。对各科目所涉及的有关计量方面的会计准则、会计政策、会计方法，应结合企业实际情况做出详细说明。

NO.45——费用：相应时间段内所花费的全部内容

这里所说的费用包括原材料费、外包费、折旧费、修理费、租赁费、水电费等，是各阿米巴在相应时间段内所花费的全部内容，在财务会计上被归类于制造成本、销售费用和管理费用等。也就是说，除劳务费用以外的所有关于经营活动产生的费用都要计入。

计入不是目的，是要让大家理解所计入的数据，是接受"确实是自己应该负担的费用"，因为必须帮助员工树立对"收入"和"支出"的意识。虽然不同企业设立的费用科目不同，但在分析企业费用结构的基础上，让员工明白应该重视控制哪些费用。那么，究竟如何做才能实现费用的清晰明确呢？下面介绍5种方式（见图4-7）。

细分费用

每天统计

购入即费用

固定费用削减

受益者负担原则

图4-7　明确费用的5种方式

1. 细分费用

员工可以通过对核算数字的详细划分，切身感受"在什么事情上花了多少费用"。比如，公共费用不能只用一个"水电煤气费"来概括，而是要细分为水费、电费、煤气费；采购部门可以设定规则将交通费细分，比如，公共交通费、出租车费、火车费等。

2. 每天统计

为了让员工形成"将费用限制在月度目标范围内"的意识，需树立现场及时反馈的机制。采用阿米巴经营模式的企业，绝对不能一个月处理一次费用，而是要每天实时进行处理。

3. 购入即费用

一般企业在决定采购原材料时，会将购回的商品先计入库存，等到使用原材料时再计入费用。但在阿米巴经营中，执行"即买即用"原则，只在必要的时候购买必要数量的必要物品，且在购买时立即计入费用。由于是即时计入，员工在现场会感受到材料的价值，会感叹"原来这东西不便宜啊"，自然就会自觉避免浪费。

4. 固定费用削减

在传统企业中有"变动费用有削减余地，固定费用难以削减"的固有思维。比如，房屋租金是固定费用，要如何降低？阿米巴经营的方法是按照使用面积减少承租面积，以降低费用。再如，电费是变动费用，但每天都因生产需要产生费用，其实也相当于固定费用，要如何降低？阿米巴经营的方式是在每个阿米巴都安装可以测量本阿米巴用电量的电表，各阿米巴就会自动采取措施尽量降低电费和用电量。因此，"费用最小化"的对象并不是变动现有费用，也适用于固定费用，即将所有能削减的费用都进行削减。

5. 受益者负担原则

组织分为核算部门和非核算部门两大类，非核算部门的费用由核算部门负担。但按部门分摊的费用不能采用划定一个基准，然后按比例平均分摊的粗办法，而要采取大家都能认可的细办法。这个细办法有一个原则作为支撑，即由使用这个费用获得某种利益的部门在负担——受益者负担原则。若是有多个受益部门时，还需遵守"按比例分配原则"，受益的各阿米巴按照受益比例确定费用负担比例，若实在无法确定受益比例，则受益的各阿米巴进行协商，确定费用负担比例。而且分摊的费用也要遵守"费用最小化"，因此核算部门有权要求非核算部门削减费用。

NO.46——费用分摊："巴"内分摊和"巴"外分摊

费用分摊是指将各阿米巴之间的共同费用进行分摊，以便于各自计算生产成本。费用分摊分为"巴"内分摊和"巴"外分摊。"巴"内分摊使阿米巴日常产生的费用能及时计入；"巴"外分摊包括企业总部各职能部门的费用、上级阿米巴的费用等。

建立费用分摊必须遵守"受益者负担原则"。费用分摊的层级是：集团控股公司→各片区→各分公司、子公司→一级阿米巴（营销阿米巴和生产阿米巴）→二级阿米巴→三级阿米巴等。

因为阿米巴经营模式是各阿米巴自主经营、独立核算，所以，企业在生产经营过程中,需要将公共费用分摊到各个阿米巴,如不能明确归属的费用、不易直接计量的费用、阿米巴确有从中获益的公共费用等,则由多个获益阿米巴按一定规则来共同分担。

在阿米巴经营模式中,企业所有资产资源也都可以分摊,如设备资源、房屋资源、物资资源、能源资源和人力资源。

1. 设备资源的公共费用分摊

企业的设备资源应以折旧费或租赁费的方式分摊给阿米巴。阿米巴的设备添置、储备、封存、转移、转卖、报废等行为,需要去设备管理部办理手续并备案。

某生产制造型企业将设备资源(包括机器设备、模具设备和工艺装备等)当作一年以上的固定资产,假若某类或某件设备在使用后被计入费用,就需要按公共费用分摊的方式分摊给受益阿米巴。

设备资源的公共费用分摊方式分为3步:(1)设备管理部对现有设备进行盘存和统计,对一些设备的适用性和缺陷性进行分析、评估、调配;(2)列出设备使用清单和使用状态,交给财务部门;(3)财务部门统一核定阿米巴的设备折旧费,计入阿米巴的经营支出。

2. 房屋资源的公共费用分摊

企业的房屋资源通常是依照阿米巴的实际使用面积和公用分摊面积,用折旧费或租赁费的方式分摊给阿米巴。阿米巴所占房屋的面积若有变动,应及时去企业的管理部门办理手续。

房屋资源的公共费用分摊方式共有5种:(1)由财务部门和管理部门确定公共费用的分摊原则;(2)以阿米巴为单位,进行现有房产资源的测量、划分;(3)对房产资源的适用性进行分析、评估和调配;(4)按照阿米巴的实际占用面积和分摊公用面积,计算阿米巴所占用的房屋面积;(5)确定单位面积价格,依照阿米巴所占面积计算租赁成本,并计入阿米巴的经营支出。

3. 物资资源的公共费用分摊

物资消耗是指生产型阿米巴为了养护生产设备而消耗的各种材料,属于制造费用的一个支出项目。物资资源包括阿米巴所领用的生产物料和库存资源等，前者将阿米巴的实际资源消耗情况量化、计入；后者按照阿米巴所占用的额度，用一定的占用率计入。

物资资源的公共费用分摊方式为：财务部门类似于生产型阿米巴，不仅要对生产上的工艺流程、消耗、费用标准进行统计和梳理，还要依据阿米巴生产经营的现状和物资的实际使用情况，依照历年阿米巴实际发生的统计数据进行分摊。

4.能源资源的公共费用分摊

能源资源通常指水、电等。能源消耗是长期的，计量方式必须严谨，数据必须真实、可靠，做到精细化管理，杜绝浪费。

能源资源的公共费用分摊方式为：（1）水费：如果已有计量方式，就实施量化；如果没有计量方式，可以按阿米巴人数均摊。（2）电费：如果已有计量方式，就实施量化；如果没有计量方式，就统计电气设备的总功率和产量进行分摊。

5.人力资源的公共费用分摊

人力资源成本是为取得和开发人力资源而产生的费用支出，按照种类可分为人力资源的取得成本、使用成本、开发成本和离职成本，按照支付形式可分为直接成本和间接成本。

直接成本是指实际发生的费用，如招聘费用、培训费用、解除合同赔偿金等。

间接成本是指以时间、数量和质量等形式反映出来的成本，如因政策失误造成的损失、工作业绩低下造成的损失等。间接成本虽然难以用货币数值准确衡量，但意义和价值远高于直接成本，所以重视间接成本是非常重要的。

人力资源成本的计量方法主要是历史成本法，是根据人力资源成本的耗用情况，对已经形成的人力资源成本进行摊销。这种方法的优势是数据具有客观性，缺点是人力资源的实际价值可能大于历史成本，且人力资源的增值和摊销与人力资源的实际能力增减不一致，若根据会计报表上的数据分析人力资源会与实际情况产生偏差。

由财务部门会同人力资源部门建立"人工成本费用（人均成本）科目"，核定当年度人工成本费用，再以阿米巴人数乘以人均成本，计入其投入。

人力资源的公共费用分摊方法是：由人力资源部门负责向财务部门提供各阿米巴的人员变动情况表，财务部门依此建立阿米巴"人工成本费用科目"，计算阿米巴的人力资源投入成本。

阿米巴公共费用的分摊原则就是，企业对和生产经营有关系的设备资源、房屋资源、物资资源、能源资源、人力资源等进行货币量化，合理分摊到每个阿米巴。想要真正做到合理分摊，以下五项规则（见图4-8）决不能忽视。

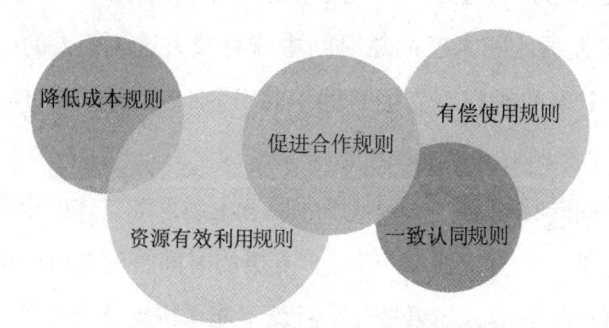

图4-8　阿米巴公共费用分摊的五项规则

NO.47——时间：员工掌握自己的工作内容

时间指标对于阿米巴经营具有非常重要的意义。从企业领导者的角度看，可以掌握每名员工的工作内容，调整业务量，构建合理的劳务体制；从员工的角度看，能够促进每名员工积极主动地努力提高核算效益。

明确时间并非只计算直接工时，而是计算所有的出勤时间。因此，在单位时间核算表中，计入的时间不仅包括本阿米巴成员的劳动时间（正常劳动＋加班时间），还包括其他阿米巴来支援的时间和非核算部门分摊过来的时间。

当本阿米巴成员去支援其他阿米巴的业务或者其他阿米巴成员来支援本阿米巴的业务时，被支援和支援的阿米巴所花费的时间也要转移，这就是"转移时间"。时间就是金钱，在阿米巴经营中，必须确定转移时间的规则。

在实际工作中，需要制作专一时间的确认凭证——转移时间凭证，确立转移时间计入之前的业务流程。

比如，某阿米巴有12名成员，当下处于业务淡季，只需8个人就能完成日常工作，富余了4个人。但不能清除4个人，因为还要迎接业务旺季的到来。但"僧多粥少"的局面不仅会消磨员工的斗志，还会影响员工的经济收益。此时，最好的方式就是派富余的人员去支援正处于业务旺季的阿米巴，于是该阿米巴分别向另外两个阿米巴派出1个人和3个人予以支援。那么，派出支援人员的阿米巴的总时间中就要减去这4个人的时间（支援时间），而这4个人的时间（支援时间）将分别计入被支援的阿米巴的总时间中。

确定了时间转移规则，各阿米巴才愿意主动思考整体的最优化，在"一方有难"时能够"八方支援"。但是，支援的时间跨度是有限的，一周、半个月、一个月算作支援，如果是几个月就不能再按支援处理了，应该进行人事调动。

可能有人对此会有疑问：为什么要对支援采取时间核算这样复杂的方式，若是直接给予"支援报酬"多便捷？

回答这个问题之前要先思考"时间"和"支援报酬"二者给人带来的感受有什么不同。计入时间只是简单地认可员工的贡献，然后记录在案等待收获回报。而"支援报酬"是实际金钱，很可能会引发员工对金钱的关注，会影响工作专注度，一定会影响阿米巴的实际工作效果。因此，虽然阿米巴经营模式强调"玻璃板透明的原则"，但也不能将员工所得的工资数额曝光，因为员工的收入不包含在了解企业实际经营状况所应公开的数据中。

那么，是不是一定不存在直接的金钱报酬呢？答案是否定的。在京瓷公司，正式员工之外的合同工、钟点工、派遣员都是以"业务委托费"的形式进行费用结算的。因为这些人具有高度流动性，工作一段时间之后就离开了，若是对他们进行"时间"计入反而会影响公司的会计工作。而且，他们是非正式员工，即便给予金钱报酬也不会引发正式员工的心理波动，毕竟选择临时工作的人就是为了挣快钱的。

但无论是采取"时间"计入，还是采取金钱报酬直接结算，都必须把计算时间的对象的工作时段与计算金钱报酬的对象的工作时段统一。比如，在同一阿米巴中工作的正式员工和非正式员工都是每月1日到每月最后一天产生总额。

在阿米巴经营中，有很多种情况需要计入时间，并且都要制定相关规则，具体有以下情况（见图4-9）。

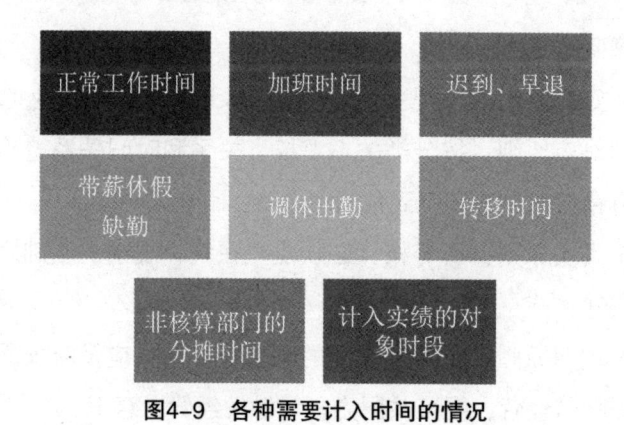

正常工作时间	加班时间	迟到、早退
带薪休假缺勤	调休出勤	转移时间
非核算部门的分摊时间	计入实绩的对象时段	

图4-9　各种需要计入时间的情况

NO.48——经营核算：依照各级阿米巴的经营会计科目设计进行核算

经营核算是从各阿米巴的长期发展和经营目标出发，依照各级阿米巴的经营会计科目设计进行收入、成本、费用、利润的核算。经营核算要依照常规逻辑进行。虽然不同企业的所在行业或经营范围有所不同，即便同属企业下的各阿米巴的经营项目也不相同，导致经营核算的流程各不相同，但一些常规逻辑（见图4-10）是必须要遵守的。

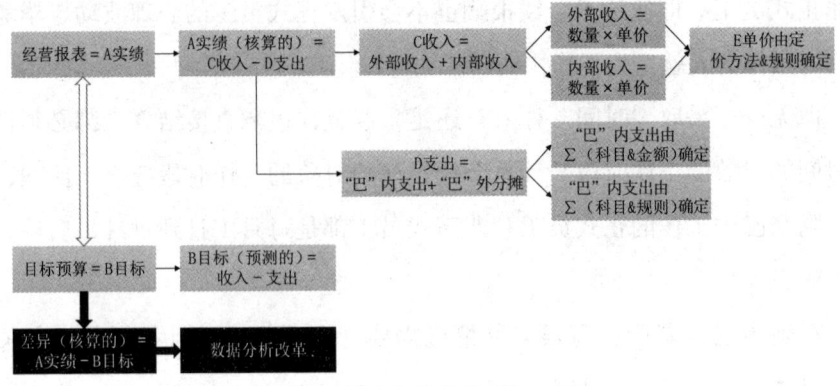

图4-10 经营核算的常规逻辑

经营核算要遵守四项原则。

一是收付实现原则：已经发生变现的必须及时核算，未发生变现的不核算。

二是数据对应原则：按分类关系、权责关系和时间关系，确保数据一一对应，不能有错位、越位和不到位。

三是公平真实原则：所有核算必须建立在统一规则的基础之上，以保证公平性和真实性。

四是公开透明原则：对各阿米巴的经营核算结果应及时披露给员工，让全体员工积极参与经营，凝聚共同力量和触发经营者意识。

阿米巴经营模式的核算有三级数据链（见表4-3），分别是：一级数据——流程工作表单；二级数据——核算科目明细；三级数据——经营日报表。三级数据互相支持，互相印证，促进阿米巴核算的真实性和可追溯性。

表4-3 阿米巴核算的三级数据链

层级	内容	作用
一级表	经营日报表	每天分析改善
二级表	核算科目明细	列举明细科目
三级表	流程工作表单	提供数据来源

阿米巴经营会计报表常有"预计"和"预提"两项，最后才进行核算。传统的财务会计报表主要是核算，很少在核算之后再去做预提。下面以案例

的形式分别解释"预计"和"预提"。

预计：

某公司的生产阿米巴制作经营会计报表，假如要做到日报（一级表），那么这个月的水、电费就只能预计（如预计为3000元）。这3000元要细分到每一天（按每月30天），一天就是100元，那么阿米巴经营会计报表里的水、电费标准就是100元/天。因此，100元是阿米巴预计的，然后实际发生的事后再做统计。

预提：

某公司的一个阿米巴，其每年的外部质量损失成本相当于营业额的万分之一。假如该阿米巴实现了1亿元营业额，就可以预提1万元。但这1万元预提到底该发生在哪一天呢？毕竟哪一天会发生退货、退货量多少是无法确定的。因此，该阿米巴只能将1万元平均分配到12个月，每个月做4次周报。相当于将1万元的外部质量损失成本预提出来，放到了一年中的每一周，尽管某些周没有发生客户退货。

为什么一定要"预计"和"预提"呢？因为如果不预计、不预提，等工作完成后再去统计，就违背了阿米巴经营会计的多项原则（如一一对应原则、现金为本原则、无限透明原则），同时也失去了阿米巴经营会计核算的最大价值。毕竟阿米巴经营模式需要及时且准确地反映企业的实际经营状况，促使企业领导层、阿米巴长和成员能及时调整经营策略。

NO.49——实绩和余额：进行实时正确的管理

在传统的财务会计报表中，没有将"实绩"与"余额"逐一对应进行管理的做法，只是有库存管理或应收账款管理，但没有与实绩关联，没有将"余额"作为企业整体能够稳定经营的现行指标加以运用。

在经营过程中，"余额"伴随"实绩"的计入和发生。如果是销售，伴随"接单实绩"的是"接单余额",通过"接单余额"可以预先把握将来的生产实绩、销售实绩和入账实绩;如果是生产,伴随"下单实绩"的是"下单余额",通过"下单余额"可以预先把握将来的"费用实绩""付款实绩"。

实绩与余额通常和生产方式、库存销售方式、公司内部买卖、采购联合运用,下面逐一介绍。

1. 订单生产方式中实绩与余额的对应关系(见图4-11)

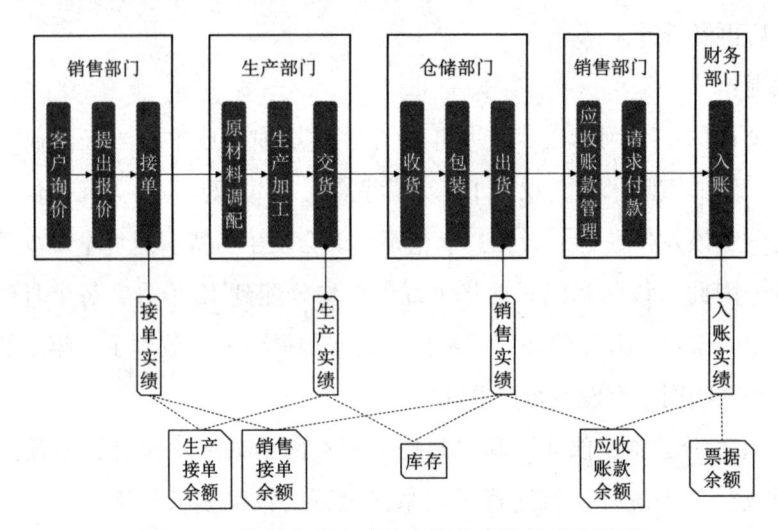

图4-11 订单生产方式中实绩与余额的对应关系

第一步:销售部门根据客户的询价提出报价,接到订单后计入"接单实绩",此时产生"销售接单余额"和"生产接单余额"。

第二步:生产部门调集资源进行生产,将完成的产品交付仓储部门,要计入"生产实绩"。同时"生产接单余额"减去相应额度,而"库存"增加相应额度。

第三步:仓储部门将产品交付给客户后计入"销售实绩",同时"销售接单余额"和"库存"减去相应额度,而"应收账款余额"增加相应额度。

第四步:销售部门向客户请求付款,如果是货款入账就计入"入账实绩",同时"应收账款余额"减去相应额度;如果是支票入账,"票据余额"增加相应额度,待最终兑现时支票变为现金,整个交易结束。

从上面的步骤可以得出这样的结论:只要严格进行实绩和余额管理,每个实绩节点都会相等，在计入接单实绩时，就能够把握将来的生产、销售以及入账金额。

2.库存销售方式中实绩与余额的对应关系（见图4-12）

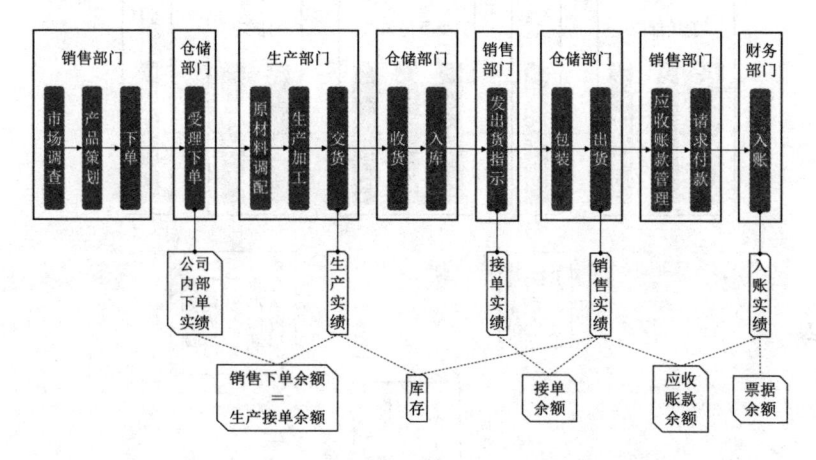

图4-12　库存销售方式中实绩与余额的对应关系

第一步：销售部门捕捉市场需求，与生产部门充分交换意见后，决定是否将需求转化为产品。若销售部门向生产部门下单，仓储部门受理后计入"公司内部下单实绩"，此时产生"销售下单余额"和"生产接单余额"。

第二步：生产部门调集资源进行生产，将完成的产品交付仓储部门，要计入"生产实绩"，同时"销售下单余额"和"生产接单余额"减去相应额度，而"库存"增加相应额度。

第三步：销售部门从客户处拿到订单，发出出货指示，要计入"接单实绩"，同时"接单余额"增加相应额度。

第四步：仓储部门将产品交付给客户后计入"销售实绩"，同时"接单余额"和"库存"减去相应额度，而"应收账款余额"增加相应额度。

第五步：销售部门向客户请求付款，如果是货款入账就计入"入账实绩"，同时"应收账款余额"减去相应额度；如果是支票入账，"票据余额"增加相应额度，待最终兑现时支票变为现金，整个交易结束。

这种方式是先进行产品生产、后进行销售的经营方式，因此更要对实绩和余额进行严格管理，把握每个实绩节点。

3. 公司内部买卖中实绩与余额的对应关系（见图4-13）

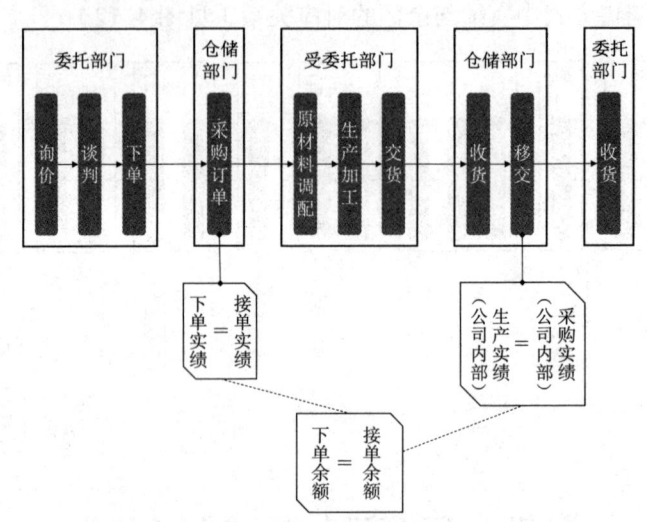

图4-13 公司内部买卖中实绩与余额的对应关系

第一步：需要从其他阿米巴购入部件的阿米巴（委托部门）向生产部件的阿米巴（受委托部门）询价，并进行价格、交货日期、产品规格的谈判。订单内容确定后下单，仓储部门受理后计入"接单实绩"和"下单实绩"，此时产生"接单余额"和"下单余额"。

第二步：受委托部门调集资源进行生产，将完成的产品交付仓储部门，要计入"生产实绩"和"采购实绩"，同时"接单余额"和"下单余额"减去相应额度，交易完成。

公司内部买卖所形成的实绩与余额相对简单，而且是内部行为，容易不受重视而产生错误。再简单也要准确记录每一步过程，才能有力支持企业创造高收益。

4. 采购流程中实绩与余额的对应关系（见图4-14）

阿米巴经营为实现"购入即费用"，必须确立以实绩和余额进行对应管理的采购流程。

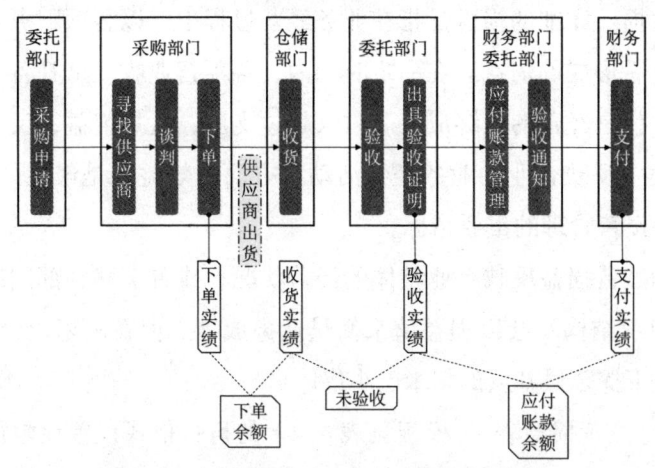

图4-14 采购流程中实绩与余额的对应关系

第一步：需要从外部购入部件的阿米巴（委托部门）向采购部门发起申请，采购部门选定供应商后发出订单，需计入"下单实绩"，同时产生了"下单余额"。

第二步：供应商交付产品，仓储部门收货后计入"收货实绩"，同时"下单余额"减去相应额度，而"未验收"增加相应额度。

第三步：委托部门对产品进行验收，验收完成后计入"验收实绩"（被认可为公司的费用），同时"未验收"减少相应额度，而"应付账款余额"增加相应额度。

第四步：财务部门支付应付账款后，需计入"支付实绩"，同时"应付账款余额"减少相应额度，交易完成。

NO.50——经营损益：精细化管理，数据化经营

"让数据说话"是阿米巴经营模式的精华，因为及时且准确的数据有助于企业领导者在第一时间掌握每个经营单位的经营损益情况。

损益是财务术语，即损失和收益，亦称"财务成果"，笼统概括为企业

的利润或亏损。详细的损益是指在业务经营过程中，以各项财务收入抵补各项财务支出后形成的损益。在一定时期内，各项营业收入抵补各项营业支出后的差额，就是经营的最终成果。收入超过支出，就是纯益；反之，则是纯损。损益集中反映企业的业务经营活动各方面的效益，是最终的财务成果，是衡量企业经营管理的重要指标。

常规的经营损益反映企业整体的经营状况，或者下移到部门级别，而中层和基层组织结构不会以损益值来衡量业务成绩。但在阿米巴经营模式下，损益值已经下探至最基层的阿米巴小集体。

《阿米巴经营损益表》（模板见表4-4）的科目格式设置比较简单，使用者容易理解。分为两项，一项是总收入，另一项是总支出，单位时间是小时。该表可以清楚地反映阿米巴的全部收入总额和费用总额，让每一位员工都对阿米巴的收入、费用和利润引起足够重视。

表4-4 《阿米巴经营损益表》模板

科目		数值			原因分析	改进措施
一级科目	二级科目	计划额	实际额	差异额		
收入	内部收入					
	外部收入					
总收入=内部收入+外部收入						
支出成本	变动成本					
边际利益=总收入-变动成本						
支出费用	固定费用					
	"巴"内分摊					
	"巴"外分摊					
总支出=支出成本+支出费用						
	税金					
本"巴"利润=总收入-总支出-税金						
	当前人工总费用					
	单位人数=利润÷人工总费用					

阿米巴在月初做规划时制订本月的计划业绩，在本月结束后计算出所发

生的实际业绩。通过差异化分析将实际业绩减去计划业绩,得出本月的收入、成本、利润、投入人员、总时间、单位人效、单位时间附加值的数值,由此得出本月的《阿米巴经营损益表》(组成见图4-15)。

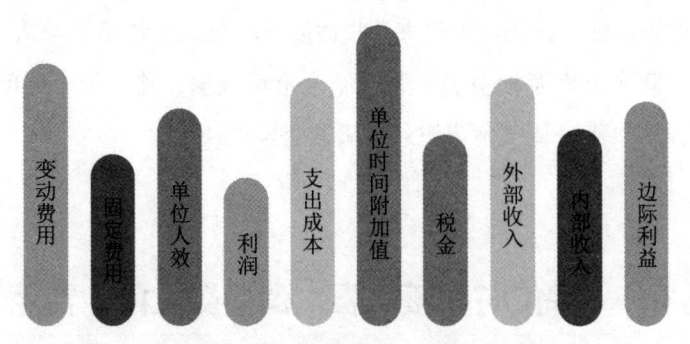

图4-15 《阿米巴经营损益表》的组成

并非只有阿米巴长可以制作《阿米巴月度损益表》,每位阿米巴成员都要参与制定。参与制作的过程也让每个人都能更清楚自己的责任,以及承担这份工作的价值。

在编制《阿米巴经营损益表》的过程中,具体体现以下内容。

(1)收入。各阿米巴的净收入,通常来源于产品销售(对内销售和对外销售),所得减去各种原因的支出,就是本阿米巴的净收入。

(2)成本。包括原材料成本、辅料成本及人力成本(有些企业将人力成本纳入产品成本中,有的企业则单独列出)等。

(3)总费用。包括两个部分:一是即时发生的费用,如水电费、差旅费等金额不大,但数额不固定的费用,需要在发生时及时计入;二是公共费用,是阿米巴承担企业内非本单元发生的分摊费用。

(4)总人力成本。阿米巴在一个周期的经营活动中,为员工提供的工资、福利、分红、纳税等全部成本。

(5)总工时。包括三个部分:一是本阿米巴在一个周期的经营活动中,所产生的自有工时(包括加班工时);二是支援本阿米巴人员所产生的全部工时;三是非本阿米巴人员,如上级阿米巴人员或总部人员所产生的分摊工时。

（6）单位时间附加值。根据报表中的数据核算得来，是衡量阿米巴经营时间效益的重要指标。公式：单位时间附加值＝净收入（利润）÷总工时。

（7）单位人效收益值。根据报表中的数据核算得来，是衡量阿米巴经营人均效益的重要指标。公式：单位人效收益值＝净收入（利润）÷人力成本。

因为《阿米巴经营损益表》紧密结合市场数据，能在第一时间反映市场变化情况，所以十分便于阿米巴领导者改进经营决策。

NO.51——单位时间核算表：销售最大化、费用最小化

传统经营模式中，企业无论是月度、季度，还是年度报表，都由财务部门来核算。企业领导者能通过核算数据了解盈亏情况，但员工却很难有机会了解企业的经营状况，自然就无法像经营者一样思考。稻盛和夫在京瓷实施阿米巴经营模式后，提出了《单位时间核算表》，正是出于这种考虑。

每个阿米巴都是一个独立的核算单位，都有自己的《单位时间核算表》，自主经营、自负盈亏。因为单位时间是小时，所以能精确到每个阿米巴每个小时的收入和支出。稻盛和夫要求每个阿米巴每一天都要输出一张《单位时间核算表》，不仅阿米巴领导者要掌握各阿米巴的经营情况，阿米巴成员也要随时掌握自己的营收情况。

在此，我们以京瓷公司制造部门的《单位时间核算表》（见表4-5）为例，说明阿米巴经营模式如何进行核算管理。

表4-5 京瓷公司制造部门的《单位时间核算表》

	科目	计算	说明	实绩（元）
A	总出货额	B+C	阿米巴的生产金额合计（公司外部出货+公司内部销售）	6.5亿
B	公司对外出货		为公司外部客户生产商品的金额（=销售额）	4亿

续表

	科目	计算	说明	实绩（元）
C	公司内部销售	C1+C2+...+C8	公司内部阿米巴间交易中，向其他阿米巴出货的金额	2.5亿
C1	商品			0
C2	陶瓷零部件			6000万
C3	原料成型			9500万
C4	烧结			3200万
C5	电镀			2000万
C6	加工			4000万
C7	其他			200万
C8	设备消工			100万
D	公司内部采购	D1+D2+...+D8	公司内部阿米巴间交易中，从其他阿米巴购买的金额	2.2亿
D1	商品			0
D2	陶瓷零部件			3000万
D3	原料成型			9000万
D4	烧结			3000万
D5	电镀			2000万
D6	加工			4000万
D7	其他			1000万
D8	设备消工			0
E	生产总额	A-D	减去公司内部购买后，本阿米巴的实际生产金额	4.3亿
F	费用合计	F1+F2+...+F41	开展经营活动所产生的费用合计	2.4亿
F1	原材料费			2000万
F2	五金费			300万
F3	商品采购费			300万
F4	辅助资材费			200万
F5	废料处理收益			−20万
F6	内部消工费			100万
F7	模具费			600万
F8	外包费			3000万
F9	合作企业费			3000万

续表

科目		计算	说明	实绩（元）
F10	消耗品费			700万
F11	消耗工具费			2000万
F12	维修费			900万
F13	水费			400万
F14	电费			600万
F15	燃气费			600万
F16	包装用品费			200万
F17	包装运输费			200万
F18	杂给			500万
F19	其他相关			100万
F20	技术费			0
F21	维修服务费			35万
F22	差旅费			200万
F23	办公用品费			30万
F24	通信费			20万
F25	捐杂税费			200万
F26	试验研究费			35万
F27	委托报酬			0
F28	设计费			35万
F29	保险费			30万
F30	租赁费			90万
F31	杂费			170万
F32	固定资产利息			500万
F33	库存利息			15万
F34	杂项收入			−20万
F35	固定资产处理收益			−100万
F36	折旧费			2000万
F37	内部各项经费			500万
F38	"巴"内公共费			−40万
F39	工厂经费			600万

续表

科目		计算	说明	实绩（元）
F40	内部技术费			20万
F41	总公司经费			4000万
G	结算收益	E−F	从阿米巴的收入中，减去除人工费以外的费用后，剩下的利润	1.9亿
H	总时间	H1+H2+H3+H4	阿米巴经营所需要的时间合计	35000
H1	正常工作时间			30000
H2	加班时间			4000
H3	转移时间		阿米巴之间的转移时间	40
H4	公共时间		间接部门的分摊时间	960
I	当月单位时间	G÷H	阿米巴每小时的附加值	5428.6
J	单位时间产值	E÷H	阿米巴每小时的生产金额	12285.7

注：表4-5中，金额的货币单位是"日元"，时间的单位是"小时"。

要想正确使用《单位时间核算表》，有两项非常关键的注意事项必须引起重视：

1.《单位时间核算表》必须简单易懂

该表的核心要素实际上只有五个：销售额、费用支出、生产总额、工作时间和单位时间附加值。这五个要素间有着密切的关系（见图4-16）。

销售额−费用支出=生产总额

生产总额÷工作时间=单位时间附加值

图4-16 《单位时间核算表》五个要素间的关系

掌握了这两个公式，不具有专业会计知识的一线员工在看《单位时间核算表》时就像看家庭记账簿一样简单明了。

2.《单位时间核算表》的两种格式

该表共有两种格式：《制造部门单位时间核算表》和《销售部门单位时间核算表》。格式的不同，不仅与划分阿米巴的方法有关，还与内部结算的方式有关。例如，制造部门的收入来源主要有两个：内部销售和对外出货；销售部门的收入来源也有两个：订单销售和库存销售。分工上的差异决定了不同的阿米巴需要不同的《单位时间核算表》。

NO.52——单位时间附加值：在成本节约方面的剩余空间

阿米巴经营模式的核心概念是"单位时间核算"，这是稻盛和夫经营京瓷时独创的一种会计体系。《单位时间核算表》是实行"单位时间核算制度"的产物，可以体现出单位时间内阿米巴所产出的附加值。该核算制度不但要求各阿米巴追求最小成本，而且还要创造最大的"单位时间附加值"，同时还给出了一个明确的损益平衡点，即员工在单位时间内创造的附加值等于小时工资的平衡点，就是衡量业绩的标准。

在推行"单位时间核算制度"的企业中，员工就像球场上的球员，非常明确自己的任务目标——进球得分击败对手。"前锋"（企业的利润创造部门）知道自己必须多持球、多进球；"中场"（企业的资源辅助和提供服务部门）知道自己要控制局面，多为前锋输送资源，多为后卫提供保障；"后卫"（企业的后勤保障部门）知道自己要保护好球门，不给对手可乘之机，也要防备己方乌龙；"守门员"（企业的财务部门）知道自己是掌握收支结构的最后一道关，关系企业损益，要及时、准确、完整计入；"教练"（企业领导层）知道自己的任务是统揽全局，而非具体指导。整个系统可以称为阿米巴竞技场（见图4-17）。

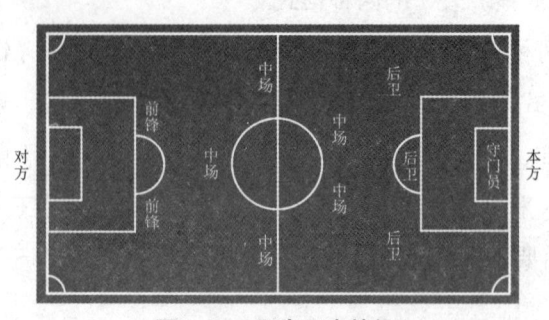

图4-17 阿米巴竞技场

如此一来，企业就像一个竞赛场，员工们都为实现目标而努力，争取在赛场中展现自己的最高竞技水平。

单位时间附加值是每小时创造的附加值金额。这是计算出"收入"减去"费用"得出的"结算收益"后，再用"结算收益"除以员工工作的"时间"后得出的结果。

每个阿米巴长都必须制订当月的经营计划，拟定单位时间附加值目标。因为单位时间附加值受当月销售额和经营成本影响较大，所以在设定单位时间附加值时必须考虑当月的最大销售量。比如，在预估当月销售额会增加的前提下，阿米巴销售单位可以向阿米巴生产单位提出增加产量的要求；再如，在预估当月销售额会缩减的前提下，阿米巴销售单位可以向阿米巴生产单位提出减少产量的要求，阿米巴生产单位可以在不影响企业内部订单生产的情况下，承接外单来增加利润。

阿米巴通过单位时间附加值把每名员工在单位时间里产出的附加值计算出来，再同单位时间平均劳务费对比：若单位时间附加值更大，则表示该阿米巴是盈利的；若单位时间附加值更低，则表示该阿米巴是亏损的。

经营所产生的数字信息被财务部门以月为单位收集、统计出来，一个月结束后当月的销售额、生产总额、费用以及差额收益等，都通过"单位时间附加值"明确呈现出来。因此，只要充分掌握《单位时间结算表》的数据，就能了解自己阿米巴的经营现状，并进行有针对性的改善，使得单位时间附加值进一步增大，这是阿米巴领导者的职责。

单位时间附加值是阿米巴进行结算管理时采用的非常方便的指标。不论阿米巴里有多少人，因为是除以总劳动时间，所以不会受到阿米巴规模大小的影响，适用于所有的阿米巴。即使在从事完全不同的事业内容的部门之间，也可以通过每小时附加值来表示数额，所以可以用于比较各阿米巴的经营效率。

单位时间附加值成为企业共同经营的指标，能够创造出员工为提高单位时间附加值而主动竞争的局面。

第五章　内部市场化

NO.53——独立核算管理：通过企业内部交易流程实现

稻盛和夫经常强调要"通过公司内部交易来实现阿米巴的独立核算管理"，并对此进行了详细解释："导入阿米巴经营模式，不是让冲在一线的销售部门独自快马加鞭，而是要让后方的生产部门也能看到自己创造的利润。尤其是像京瓷类的制造企业，通过生产制造获得利润是企业存在的意义。所以，考虑利润的不能仅仅是销售部门，生产部门和其他部门也要参与进来。为了明确公司内部各个部门的结算，我们使用'企业内部交易'这个特殊的机制。"

企业内部交易是指将每个阿米巴都看成一家独立运营的小企业，在阿米巴之间发生产品移动时，将其看作在企业内部发生了买卖交换。阿米巴的"生产总额"由两个部分构成，一个是企业内部某个阿米巴向其他阿米巴销售的"内部销售总额"，另一个是企业对外销售的"对外销售额"。二者相加之和，减掉企业内部因阿米巴之间发生的"内部购买"而得出的数值，再减掉生产过程中花费的"费用"，就是最终的"差额收益"。

其中的"费用"是由"原材料费用""外包加工费""水、电费""租赁费"等直接经费和"总公司经费""工厂经费""销售手续费""利息费用"等间接经费两部分组成。

在制造企业里面，产品的生产总额基本上由负责生产的阿米巴核算，而负责销售的阿米巴则一般按照5%～10%的比例提取"销售手续费"。因此，负责生产的阿米巴的经费里面有"销售手续费"这个项目。

另外，"总公司经费"和"工厂经费"，以及管理部门和研发部门这些基本上不会直接跟收入挂钩的间接部门的经费，则按照一定的规则由能够直接产生收入的结算部门的阿米巴共同负担。

但"人工费"不包含在"费用"里面。因为阿米巴被划分成了非常小的组织，如果人工费也被核算，那么就相当于公布了每个人的工资数额。收入曝光必然会引发尴尬，即便某些员工的高收入是自己努力获得的，也会影响其他收入未达到预计（因未努力而未达到）的员工的情绪。当岗位关系变得微妙，工作氛围就会潜藏危机。所以，用"差额收益"除以"总劳动时间"，算出"单位时间附加值"，用这个指标把握各阿米巴的利润状况更为合适又合理。

阿米巴经营就是运用"单位时间结算制度"和"单位时间结算表"，对每个阿米巴的销售额、利润、经费、劳动时间等进行即时的细致管理。细致管理的核心标志是"票据随物品移动"——只要有物品和金钱发生了移动就必须要有单据紧跟着移动。通常有三种情况（见图5-1），即阿米巴之间进行内部交易时、阿米巴向企业外部销售时、阿米巴通过采购部门从外部采购原材料时。

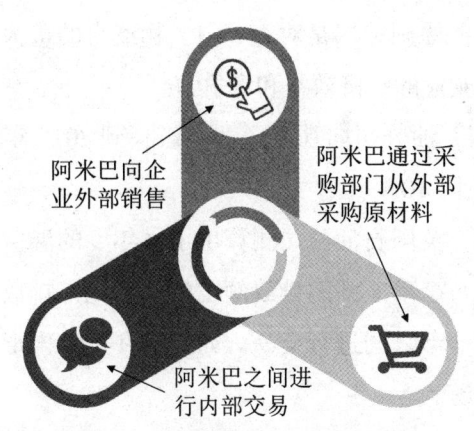

图5-1　票据随物品移动的三种情况

单据上面所记载的信息是用来预测阿米巴经营业绩的依据，因此，想让阿米巴经营模式顺利运转，就必须保证单据能及时、迅速地记录并跟随物品或金钱同步移动起来。

总而言之，将对利润负责的部门明确化，并引导全体员工共同努力实现利益最大化，这就是阿米巴经营的目的。

NO.54——内部交易：企业内部模拟市场交易

内部交易是以模拟市场交易的方式来组织企业内部的生产经营活动，让企业内部的行政关系变成等价交换的内部交易。如此，就能够让企业内部察觉到来自市场的压力，充分挖掘企业潜力，增强企业活力。企业内部交易对提高劳动生产力、降低成本和人才流动方面至关重要，可以体现在五个方面：一是利用市场经济规律，以价格为纽带，采用统一价格、统一结算的方式，将各阿米巴之间的关系变成以价格为依据的经营关系；二是用价格方式解决用工量和生产环节之间的矛盾；三是实现员工利益最大化，上不封顶，下不保底，坚守按劳分配原则；四是对人、财、物潜力的最大化挖掘；五是极致化降低成本，提高企业的经济效益和竞争力。

1998年，英国石油公司向社会庄严承诺：到2010年时，其温室气体排放量会比1990年下降10%。

根据这个目标，英国石油公司测算出了每年度的温室气体排放总量，并将总量指标分解成每个事业部的排放额度指标，允许排放额度有结余的事业部和额度不够的事业部之间进行交易。如此，在企业内形成了一个温室气体排放额度的交易市场。

依据英国石油公司公布的数据，仅在2001年一年内，各事业部按照每吨40美元的价格成交了450万吨温室气体的排放额度。借助价格机制，英国石油公司各事业部不仅达到了预期目标，还找到了降低实现目标难度的方法，非常完美地提高了内部资源的配置效率。

由此可见，经过内部交易，企业内部从上到下的工序就会以价格为纽带、以服务和资源为商品，去完成一场等价交换。

经过内部的一些交易行为，能够看到每个经营单元的盈亏状态。这些内部交易和市场交易在形式上大同小异：先把商品卖给下一道工序，之后由上、下工序之间的员工进行讨价还价，最终用常规或另类的方式达成交易。

京瓷公司的原料调配部门是个独立的阿米巴经营单元。该部门向内部供应商低价购进原料，再把调配好的原料提供给内部客户。在外界看来，两个阿米巴之间的交易就是两个小企业之间的交易。

进行外部营销时，假如接到的订单价格降了下来，将立即影响到内部市场，从营销到生产，从生产到原材料，在原料采购部门接到消息后，就会要求涨价或降价。因此，在企业形成了信息层层传输机制（见图5-2），市场压力就会被传到企业内部。

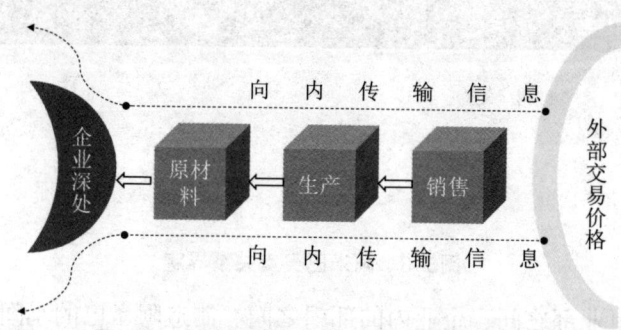

图5-2 内部交易引发的信息层层传输机制

企业实施内部市场化管理，能让各部门将生产经营过程中所产生的费用收益计算到自己的组织中。同时，经过内部市场化管理，企业内部的资源（人才、人员、物资等）会产生合理流动。组织经营依据"销售最大化，费用最小化"原则，当阿米巴经营活动暂时性减少，就要临时调整岗位，安排多余人员到经营活动量大的其他阿米巴。

NO.55——买卖关系：厘清企业内部存在的交易关系

企业进行了组织划分后，会形成很多大阿米巴，如生产阿米巴、采购阿米巴、营销阿米巴等。大阿米巴内部会继续划分，如生产阿米巴内部分为车间级阿米巴，采购阿米巴内部分为类别级阿米巴，营销阿米巴内部分为大区级阿米巴。

在各阿米巴之间是否存在交易关系，比如，研发阿米巴与生产阿米巴，研发阿米巴与销售阿米巴，生产阿米巴与销售阿米巴等？要确定这一点，就要在明确内部交易理念与本质后，把内部交易的买卖关系梳理清楚。

实施内部交易的第一步，厘清企业内部存在的交易关系，简单来说是谁可以和谁进行交易，交易的是产品还是服务，也就是阿米巴买卖关系界定（见图5-3）。

交易内容：＿＿＿＿＿＿＿＿＿＿

销售方 \ 采购方	××××××巴	××××××巴
××××××巴		
××××××巴		

图5-3 阿米巴买卖关系界定

企业的事业部之间、企业内的部门之间、制造阿米巴的车间/工序之间、利润中心和非利润中心之间，比如，物流部门与制造部门、销售部门与制造部门、销售部门与物流部门，都可能存在着复杂的交易关系。只有清晰地将企业内部的所有交易关系厘清，才能够准确无误地确定每一个阿米巴的收入项目和支出费用项目，让"谁使用谁负责，谁负责谁承担"的原则落到实处。

通常情况下，内部交易分为产品和服务两类：一类是交易的是一种产品，常见的有产品生产的整个过程的上下工序，两个阿米巴之间的买卖关系，产品销售过程中制造阿米巴与营销阿米巴的关系，这种交易通常有实物的转移；另一类是交易的是一种服务，通过提供服务以收取服务费作为销售额，比如采购部门除了可以采用定价方式外，还可以采用服务方式。

实施内部交易的第二步，明确各个阿米巴交易的究竟是产品还是服务。比如，采购阿米巴和生产阿米巴交易的是成品还是原材料？研发阿米巴和生产阿米巴交易的是投放市场的成本还是某项产品的设计服务？因此，必须明确各阿米巴的输出标准，并且这个标准是可衡量的，最好提交一份交易的产品或服务的说明书，对相关内容做详细描述。

企业利润并非来源于某个独立部门，而是来自生产经营的每个部门、每个环节的整体贡献。阿米巴经营模式下的每个阿米巴都拥有独立经营、独立核算的经营管理模式，如同将"集体生产管理模式"变成"承包制生产管理模式"。正因如此，产品的数量、质量和研发、设计、生产、销售、运输等所有环节上的每一个人的积极性都被极大提高，各种成本支出、费用消耗和浪费现象逐渐减小，直至消失。

通过以最小单元阿米巴甚至个人为单位进行利润、销售、费用的核算，可以让数据更加准确，了解企业最细微处的经营损益。员工具备了经营者意识之后，会主动思考自己的经营行为为什么会导致赔钱，自己需要怎样提高才可以赚得更多，敬业与认真一定要来自思想的转变，因此必须让员工深刻感受到经营企业也是在经营自己的事业。

NO.56——收支：对"收入"和"支出"负责

在尚未导入阿米巴经营模式的制造业企业中，将产品销售给客户之后，销售收入是作为销售部门的业绩被记录的，而为销售部门提供产品的生产制造部门就只能是个"无名英雄"。

稻盛和夫认为："制造业企业的生产制造部门是一个只要努力就能做出很多利润的宝库。如果能让生产制造部门拥有结算意识，就会有许许多多新的创意被发掘出来，公司业绩也能得到很大改善。"

如果你领导的制造业企业在导入阿米巴经营模式后，做到了让生产制造部门也成为业绩记录的一部分，就会发现企业内部形成了一种新的经营氛围：生产制造部门每天都为了提高生产效率和降低成本而努力，销售部门则为了不让生产制造部门的努力白白浪费而努力获取新的订单。

为什么阿米巴经营模式会让企业有如此巨大的变化？关键原因在于阿米巴的生产现场紧密地伴随着市场价格的波动而及时调整。

一般来讲，将生产制造部门设定为成本中心，将销售部门设定为利润中心的企业有很多。在这样的企业里，对利润负责的只有销售部门，而生产制造部门则只需要在设定的目标成本范围内制造出产品。但市场价格是多变的，预先设定好的目标成本不太容易随着市场价格的变动而发生改变。在几十年前的经营环境渐进不剧烈和市场切分不细碎的时代，这种先行设定目标成本的做法并没有表现出劣势，反而因为一些企业将"提前亮"做得好而争取到了更大的市场份额，这相对于新增市场来说，损失的一些成本是可以忽略的。但如今的市场环境可谓一日三变，细分市场争夺日趋激烈，价格波动非常大，今天还是天花板价格，可能明天就跌在地板上，企业若仍以预先制定的目标成本应对，就会失去与市场连接的机会，利润也将难以保证。因此，我们建议必须让销售部门紧密观察市场价格的变动，让生产制造部门捕捉每一个销售部门回传的市场信息，寻找利益支点，及时做出价格调整。

当市场价格出来后，为了按照这个市场价格或者比这个市场价格更低的价格做出产品，生产制造部门与销售部门之间要紧密联系、相互出谋划策。如果市场价格持续下降，为了确保利润，则要加大力度强化降低成本，进一步提高产能，实在不能保证利润的话，也会考虑从此产品的竞争中退出。

阿米巴经营模式中，由于生产现场是伴随市场价格的变动运作的（见图5-4），因此阿米巴的生产现场需要对利润负责。因此，经营赤字的情况在阿米巴经营模式里是不可能发生的，但在一些没有实施阿米巴经营模式的大企业里却时常发生，原因就在于没有让更多部门对利润负责。

对经营环境的变化感受最深的企业中，通用集团绝对算得上一个。在杰克·韦尔奇上任之前，通用旗下的很多产品都已经是赤字产品了，但由于没有及时发现而继续大规模生产，结果到期末的时候终于发现问题所在，却为时已晚，经营赤字越来越大。为了扭转局面，杰克·韦尔奇不得不壮士断腕，砍掉大部分支脉，以保留主根脉存活。

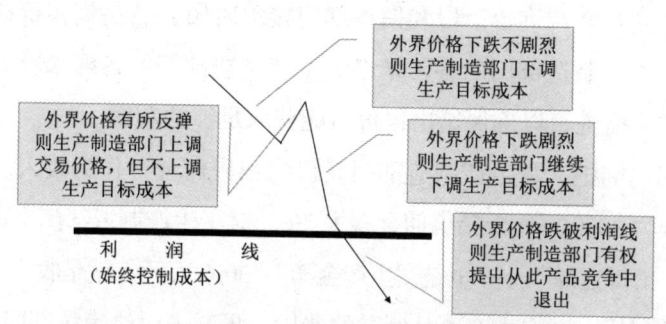

```
                            ┌─────────────┐
                            │外界价格下跌不剧烈│
                            │则生产制造部门下调│
                            │ 生产目标成本   │
                            └─────────────┘
        ┌─────────────┐     ┌─────────────┐
        │外界价格有所反弹│     │外界价格下跌剧烈│
        │则生产制造部门上调│    │则生产制造部门继续│
        │  交易价格，但不上调│  │ 下调生产目标成本│
        │  生产目标成本  │     └─────────────┘
        └─────────────┘     
                            ┌─────────────┐
                            │外界价格跌破利润线│
                            │则生产制造部门有权│
  ───利──润──线────         │提出从此产品竞争中│
   （始终控制成本）           │     退出    │
                            └─────────────┘
```

图5-4 阿米巴生产现场的价格变动运作

可见，在阿米巴经营里，成本计算回溯到生产制造阿米巴完成。企业提供产品和服务能获得的利润额，往往受到销售价格的左右。因此，如何定价决定着企业业绩。稻盛和夫曾说："决定价格的时候，需要找到一个点。这个点，顾客高兴，厂家也高兴。"这个点具体在什么地方，实际上需要经营者找出来。经营者需要听取生产制造部门和销售部门的意见，并定出这个价格。这就是稻盛和夫所说的"定价即经营"的真正含义。

NO.57——订单生产方式：设定销售部门和制造部门的收入机制

订单生产方式是指在"从客户处拿到订单，按照订单规格生产和销售产品的商业模式"中，设定的销售部门和生产制造部门收入的机制。

在订单生产方式中，每一款订单产品的价格都需要与客户交涉后再确定，并要求在订单价格的范围内获取利润，因此"订单金额""销售金额""生产金额"三项是相等的，都作为生产制造部门的收入。而且，因为是从客户处拿到的订单，待生产产品属于"名花有主"，因此不能卖给第三方。

生产制造部门依据"定价即经营"的原则，给出合理报价。必须关注市场价格，尤其是客户询价阶段和销售部门接单阶段，若是销售价格下降，将直接传递给生产制造部门的各阿米巴。生产制造部门的各阿米巴立刻采取改进生产方式等措施，以确保给出报价后能获取足够的利润。

销售部门则把"从生产制造部门获得的销售佣金"作为收入。比如，某批订单金额为3000万元，销售佣金率为7%。对于生产制造部门来说，从客户处拿到的"销售金额"——也是"生产金额"（3000万元）就是收入，减去"内部购买"的费用，减去生产商品所需的费用，再减去付给销售部门的佣金210万元（3000万元×7%）后，就是最终的"结算收益"。对于销售部门而言，从生产制造部门得到的210万元佣金就是收入（见图5-5）。

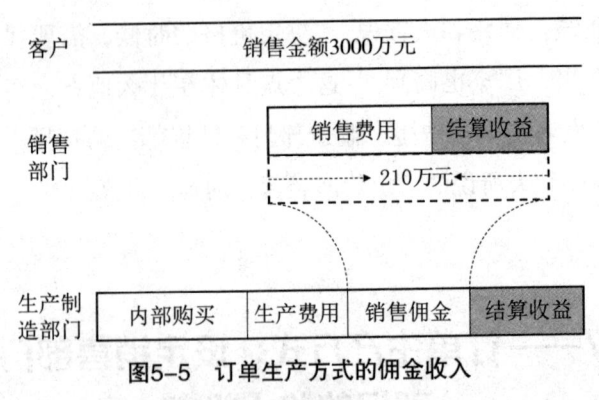

图5-5 订单生产方式的佣金收入

采用佣金方式，能够关联生产制造部门和销售部门，因为生产制造部门需要销售部门获得的订单，因而要给予一定回报，销售部门需要生产制造部门以最低成本加工产品，哪怕是有完成难度的订单，所以，两方面都在追求"销售最大化，费用最小化"。

销售佣金率应根据销售过程所花费的时间成本、人员成本、经济成本等因素共同制定。如果在销售过程中，谈判某一笔订单的难度极大，但获得的利润空间也很大，销售佣金率就高一些，可以调动销售部门的积极性；如果在销售过程中，谈判某一笔订单非常顺利，但订单的生产难度偏大，利润空间也很可观，销售佣金率就要低一些，多给生产制造部门留利润空间。销售与生产的过程会因为客户对象的不同而不同，销售佣金率需要做一定的调整，但普遍情况下，销售佣金率有相对固定的摆幅范围，除非遇到特殊销售情况，佣金比例都在摆幅内震荡。

销售佣金率可以每次分别设定，但设定之后就不能轻易改变。比如，在订单完成过程中，生产制造部门逐渐意识到完成难度很大，于是向销售部门提出"降低佣金率"的要求，此时就需要双方根据具体情况具体协商，如果强行为之，将违背"生产制造部门关注市场价格，并在此价格范围内想方设法确保利润"的宗旨。既然是"想方设法"，就涵盖了执行任务中的难度系数问题，阿米巴经营模式更多鼓励"就次论次"，这次既然确定了报价和佣金率，即便出现了问题，也要"将错就错"，为将来的经营吸取教训。

NO.58——库存销售方式：预先估算产品的定价与销量

库存销售方式就是在没有客户下单的情况下，销售部门通过市场调研，预估市场产品需要，向生产制造部门下单生产产品，待产品生产完毕后再通过销售部门推销给客户。

为什么要采用库存销售方式呢？这看上去是增加库存量和增加现金流压力的方式。其实，最理想的模式还是订单生产方式，接一单，生产一单，没有库存，现金流也很健康。但市场不是围绕某家企业存在的，有时候客户急需某种商品，哪家有现货就直接购买了，没有现货的企业即便给的价格再低，也无法获得交易资格。客户方对现货的需求也是由市场决定的，可能不拿到现货进行下一步生产加工或服务保障，也会失去自己的客户。因此，如果企业只是固守着订单生产方式，就会陷入"有单才干活"的低效率模式中，跟不上市场的需求变化。库存销售方式就是提前生产，存货待客，因此库存销售方式需要预算产品的定价和销量，然后进行估量生产。

通常情况下，库存销售方式需要对三个阶段进行预估：首先，预计销售部门卖给渠道商的售卖价格，即"预售价格"；其次，预计渠道商的"市场价格"，并考虑渠道商的利润；最后，预计终端客户的"购买价格"。结合这三点才能最终确定"预计销售价格"（见图5-6）。需要注意的是，预计的价格并非实际成交价格，比如，预计的终端客户的购买价格会与实际的购买价格不同；预计的渠道商的市场价格会与实际的市场价格不同；预计的销售部门的售卖价格也会与实际的售卖价格不同。它们都是或高或低，因此"预计销售价格"不是具体数字，而是一个范围。

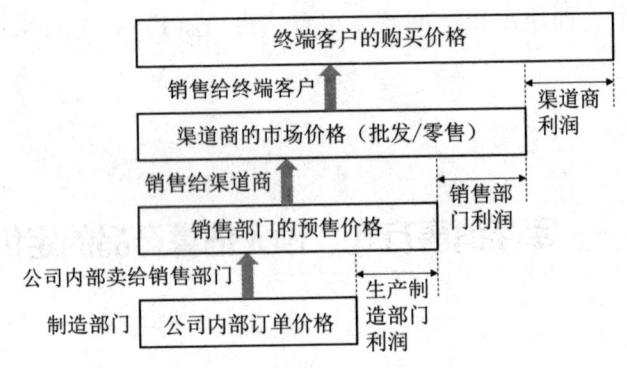

图5-6 库存销售方式的"预测交易价格"

在确定"预计销售价格"范围的基础上，销售部门向生产制造部门下订单。销售部门预计产品的市场价格为3000元/件，即用户的最终购买价格是每件商品3000元左右。销售部门设定卖给渠道商的预售价格是2000元/件，预计渠道商的市场价格是2500元/件，即渠道商的利润空间是每件商品500元左右。销售部门和生产制造部门经过谈判后，将公司内部订单价格定为1400元/件，即销售部门的利润空间是每件商品600元。

销售部门对生产制造部门发出了1400万元（单价1400元×1万件商品）的公司内部订单。生产制造部门准备物料进行生产，生产完成后以公司内部订单价格将产品交付给销售部门，生产制造部门计入1400万元的收入，减去"内部购买"和生产所需费用后，剩余的就是生产制造部门的结算收益。

在生产制造部门交付商品的同时，1400万元的商品计入销售部门的库存。如果以当初预计的售卖价格出货，就计入销售额 2000 万元和内部采购成本 1400 万元，减去促销费等销售费用后，剩下的差额就是销售部门的结算收益。

在预测市场动向和销量的基础上，由销售部门向生产制造部门下订单，销售部门发出生产指示，生产制造部门根据指示进行生产。这样，销售部门和生产制造部门之间就形成了紧密的利益关联关系。

NO.59——内部定价：提升资源有偿意识和完善服务质量标准

稻盛和夫说："定价是经营之本，内部定价考验每一位阿米巴领导者的经营智慧。"

每个阿米巴都是一个小型的、单独的利润中心，所有阿米巴都负有核算责任。阿米巴领导者负责本"巴"的定价，在正确经营理念指导下，实现利润最大化。

在阿米巴经营模式中，企业内部定价是否合理，将直接影响着各阿米巴的业绩计量，会关系到阿米巴员工的经济收益。如果内部定价不合理，不仅会引发各阿米巴之间的利益冲突，还会引起阿米巴和企业整体利益之间的冲突，导致企业出现严重内耗。

所以，内部定价的合理性要符合三项要求：首先，建立在企业共同经营目标上，既要考虑企业整体利益，也要兼顾各阿米巴的局部利益；其次，交易双方都自愿接受，阿米巴领导者和成员都能参与其中，及时倾听员工的意见，促进员工对于内部价格体系的认可和接纳；最后，让提供产品的阿米巴和接受产品的阿米巴都感觉到公平、合理。

阿米巴经营模式的内部交易定价有五种方法（见图 5-7），各方法之间的关系并不是独立存在，在必要时可以互补。

- 双方面议法
- 市场参照法
- 成本推算法
- 利润预算法
- 市场共享法

图5-7 内部定价的五种方法

1. 双方面议法

进行内部交易双方的阿米巴，本着公平、自愿的原则，共同协商要达成的价格，这个价格一般介于市场价格和成本价格之间。

双方面议定价法在各阿米巴独立自主定价的基础上，充分考虑企业的整体利益和供需双方的利益，以外部市场价格为基础，参考各阿米巴之间或无关联的第三方之间发生类似交易时的价格，经过共同协商确定一个双方都愿意接受的价格，作为内部转移价格。同时保留了阿米巴领导者的自主权，为阿米巴培养了经营人才。

双方面议法的好处是，效率比较高，有利于企业整体利益最大化的实现。缺点有两个方面：一个方面是业绩指标可能由于阿米巴领导者的协商谈判技巧的高低而发生扭曲；另一方面是面议时会花费相当多的时间和资源。

2. 市场参照法

此种定价方法是交易双方按照市场上的产品或有偿服务价格作为内部价格的依据，适用于能够对外销售产品及从市场上购买产品的较高层次的阿米巴。在进行定价之前，企业应在进行充分市场调查的基础上，以尽量等于或小于该种产品或服务的平均市场价格进行定价。

市场参照法的特点是，能够灵活有效地运用价格差异，尤其是对平均成本相同的同一产品，价格可以随市场需求的变化而变化，不与成本因素发生直接关系。

3. 成本推算法

此种定价方法是以每道工序的产品单位成本为基本依据，再加上预期利润来确定内部定价。成本推算法是阿米巴内部定价优先考虑的方法。

成本是阿米巴生产经营过程中所发生的实际耗费，客观上要求通过商品的销售得到补偿，并且要获得大于其支出的收入，超出的部分表现为企业利润。

成本推算法简单明了，就是以现成的数据为基础，在考虑本阿米巴合理利润的前提下，下一道工序的阿米巴需求量较大时，价格显得更公道。

4. 利润逆算法

该方法是先行决定利润额度，其他定价根据各自需要自行解决。以阿米巴经营目标、生产或进货成本、费用、税金、预期收益为依据，以追求经济效益最大化、实现预期投资报酬率、扩大市场份额、维持营业等为目标，来确定合理的产品价格。

在确定目标利润时，要以本阿米巴的历史业绩为基础，根据对未来发展的预测，通过研究产品品种、结构、成本、产销数量和价格几个变量间的关系及对利润所产生的影响，同时结合市场经济动态、企业的长远发展规划等有关信息，在反复研讨论证的基础上加以确定，以确保目标利润的最优化。

该方法的优点是，更加关注市场、关注竞争对手。一定的目标利润需要一定的目标销售额和目标成本来共同维系。阿米巴以利润目标为出发点，在充分进行市场调查与科学预测的基础上，和同行业先进水平、本阿米巴最高水平做比较，从而对阿米巴将来一定期限内所获得的利润做出科学预测。

5. 市场共享法

该方法考虑企业全局利益和各阿米巴的局部利益，努力使之协调一致，达到共赢共享。在内部定价过程中，将企业下达的各项指标，如质量、消耗、产量、人员和费用等全部纳入内部定价的测算过程中，使内部购买能够按照企业下达给各阿米巴的经营目标进行有效分解。

企业通过有效调控内部定价，确保各阿米巴的经营目标能够有效贯彻企业总体目标，在达成阿米巴经营目标的同时，使得企业发展目标也得以顺利实现。

阿米巴的内部定价不能拘泥于一种定价方式，要结合企业与各阿米巴的实际情况，多种定价方法互补，才能更好地适应企业内外市场。在企业全局利益与各阿米巴的局部利益发生冲突时，企业应从整体利益出发制定内部交易价格，以保证企业整体目标的实现。

NO.60——外部采购：把市场引入企业内部

如果企业内部其他阿米巴能够生产某阿米巴所需的产品，那么是否可以不选择企业内部产品而从外部采购呢？

通过之前的阐述，我们已经知道阿米巴是可以这样做的。京瓷公司甚至鼓励阿米巴在外面购买更好的产品。比如，生产手机的北见工厂，有的电子零部件来自公司内部，有的零部件则从同行的其他公司采购。

针对这种情况，一定会有人说：这样做不是伤害了企业自身利益吗？因为肥水流进了外人田里。但是，有竞争力才有持续变好的动力。作为供货方的阿米巴面临同外部其他公司的竞争，就要想方设法争取在质量和价格上超越对手。允许从外部采购，其实就是通过把市场引入企业内部的方式来推动本企业生产制造部门的改善。

从外部采购，一定是采购比本企业生产的更好的产品，但仅仅质量好还不够，成本也需要控制。

阿米巴针对采购成本的分析与控制主要体现在以下几点。

1. 加强对采购、存储过程的控制

原材料或产品的实际采购量和进价必须控制在限额之内，那么加强物料购进管理的主要措施有哪些呢？

（1）阿米巴采购过程中要实施"货比三家""招标采购""按质论价"的

原则（见图5-8），做到质优价廉、就近采购、定点采购。这样做的好处是，既可以保证原材料的质量，又降低了运输费用和交货延期可能带来的风险。

货比三家　招标采购　按质论价

图5-8　物资采购原则

（2）加强物资采购的计量和质量管理，要求进厂的物资必须进行严格计量和检验，防止质次价高、数量不足的情况发生。

（3）采购合同的签订、执行、计量、检验，要由不同的人执行，这样的做法，虽然使得流程烦琐了些，但能有效防止可能出现的舞弊行为。

（4）制定合理的储备定额。不同的产品或原材料要有不同的储备标准，特别是对于大宗产品或原材料要根据不同的季节和用途制定不同的合理库存，以减少资金浪费。

（5）仓库的物资储备要做到防火、防盗、防变质，对已经失去使用价值的物品要及时做出处理。

2. 加强阿米巴生产过程的成本控制

在保证产品质量的前提下，阿米巴可以通过改进产品设计、结构和制作工艺等方式来降低材料消耗，力争做到低投入、高产出。为了使产品或原材料能充分利用，实行科学配料、集中下料、合理套裁和修旧利废。提高所生产产品的"良品率"，减少废品损失，建立严格的检验制度。

3. 加强对产品或原材料成本的控制

供应部门要按规定的产品品种、规格、材质实行限额发料，同时监督领料、补料、退料等制度的执行。

阿米巴的车间施工人员和技术检查人员，需按图纸、工艺、工装要求进行操作，合理下料，合理投料，实行首件检查、中间抽查，防止成批报废。

通过上述标准控制采购成本，实现了从控制"标准"到控制"策略"的高度升级，帮助企业建立健全符合实际业务需要的预算管控体系。

NO.61——交易规则：阿米巴交易双方的风险界定

阿米巴内部交易是各阿米巴之间在企业内部相互购买产品或服务的活动。虽然交易活动存在于企业内部，但在交易活动发生的过程之中或之后，仍然有可能存在风险。因为凡是涉及交易，就会产生利益，而阿米巴经营模式又强调各阿米巴是独立经营、独立结算，需要对"收入"和"支出"负责，这就形成了形式上的真正的交易行为，如同企业同企业之间发生的交易一样，双方都需要为交易过程负责。

一些实施了阿米巴经营模式的企业，在各阿米巴进行内部交易时，出现了矛盾，但多数都并未引起重视，总认为是"内部矛盾"而一笔带过。其实，内部矛盾也是矛盾，风险就是在矛盾得不到及时、正确解决的情况下最终形成的。当企业内部的矛盾达到无法调和时，各部门和阿米巴的经营运作也将无法进行，最终受损害的还是企业。

因此，作为企业领导者不能坐等风险到来，要防患于未然。为了使交易正常进行或交易不产生纠纷，需要对交易可能产生的违约或风险等情况进行责任与处理界定。一般情况下，主要遵循以下五点设定（见图5-9）。

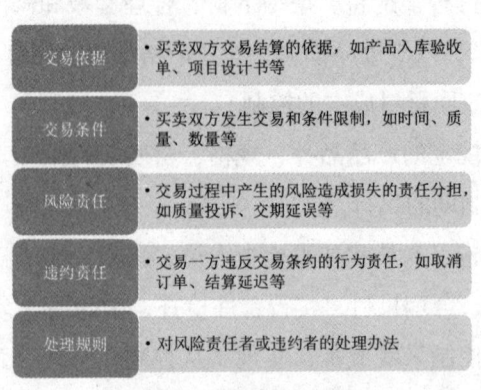

交易依据	买卖双方交易结算的依据，如产品入库验收单、项目设计书等
交易条件	买卖双方发生交易和条件限制，如时间、质量、数量等
风险责任	交易过程中产生的风险造成损失的责任分担，如质量投诉、交期延误等
违约责任	交易一方违反交易条约的行为责任，如取消订单、结算延迟等
处理规则	对风险责任者或违约者的处理办法

图5-9 交易规则的设定

为了保障阿米巴从"交付"到"交易"的过程顺利进行，建立起可通用于各类形式阿米巴间的交易规则就变得非常重要。但交易规则的内容制定必须是公平、公正的，虽然不能具体照顾到每个阿米巴的利益，但要在大范围内兼具各类型阿米巴的利益，力求让每个认真执行交易规则的阿米巴都能从中获益。只有所有的阿米巴都能自觉遵守交易规则，那么，交易双方的交易风险才能最小化。下面以具体实例的形式表现阿米巴交易规则的实施（见表5-1）。

表5-1　阿米巴交易双方规则

卖方		制造阿米巴、工程阿米巴	买方	营销阿米巴
交易标的		成品	交易依据	营销阿米巴成品质检单、收货单、销售单
交易地点		××××××	交易原则	保质、保量、按时
交易时效		验收通过后3小时以内（玻璃产品验收合格后即时生效）		
预计风险处理规则				
风险类别	序号	具体内容	风险承担方	处理规则
交期罚金	1	超过交货期5天（不含），造成客户扣款或退货	制造阿米巴	承担全部扣款或货款
质量罚金	2	保质期内锁具、锁芯、拉手、合页（<3个）	制造阿米巴 营销阿米巴	制造阿米巴提供更换五金配件；营销阿米巴负责更换，并退回问题五金配件
	3	保质期内锁具、锁芯、拉手、合页（≥3个）	制造阿米巴	制造阿米巴负责更换问题产品，并承担全部费用
	4	保质期内油漆脱落，转印漏出（<3个）	制造阿米巴 营销阿米巴	制造阿米巴取回问题产品，维修好或重新做；营销阿米巴负责重新安装。费用各自承担
	5	保质期内油漆脱落，转印漏出（≥3个）	制造阿米巴	制造阿米巴负责更换问题产品，并承担全部费用

续表

卖方		制造阿米巴、工程阿米巴	买方	营销阿米巴
质量罚金	6	保质期内由于门扇内部制作缺陷而引发的质量问题（<3个）	制造阿米巴营销阿米巴	制造阿米巴取回问题产品，维修好或重新做；营销阿米巴重新安装。费用各自承担
	7	保质期内因门扇内部制作缺陷而引发的质量问题（≥3个）	制造阿米巴	制造阿米巴负责更换问题产品，并承担全部费用
	8	由于工程质量造成的罚金	工程阿米巴	罚金由工程阿米巴全部承担
	9	由于施工延期造成的罚金	工程阿米巴	罚金由工程阿米巴全部承担

NO.62——跨"巴"交易：不同的阿米巴之间进行的内部交易

跨"巴"交易是指在不同的阿米巴之间进行的内部交易。发生在各阿米巴之间的内部交易是以市场价格为基础，每个节点的定价由双方通过科学的定价方式谈判达成。

首先，跨"巴"交易是以内部交易的经营会计体系为基础的，进行交易的底线是阿米巴之间互相支持追求共赢，能够发生交易的前提是阿米巴的任何决策都与企业的经营理念、经营方针保持一致。

其次，各阿米巴的产品或服务的说明书为阿米巴交易的契约式文件，是对阿米巴提供的产品、服务、功能、质量、定价的详细说明。产品说明书的主要组成部分有产品名称、供方、需方、规格与功能、价格及定价原则、服务承诺、使用规程、结算时点等。

再次，阿米巴交易的项目与功能：用于阿米巴交易关系的通常是产品、服务与契约（合同）。

（1）以产品为标的交易。此类交易采用内部转移价格进行结算，交易双方建立类似于市场交易的买卖关系。常见的如产品生产过程中的上、下道工序——两个阿米巴的买卖关系，产品销售过程中制造阿米巴与销售阿米巴之间的买卖关系。该类交易通常伴随实物转移。

（2）以服务为标的交易。通过提供服务，以收取服务费作为收入度量的关系类型。多见于职能阿米巴，如人事外包服务、信息设备维护服务等。该类交易通常不发生实物转移。

（3）以契约（合同）为标的交易。交易双方签订契约，并以此契约条款的达成为交易依据。常见于研发阿米巴或职能阿米巴，典型交易如产品开发设计、定制化服务等。例如，研发阿米巴接受客户委托开展某种项目的研发设计。

最后，价格与定价原则：因为阿米巴交易中的核心是"定价即经营"，因此定价应遵循如下原则。

（1）实现共同目标原则。必须考虑企业整体利益和阿米巴局部利益，并使之协调一致。将企业下达的各项指标，如质量、消耗、产量、人员和费用等全部纳入内部定价的测处过程中，以便内部购买价格的制定。

（2）双方自愿接受原则。在阿米巴交易价格制定过程中，要让各阿米巴长和成员参与其中，以促进员工对内部价格体系的认可和接纳。

（3）服务业务发展原则。阿米巴的业务活动，有直接面向市场的，也有主要面向生产的，还有只面向管理的，形态不同，阿米巴的分工也不同。当一项结算关系涉及不同性质的阿米巴时，一定要优先向市场类阿米巴倾斜，把支持业务发展放在第一位。阿米巴在制定内部交易价格时要充分考虑到市场价格的波动，以便根据市场变化及时做出动态调整。

（4）公平合理原则。不能使某些阿米巴因内部交易价格上的缺陷而获得一些额外的收益，以致不能正确考评各阿米巴的业绩。

（5）交易定价的科学性。内部定价必须在较大程度上反映产品和服务的实际劳动价值，企业内部交易价格应对各阿米巴的成本、费用、开支状况进行预计和分析。

另外，企业内部各阿米巴间的跨"巴"交易，需要按照一定的流程和要求进行，以便解决可能出现的相关问题。（见图5-10）大概分为5个方面，也可看作 5 个步骤。

```
明确交易关系 → 解决"跟谁结算"的问题
  ↓
资源科学量化 → 解决"结算什么"的问题
  ↓
确定交易价格 → 解决"怎样结算"的问题
  ↓
确定结算方式 → 解决"结算手段"的问题
  ↓
收入与绩效挂钩 → 解决"结算挂钩"的问题
```

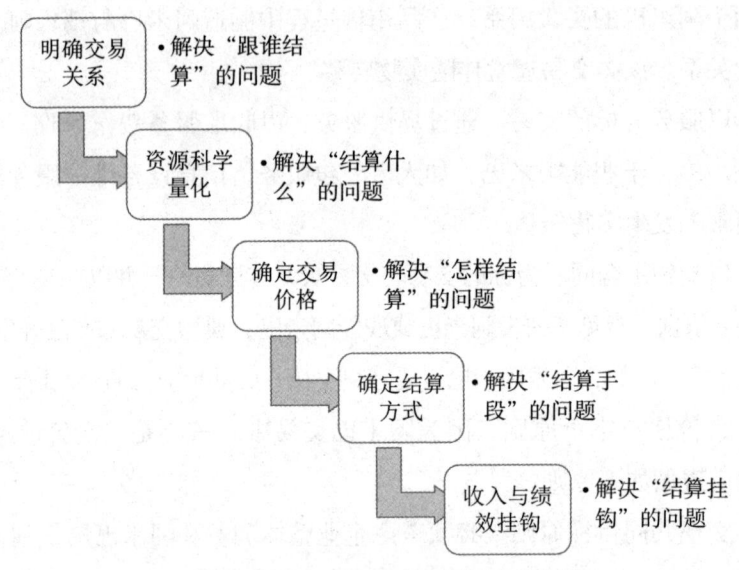

图5-10　跨巴交易的步骤及解决的问题

（1）明确交易关系。阿米巴是企业内部市场的主体。所有阿米巴都能通过内部交易进行结算，真正达到独立核算、自主经营、自负盈亏，解决了"跟谁结算"的问题。

（2）资源科学量化。把企业的厂房、设备、原材料、辅料、能源、人工等一切资源，全部按照市场标准进行精细量化，实行有偿使用、计入成本，实现解决"结算什么"的问题。

（3）确定交易价格。把企业内部的一切经营结果都制定内部价格，各阿米巴之间实行货币交换的买卖关系、服务关系与契约关系，对价格体系定期进行核定调整和修订，有效地解决"怎么结算"的问题。

（4）确定结算方式。计算机结算系统是阿米巴经营能够精确、及时、高效运行的支撑。把阿米巴所有经营情况全部纳入计算机结算系统，并自动完成阿米巴经营会计报表等结算表格的编制和汇总，由此解决"结算手段"的问题。

（5）收入与绩效挂钩。解决"结算挂钩"的问题。根据阿米巴经营会计报表的实际收益，按照经营分配方案分配到每个员工，成为员工收入的一部分，实现收入与绩效真正挂钩。

NO.63——利息：用经济压力明确责任划分

很多企业的库存范围广泛，不仅仓库有库存，车间也有库存，甚至销售部门单独租用库房也产生了库存。由此导致的直接结果是库存量很大，不仅占用资金，还消耗人力资源，严重的甚至阻碍了企业的正常经营发展。

曾有人对笔者说过，他们公司同样库存严重，仓库堆得满满的，每个车间都有大量库存，都是平时自行超额生产的结果。公司虽然一再要求减库存、清库存，但因为没有推行具体措施，总是干打雷不下雨。他还发现，在库存量偏大的公司里，同时还伴随另一种不良现象，就是大笔的应收货款不到位，加上库存占有的经营资金，给企业经营带来极大隐患。

推行阿米巴经营模式的企业绝对不允许有这样的现象发生，而且，若阿米巴经营模式执行到位，这样的情况根本没有可能发生。

在阿米巴经营模式中，所有库存和应收而未收回的货款都不纳入当期利润，因此自行超额生产和只销售而不主动回收货款的行为都是没有意义的。

为了提高资金周转率，同时也为了加快库存周转率，依据阿米巴经营模式，对相关责任部门造成的库存和应收账款，按照一定标准的利率收取企业内部利息。同时，对于固定资产、票汇余额也要征收企业内部利息，一并计入相关部门的费用。通常，征收的企业内部利息高于市场利息（当时银行利率），这样做的目的是抑制发生轻率的生产和投资行为，严格削减库存，促进应收账款早日回收。

依据阿米巴经营会计基本原则，只要支出发生就应计入费用。因此，阿米巴领导者在实际费用支出时就应仔细考虑每一笔支出可能产生的价值。如某生产制造阿米巴申报采购原材料，已经核定了所需采购的原材料总量，此时该生产制造阿米巴必须思考该笔费用支出的细节：是一次性采购3个月的原材料合理，还是一次只采购一个月的原材料更为合理？如果一次采购3个月的原材料，价格肯定会有优惠，但也会造成当月费用过大和现金占用过多；如果一次采购一个月的原材料，虽然价格上不会有优惠，但能均衡当月费用支出，减少现金占用。（见图5-11）

图5-11 费用支出的细节考量

在现金为王的年代，"手里有粮，心里不慌"，想要经营活动保持良性持续，必须始终持有足可保证经营稳定发展的现金流量。另外，在阿米巴经营会计中，库存时间是受控的，如果成品或原材料在仓库放置超过限定时间，就要根据库存情况缴纳企业内部利息，这样就等于加重了阿米巴的费用支出。该生产制造阿米巴想要保证自己的阿米巴利益不受损，就要尽可能做到按订单生产、按需采购物料、及时清理库存，加快库存周转效率。这就是"通过将工作压力转移给相关责任部门的方式"，加强对相关责任部门的管理。

将企业内部利息与阿米巴经营业绩相联结的机制，因为其实战性很强，所以不允许有丝毫懈怠。企业征收企业内部利息是有效传递市场压力的方式，可以真正将经营压力传递到全体员工，从而调动全体员工的智慧经营企业，共同应对激烈的市场竞争。

第六章 经营最大化

NO.64——全员经营：自己的职场要靠自己去经营

中村升进京瓷公司3个月的时候，被任命为拥有一个月生产能力达到300万日元的阿米巴"巴"长。当时稻盛和夫对他讲了一番话："我们旁边街道上不是有个蔬菜铺吗？那个蔬菜铺每月能卖出50万日元左右的商品，你的阿米巴是300万日元，你可得比蔬菜铺那个大叔还要努力啊！"

听了这番话，中村升很有感触。他后来回忆道："我当时恍然大悟，虽然我的阿米巴只有两名部下，但如何安排他们，全变成了我的责任。原来这就是阿米巴经营……我一定要承担起所有的责任，和两名部下一起争取进一步提高业绩。"

那么，中村升要承担的是怎样的责任呢？用一句话概括：经营阿米巴如同经营自己的小公司，必须有"自己的职场要靠自己去经营"的经营意识。

若想要培养员工的经营意识，就需要让员工参与企业经营，需要给员工提供能够养成经营意识的机会。而且，实现"全体员工共同参与经营"是阿米巴经营模式的重要标志。

"全体员工共同参与经营"（见图6-1）这句话不难理解，但真正做到却并不容易，很多企业从理解层面就出现了错误。

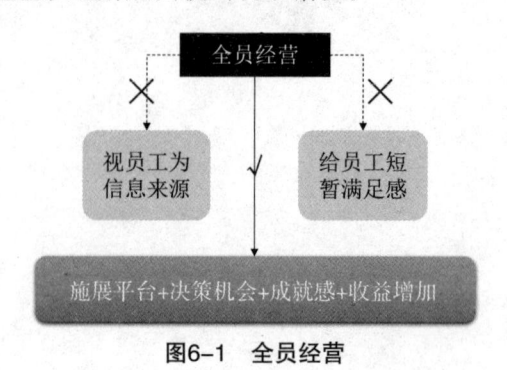

图6-1 全员经营

某水果深加工公司制定了一套"高层管理部门听取基层员工意见，并将意见反映到经营实践中"的机制。但这种做法只是将员工当作一种信息来源，而并非真正地参与经营。

某服装设计公司让员工出席企业的各种决策会议，毫无疑问这是一件振奋人心的事情，既能够让员工对自身价值更为认可，也能让员工对参与企业决策过程这一行为有切身感受。但这种做法只能给员工带来自我满足感，无法真正形成经营者意识。

员工没有真正得到充分施展才能的机会，就很难说是一种参与式经营。作为员工渴望得到施展才华的舞台，而阿米巴规模小，员工的建议在被采纳后，产生的效果很快浮现，员工的贡献程度也一目了然。有了成就感和收益增加的双重刺激，员工自然愿意全身心地参与经营。

可是，阿米巴经营模式中的员工是以什么立场参与经营的？仅仅是参与者的态度，还是经营者的态度？这不是员工能决定的，需要企业通过确立机制来实现。

1.鼓励员工参与，让员工都有可能成为经营者

阿米巴经营模式具有"人人成为经营者"的工作氛围，使员工能够主动地共同参与经营。当全体员工能主动参与经营，并在各自岗位上充分发挥个人价值和履行应有职责，自然地就成了企业领导者的经营伙伴。

全体员工齐心协力共同经营企业，他们的自我认同感会不断攀升，会成为主动经营者，自己的工作和所在阿米巴、整个企业紧密相关，劳资对立关系将不复存在。

2.将员工的幸福感和个人发展放在首位

京瓷公司的首要职责是"实现全体员工物质与精神两方面的幸福"，稻盛和夫像对待家人一样对待员工。京瓷的服务目标按优先顺序排列：员工及其家庭→合作商员工及其家庭→客户及其家庭→社区→股东。其他企业最为看重的股东利益，在京瓷被排在最后；最为依仗的客户也只排在第三位；最不受重视的员工，则排在第一位。看到这个序列，也就知道了稻盛和夫经营哲学的内涵，即阿米巴经营哲学的关键！

NO.65——双重核查：一定要执行"双重确认"签收制度

"双重确认"制度很多企业都在实行，是企业防止发生舞弊行为、解决数据准确性和预防不必要错误发生的很有效的方式。推行阿米巴经营模式的成败，其中数据的准确性与统计的及时性是非常关键的因素，而人是决定数据准确性和统计及时性的唯一介子（计算机数据也可以由人控制）。但人难免会有大意的时候，也会有私心"发作"的时候，如果只是一个人对某个重要环节负责，在没有监督与制衡的情况下，出现错误和舞弊行为的概率就会增加。若是有了监督与制衡的存在，两个人一起犯相同的错误或者共同舞弊的概率就会极大降低，在非常有必要时，还可以进行"多重确认"，所有的这些举措都是为了从制度上解决数据不准、数据造假、数据混乱的潜在风险。

很多企业的实物与账本相差较大，主要原因是没有做好"双重确认"。为了做到这一点，就必须健全和理顺企业内部的会计处理规则。规则必须公平、公正，且有广泛认同性。稻盛和夫意识到企业必须建立"双重确认"制度，是在具体的经营中得到的经验。

20世纪70年代，京瓷公司实施阿米巴经营模式已经有很长时间了，无论任务多么紧张，员工都完全没有"被强迫达成目标"的感觉，因为他们都理解"达成目标是我们自己的工作"，甚至有些员工会主动挑战自我，力争将自己的成绩做得更完美。

在公司经营态势一片大好的时候，稻盛和夫发现了繁荣下面被掩盖的问题。月末最后一天，经营管理部门负责把每个阿米巴的生产总额、差额收益、单位时间附加值等实际数字收集整理完毕，在下个月第一天的早晨将最终数字结果通知给每个阿米巴。在收集整理数据的过程中，经营管理部门还负责检查这些各阿米巴提交的数字是不是真正按照规则计算出来的。

生产制造部门把产品交付到经营管理部门管辖的仓库里，才能真正被计入生产总额，如果每月最后一天的中午之前不能把产品存入仓库，则生产再多的产品也不能计入。因此，月末的那一天就是京瓷人的目标日。随着仓库关门时刻的到来，结果最终也将落定。但只要关门时间还没到，大家就会为了达成目标尽最大努力。一定会有人希望能延迟关闭仓库大门的时间，但容忍了一次例外，就会有第二次、第三次、第四次……原有的规则将不再被重视，成为裱起来的装饰。所以，京瓷公司有个"死规定"，即关闭仓库门的时间一到，都必须毫不迟疑地关闭。

这个月的仓门关闭了，下个月的仓门就打开了，但在执行下个月的计划前，必须要重审上个月的工作完成情况。如果计划完成结果是"黑字"（任务完成了），大家就有理由开开心心地进入下一个工作周期。如果计划完成结果是"红字"（任务没有完成），该阿米巴就必须进行总结，找出没有完成目标的原因，有几项列出几项，然后进行重点改进。未能完成预定目标的阿米巴，不仅经济收入方面会受损失，若是耽误了客户的提货时间，还要进行赔偿。可见，阿米巴的任务目标性非常重要，执行过程中来不得半点马虎。

既然完不成目标有很严重的后果，就免不了会有人想要在数据上做手脚，让自己的阿米巴或者自己的工作任务看起来已经完成了工作目标。为防止这种情况出现，经营管理部门负责检查和确认各阿米巴的营业额和费用。确保每个阿米巴的收支记录准确无误，是阿米巴经营模式的命脉。进行检查和确认工作，并不是不相信员工，而是尽可能地以制度的形式将舞弊行为的发生概率趋近为零，让那些认真努力工作的员工能够安心。

为了达到"趋近零"的效果，必须坚持三个原则（见图6–2）。一是对应核准原则：经营管理部门与财务部门一起对货物、金钱和票据进行一对一的核实，检查它们是不是货票一致。二是双向核查原则：货物移动时，票据也必须同时伴随着移动。同样，在购入物品时，也必须有购买该物品的票据同时入账。三是双人核心原则：所有收货、发货都要有两个人一起签字，付款人和开票人也要分开。

图6-2 执行"双重确认"的三个原则

（图中内容：对应核准原则、双向核查原则、双人核心原则）

这是对财务和会计工作最基本的要求，只有不打折扣地做到对应核准原则和双向核查原则，有误差或存在舞弊可能的财务处理才会从根本上消除。

NO.66——明确结算部门：实现企业经营深度活性化

获野工业株式会社创立于1957年，总部位于日本广岛县熊野町，主营业务为汽车零部件制造。1995年，获野武男成为获野工业第二代社长，他上任仅六年时企业就遭遇巨大危机。因受外部经济环境影响，马自达公司经营状况日趋恶化，为尽快度过痛苦期，公司宣布实施零部件的"全球最优调配"。此前马自达公司一直从合作工厂那里采购零部件，未来则不再指定合作工厂，只要零部件能够达到马自达公司要求的质量、价格和供货期限等条件，就可以成为马自达公司的零部件供货商。

"全球最优调配"措施的实行，冲击了一大批曾经的零部件供货商，获野工业也在其中。自成立第三年起，荻野工业就成了当时还称为东洋工业的马自达的合作工厂，主要为其生产汽车发动机、变速器中的零部件，后来干脆彻底依附于马自达。

对于近乎百分之百的依赖度，使得荻野武男在未接任之前就深深焦虑，如果企业的销售额90%都指向一家企业，那么，危机非常大。果然，危机到来了，到了必须转变经营思维，必须自救的时候了！

荻野工业在切削加工技术方面有一定的优势，旗下两家工厂的最高年销售额能稳定在40亿日元左右。由于业绩稳定，从领导者到员工对利润的意识比较淡薄，虽然销售额高，但利润率却只维持在2%左右，可以用惨不忍睹来形容了。荻野武男强烈地意识到这是不对的，虽然他在接任之初就对此开始调整，但收效甚微。正当改进效果不佳，又危机重重之时，阿米巴经营模式犹如及时雨一般，拯救了荻野工业。

企业导入阿米巴经营模式，必定先对企业的经营状况进行调研。我们已经说过，荻野工业员工的利润意识比较淡薄，且经营结算管理方面也非常粗放。那么，究竟淡薄和粗放到什么程度了呢？

荻野工业每月的利润表只反映公司整体经营状况，不能反映出具体部门的经营状况，更无法具体到个人，且只对高层公开。就是这样的利润表还是"过期"的，一般要晚两三个月才能出来，完全没有时效性可言。

荻野工业员工的工作目标，就是在规定时间内完成自己的工作内容。对于经费开支也没有明确的管理制度，不清楚到底哪个产品在赚钱、哪个产品在亏损。

物资采购管理堪称混乱。装有切削金属用刀片的盒子像小山一样堆放在车间靠墙壁的架子上，墙壁上还有一条刻度线，只要盒子量低于这条线就要采购刀片补充，至于刀片的数量，以及好的多少、坏的多少，全都不知道。

办公用品在每个员工面前都有一大堆，原材料也是这样，因为有很多，所以没有人珍惜。只是觉得统一大宗购买可以降低单价，却忽略了浪费也随之增多，由此反而使成本上升了很多。

最终总结出获野工业存在以下问题。

一是组织划分不明确。组织没有按照功能性进行划分，使得各部门的功能和职责不明确。

二是运营体制不清晰。虽有不再依赖马自达公司的意识，但却没有开拓新客户，同时也不具备相应的营销能力。

三是定价环节缺损。定价环节既不考虑以往的交易经验，也没有考虑如何实现利益最大化。

四是制造部门缺少把控。现场有提高产能、降低成本的改善活动，但没有金额上的把控，不知道改善活动为企业究竟带来了多少利润。

五是物品采购缺乏监管。没有对购买物品票据的检查机制，各种购买行为存在大量的浪费情况。

六是实绩管理严重滞后。每个月的利润表最快只能在下个月的月末才能制作出来，没有形成即时分析经营活动的体制。

七是部门经费没有精细化管理。经费的实际支出额度只在公司整体水平上有把握，各部门的经费具体执行情况没有相关的制度和体系作为标准，无从把握。

八是存货管理存在漏洞。产品入库时有核对入库单与产品实物的程序，但在发货时却没有发货凭证。

九是会议体制不健全。公司没有全体经营会议制度，现场发生的问题没有渠道向上传达。

综上所述，获野工业问题的核心在于没有明确的结算部门，因此需对公司组织体系进行变革。

阿米巴经营模式下的销售、制造、研发、管理部门的功能和职责如下。

销售部门的功能：获得订单，交付产品，回收货款。

销售部门的职责：确保订单的达成、扩大和回收；确保利润和单位时间附加价值的提高。

制造部门的功能：在实现高质量、严守交付期限的同时，生产有竞争力的产品。

制造部门的职责：供应被市场接受和信任的产品，确保利润和单位时间附加值的提高。

研发部门的功能：开发新产品、新技术，向制造部门提供支援。

研发部门的职责：利用有限的时间和经费，开发出有竞争力的新产品和新技术。

管理部门的功能：传达和渗透公司的经营理念和经营方针，制定和运行公司的管理制度。

管理部门的职责：把握公司整体经营状况，为公司稳健经营献计献策。

根据对本企业经营状况和对阿米巴经营模式的了解，荻野工业制定了全新的组织体系，并进行了实施。（见图6-3、图6-4）

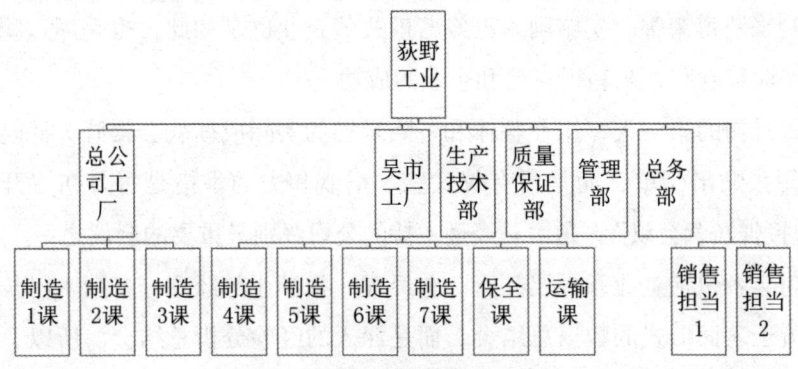

图6-3 荻野工业的原组织体系

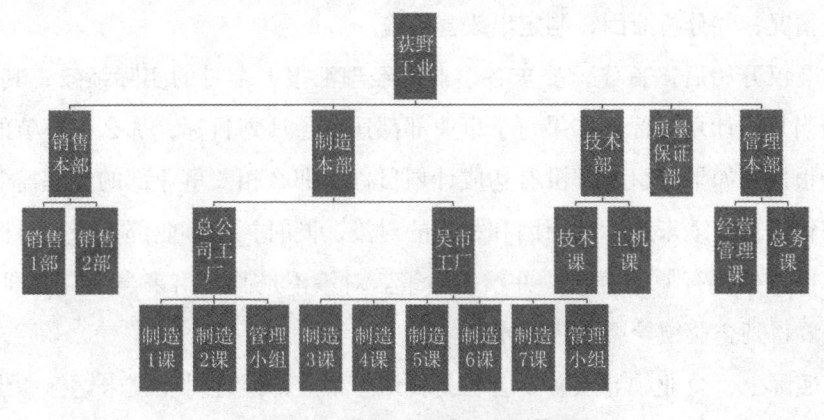

图6-4 荻野工业的新组织体系

荻野工业经过一系列改革后，将为公司获得利润的结算部门和支持能获得利润部门的非结算部门区分开来。在图6-4中，将销售本部和制造本部设定为结算部门，将其他部门设定为非结算部门。

NO.67——确定决心：通过会议统一思想

如果将企业和所属阿米巴看作一个体育俱乐部，这支队伍每年要参加12场比赛，每场比赛在月末判定胜负。那么，想一想那些为了胜利而奋勇拼搏的各类体育运动的俱乐部，它们每年都要参加很多场比赛，通过每一场的积累胜利来获得荣誉。实施阿米巴经营模式的企业也是如此，也是通过积累每个月的业绩胜利，来赢得自己和企业的成功。

每月初的第一天，企业整体和各阿米巴的实际成绩就会揭晓。揭晓不能是随便张贴出榜单，而是要有仪式感。稻盛和夫的举措是每月初召开一次"绩效报告经营会议"，是由总经理主持的公司级别最重要的会议之一。

与会者包括企业领导层高管、总经理、各事业部经理、各阿米巴长。这不是流于表面形式的数据总结会，而是深入的经验分析总结会。所以，各事业部经理和各阿米巴长要在参会前，先在各自部门或阿米巴内确认上月经营收支情况，并分析原因，制定出改善措施。

会议开始后，首先，要求各事业部经理汇报上个月的实际绩效；其次，发表当月的计划目标。如果每个事业部都达成了计划目标，那么该环节的进度会很快。如果有事业部没有达成计划目标，那么相关事业部的经理需要具体解释经营业绩未达标的原因和相应的对策，同时，该事业部下未达目标的阿米巴也要进行原因分析，并给出对策。对策不是制定出来当众宣读即可，而是要得到企业领导层的认可才行。

实际上，企业领导层并不会轻易就认可事业部经理对业绩未达标做出来的原因分析，更不会轻易地同意事业部经理给出的改善对策。只有在对策中有具体的"通过提高销售额和降低成本费用来填补目标值与实际值的差异"

的方法，才会被认为是可能有效的改善对策。在未具体实施之前，也只能是"可能"。

京瓷公司没有一般企业都可以实行的预算制度，虽然 Master Plan 里有按照项目详细制定出来的年度经费预定额，但也仅是预定，不是实际拨付。这也是阿米巴经营模式的 Master Plan 与一般企业在"预算制度"方面的区别（见图6-5）。

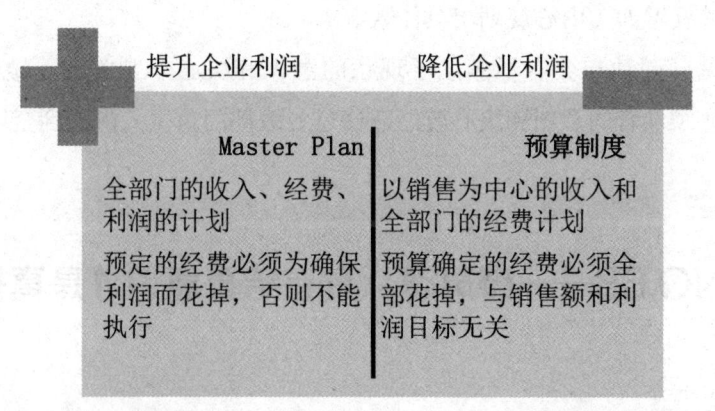

提升企业利润	降低企业利润
Master Plan	**预算制度**
全部门的收入、经费、利润的计划	以销售为中心的收入和全部门的经费计划
预定的经费必须为确保利润而花掉，否则不能执行	预算确定的经费必须全部花掉，与销售额和利润目标无关

图6-5　阿米巴经营模式的Master Plan与一般企业"预算制度"的区别

一般企业实行的预算制度都是实际拨付，但这样往往会导致在执行过程中都变成了"经费消耗目标"。因为当经费预算确定下来后，会被按照预算好的金额消费掉，也就是说，经费预算成了相关部门开销的权力。之所以一定要达到"经费消耗目标"，是因为这和企业内部的经费预算制度有关，如果这个月不能将经费全部花完，那么下个月就会被判定为"不需要这么多经费"而被削减经费，为了保住经费额度，就出现了销售额的预定目标虽然没达到，但预算目标一定要全都花完的奇怪现象。至于本该最被关心的销售额和利润目标，却被认为是"完不成也是没有办法的"事情。然而，正是这种"经费消耗目标"似的预算制度拖了企业业绩上升的后腿。

在阿米巴经营模式中，阿米巴领导者的第一目标必须是实现 Master Plan 的利润计划。因此，企业领导者让所有员工了解自己达成经营目标、实现企业伟大愿景的梦想，从而激发全体员工的士气和实现目标的紧张感。

接下来回到"绩效报告经营会议"中，企业领导层需围绕实际绩效和工作目标对各事业部经理进行提问。提问时，不能只是确认经营收支分析报告和本月执行计划是否已经准备妥当，还需要问如"你究竟怎样想的"这样的涉及自身意愿、梦想的问题。然后，通过提出如"希望你们能用这样的思考方式来考虑问题"等引导类问题，让单纯的"绩效报告"会议上升到"表决心、鼓士气"大会的高度。让出席会议的各级管理者明白，不能认为仅仅是完成目标就万事大吉，接下来还要追求更高的目标，必须将本月的单位时间附加值继续增加（内心规划出具体数额）。

可见，调动与会者不满足于现状的意识和决心非常关键。做到了这一点，企业领导者的意图和决心就能够通过各级部门负责人渗透到全体员工。

NO.68——铸灵魂：具有结算意识才是真核

如果不是日航宣布破产了，估计有很多人根本不会相信，日航这种体量的企业竟然也能破产！但当我们知道了柯达、雷曼兄弟、摩托罗拉、爱立信等企业的衰落和破产后，也就不会觉得"巨无霸"级的企业会永生了。通用电气在杰克·韦尔奇进入前，一度濒临破产；苹果公司在乔布斯二次入驻前，也是境况极差；微软在斯蒂夫·鲍尔默的带领下只剩下了Windows系统这一块遮羞布，若不是萨提亚·纳德拉的到来，微软的前景也堪忧。

那么，日航输在哪里呢？太多太多方面了，一句话涵盖就是"输了全部"。日航一直以来在人事政策、飞行线路合理化、高效率配置飞机等方面存在严重问题，但始终没有得到根本解决。在带着"重症顽疾"迈入千禧年的门槛后，先是遭受多起恐怖事件冲击，然后SARS流行，直接导致旅行需求直线下降，经营状况迅速恶化。2008年的雷曼兄弟危机爆发后，燃油费用直线上升，让日航本就脆弱的经营体制终被击垮。

在这种情况下，毫无航空业经营管理经验的稻盛和夫带着京瓷集团的两个董事来到了经营问题堆积如山的日航。当时已经申请破产的日航虽是"百足之虫，死而不僵"，但已经不能给稻盛和夫任何庇护了，他能依靠的只有根据自己的经验创造的阿米巴经营模式。两位董事分别负责两个大的方面，一位负责通过经营哲学的教育改变日航员工的思想意识，另一位负责将部门结算制度导入日航的每一个部门。

通过一系列努力，稻盛和夫拯救日航成功了，仅用了3年半的时间，日航就以成功者的姿态回归东京证券交易所。我们截取稻盛和夫入驻日航之前3年和最初3年的业绩对比（见图6-6），看一看日航的业绩变化。

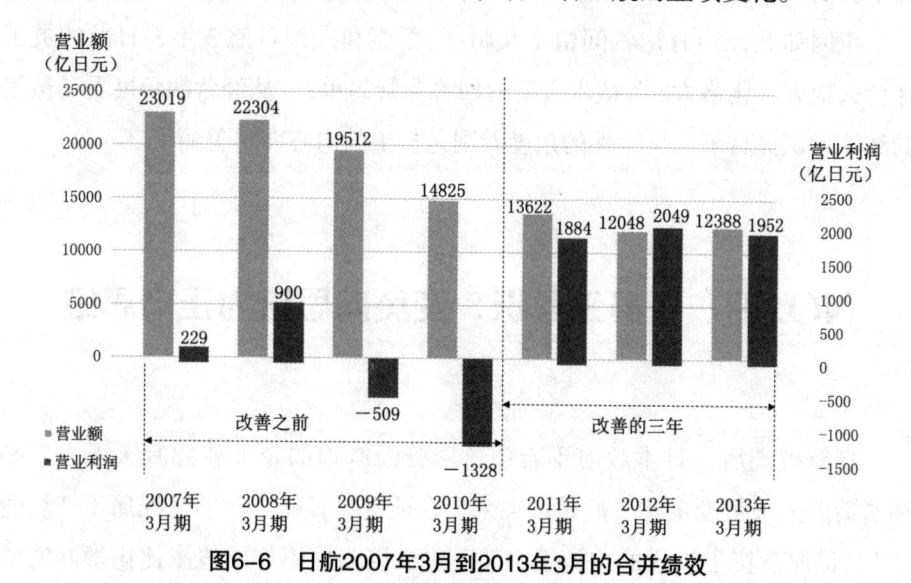

图6-6 日航2007年3月到2013年3月的合并绩效

从图6-6中可以看出，由于日航进行了酒店业务的调整，比起2007年的最高营业额，2013年3月的营业额减少了10631亿日元，但营业利润却比以前有了大幅度的提高，已经成长为一个高收益率的企业。

2013年3月的业绩，由于受日元贬值、燃油费上升，以及波音787机型停飞等因素影响，虽然出现了营业额上升而利润额减少的现象，但幅度波动不大，营业利润达到了1952亿日元。可见，改善期间的3年，日航的经营业绩是非常稳定的。

帮助日航重生的稻盛和夫于2013年3月卸任日航总指挥之职。对此，日航的植木义晴社长曾多次被媒体追问："接下来的日航会怎样发展？日航会不会回到破产之前的状态？"

对于这些追问，植木义晴非常明确地回答："日航已经不会再变成以前的样子了。"

几乎无药可救的日航，就因为来了一个总指挥，竟然能在短时间内脱胎换骨，很多人觉得不可思议，但事实就这样发生了。根源就在于有那种"意识"——稻盛和夫给大家注入的那种"意识"，即便是稍微多花一点时间，发生变化是必然的。如果负责日航重建的总指挥不是稻盛和夫，那么，日航会不会取得成功呢？也可能会成功，但成功的样子将大不一样。

正因如此，当有记者问植木义晴："稻盛和夫到日航3年，日航的员工在什么地方变化最大？"植木义晴的回答非常简单："从经营的角度看是员工的结算意识提高了，从人性的角度看则是员工的内心变得美丽了。"

NO.69——员工意识：变负向思维为正向思维

日航破产后，日本政府不希望这家曾经辉煌的企业就此寂灭下去，必须要请能人来帮助重建。但是请谁来更合适呢？日航当时的情况属于"烂透了"，谁愿意接手这样的"烫手山芋"呢？因为搞不好的概率比搞得好的概率大得多。能人都是经过多年不断取得成功博来的名望，有谁愿意冒翻船的风险来蹚浑水呢？

最终，稻盛和夫做了"接盘侠"。太多人对此表示不能理解，一身功成名就，如今患病隐退，继续享受人生不比煎熬心血更好吗？甚至是稻盛和夫身边的人也不能理解。他对即将被自己带到日航的两位董事说："我答应他们去重建日航，我能带给日航的只有迄今为止我们做过的用来改变思维方式的经营哲学和阿米巴经营模式。"

但落魄的日航不是昂扬的京瓷，如何将这两个内容实施和渗透，成了摆在稻盛和夫面前的巨大课题。

重建日航工作开始后，最初是进行"通过经营哲学改变干部和员工的思想意识"的改革。2010年4月15日，稻盛和夫召集了日航的所有执行董事和总部的各个部长在一起进行了一次讲座，稻盛和夫也在会上做了演讲，题目是"用正确纯粹且强烈的意识与不懈的努力，来确保事业的成功"。

对于稻盛和夫特别重视经营哲学这一点，最初日航的原有中高级管理者都持怀疑态度，甚至有人在背后抱怨："'精神轮'能拯救日航吗？笑话！"其实，这样的怀疑不是没有道理的，因为有很多企业都曾用过"精神激励法"，期望在短时间内拔高业绩。这一方法或许有用，或许没用，但单纯依靠精神，最终的结果表明都是没用的。而且，初听下来，稻盛和夫传递的经营哲学好像也没什么特别的，不过是从小就从父母和老师那里学过的做人最基本的道德观和伦理观。让这些企业高管听一些3岁小孩子都知道的东西，当然不容易铺开。

而且，日航集结了大量有能力又有热情的员工，但为什么会破产倒闭呢？根源就在于他们的思维方式是负值。即使再有能力，付出再多的热情，最终结果也是负值。经营哲学的目的就是将思维方式由负转正的秘籍。稻盛和夫确信，只要思维方式能够变成正值，再配合他们本来就不缺乏的能力和热情，一定会做出成绩。而如何进行思维方式转换，稻盛和夫列出了一套公式。

已知，人生和工作的结果＝思维方式（−100～＋100）×能力（0～100）×热情（0～100）。三者中最重要的是思维方式，只有思维方式的得分是正的，结果才能是正值。（见图6-7）

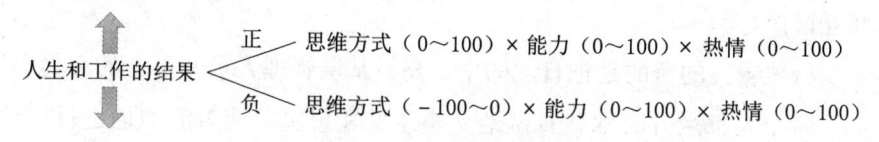

人生和工作的结果 ⇅
- 正 —— 思维方式（0～100）× 能力（0～100）× 热情（0～100）
- 负 —— 思维方式（−100～0）× 能力（0～100）× 热情（0～100）

图6-7 思维方式的正负值

作为被稻盛和夫带到日航的董事之一，森田直行经常对日航的员工说："现在日航有今天，就是你们每一个人的随心所欲造成的。每个人都认为只要自己做好自己的工作就行了，而这样做的最终结果，就是公司整体亏损，导致公司最后破产倒闭。所以现在想重建日航，你们就不能以自己为中心各自为战，而是要为我们整个公司来思考、来行动。怎样才能形成考虑整个公司经营的心理习惯呢？这就需要我们来学习教我们应当如何做人的经营哲学，因为我们的思维方式需要从根本上做出改变。你们可能觉得经营哲学里面的内容都是最基本的东西，大家都知道，但知道与实践之间其实存在着天壤之别。人都是这样，即便知道是不好的事情，有时候也会自然而然地去做。所以我们必须反复学习，争取达到在无意识的情况下也能做出正确的事情。"

NO.70——聚餐会：将员工的内心集中到一起

在重建日航之初，稻盛和夫对全体员工进行了10多次演讲。此外，只要有时间他还亲自奔赴东京的羽田机场和成田机场，到现场与员工直接对话，不断地跟他们强调"航空业在根本上还是一种服务业"的理念。

过了不到两个月，日航的高级管理层、中基层管理人员和员工竟然都开始认真学习稻盛和夫的教导。在周末，一些高管会主动集结起来组织"学习会"，共同讨论阿米巴的经营哲学和经营模式。

"学习会"按照每个月17天、一天3小时的强度举行。"学习会"之后还有"聚餐会"，每个人每次交1000日元作为参会费，一边喝着罐装啤酒，一边相互讨论。

实行聚餐会的目的是把日航的中、高、基层管理人员和员工的心集中到一起。每个人都敞开心扉，真诚地交换意见和想法，或者激烈地进行讨论。通过无话不谈的沟通，稻盛和夫的经营哲学得以逐渐渗透。

通过与经营的结合，大家意识到了经营哲学的重要性，已经不满足于只在白天进行，有时候白天发现了问题，等不及第二天讨论，就连夜展开讨论，于是夜间学习会兴起来了。这原本是在京瓷才能看到的场景。后来夜间学习会成了常态，除了讨论学习中出现的问题和心中的困惑之外，还是放松的好机会。大家围坐在榻榻米上，中、高、基层管理人员和员工进行积极热烈的讨论，既增进了相互间的进一步了解，又加深了彼此间的信任关系。

无论是"学习会"，还是"聚餐会"，都是为了让领导者与员工的心更能贴近。为了实现这一目标，作为推行阿米巴经营模式的企业的领导者有三个任务（见图6-8）必须完成。

```
让部下幸福
让部下有目标、有干劲
让部下拥有自己希望实现的梦想
```

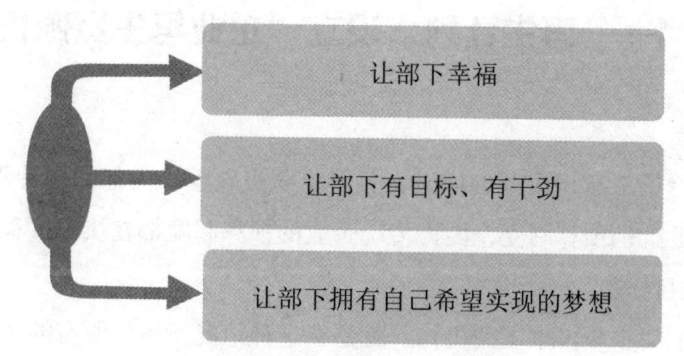

图6-8　阿米巴领导者的三个任务

一是让部下幸福。阿米巴的领导者必须与部下团结一致，努力工作，改善和提高自己阿米巴的经营业绩，努力创造利润。

二是让部下有目标、有干劲。只要有目标，并努力朝着目标奋斗，部下就能在这个过程中得到成长，大家也能感受到幸福。

三是让部下拥有自己希望实现的梦想。人生在世，如果能够拥有梦想和希望，那么，人的潜力就会变得沸腾起来。只要拥有一颗勇于追求和实现梦想的心，人的能力将不可估量。

稻盛和夫期待阿米巴的领导者能够从"管理者"转变成为"保卫集团的真正的领导"。

接任者植木义晴说："在对日航员工的意识改革逐渐推进的时候，管理者的思维方式也都发生了巨大的变化。在日航就任管理职位成为管理者，部下少则10多人，多则40多人。在以前，成为管理者，做的工作当然就是'管理'的工作，从上级那里接到指挥命令之后传达给部下，督促监督他们来完成。然而这种做法和思维方式，在我们对日航进行重建的过程中发生了改变。现在日航的管理者，既能理解经营者的想法，又能将部下紧紧地团结在一起，自己能作为领头人牵引整个组织向正确的方向前进。他们不再只是单纯的'管理者'，而是组织的守护者、组织的引领人。如果能培养出这样的领导者，那么，企业经营者将无后顾之忧。"

NO.71——再生计划：设立"企业再生资源机构"

在推行员工意识改革的同时，日航也积极调整了内部的各种管理制度。首当其冲的就是预算制度，因为传统企业的预算制度都在执行过程中变成了"经费消耗目标"。

日航的"企业再生支援机构"就是在这种情况下根据原有的预算制度制订了"再生重建计划"，稻盛和夫确信"按照再生重建计划一步一步地做下去，日航可以实现重建"。

"再生重建计划"的重心是削减经费，主要内容有以下11项。

（1）飞机机种数量减少：飞机机种数量由原来的7种减少为4种，让包括747-400、A300-600、MD-81、MD-90在内的103架飞机退役。

（2）机型合理化：更多引进效率性较高的小机型737-800，并在国际线推进战略机型787的引进。

（3）航线网合理规划：日本国内航线保持一定规模，国际航线以欧美和亚洲航线为中心，休闲航线强化檀香山航线和关岛航线。

（4）经营资源向航空运输事业集中：卖掉周边事业领域的子公司；停飞货物运输专用机，综合利用客运机的货舱。

（5）构建灵活型组织和经营管理体制：消除企业组织内部的重复组织和重复机能，设立对航线收支负责的新部门，实现航线、部门的损益责任明确化。

（6）机场成本结构改革：缩小办公场所的使用面积，缩减经费的浪费；削减仓库数量；降低租赁成本费用；积极与其他航空公司合作，共同负担业务经费。

（7）设施改革：降低企业房地产租赁租金，将使用面积重新核算。

（8）人员削减：通过提前退休、子公司卖出等措施削减企业总人数，削减幅度在企业总人数的三分之一左右。

（9）人事工资、福利制度改革：以法定或市场一般工资水平为基础，将工资水平和福利水平调整至行业必要水平，并对相关制度实行根本性改革。

（10）削减燃油税、机场税等：由于以前日航支付的国内外飞机燃油税、机场着陆费已超出平均水平10%，因此对相关企业和机构提出降低标准的要求。

（11）综合压缩各种成本：将各部门的采购部门统一到总公司内，实现采购一元化；积极研究现金以外的金融资产的燃油交易，强化风险管理。

根据规定，日航的每个本部按照年度和月度制定各自预算，同时要求财务部门做出每个月的利润表，然后根据Master Plan制定年度预算，再根据每个月的利润表做出每个月的结算表，并将这些资料指定为"集团绩效报告会"的必需资料。

"集团绩效报告会"上，各事业本部针对各自的年度计划和当月的实际绩效结果，逐条逐项地详细解释两者之间产生的差额，力求达到召开"集团绩效报告会"的目的（见图6-9）。

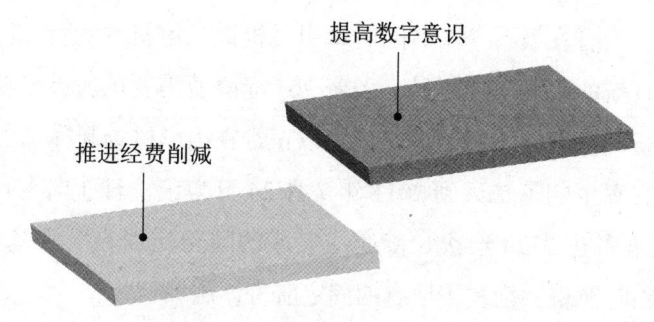

图6-9 "集团绩效报告会"的目的

会议最初还是离不开"预算"这个词，在2010年5月26日第一次召开"集团绩效报告会"时，稻盛和夫说了下面一段话："'预算'这个词不好。经费的预算一般都会被按照预定花得干干净净，而销售额和利润却很难达成。我们找别的词来换掉'预算'这个词吧。"

于是，日航内部取消了"预算"，开始使用"计划"。这并不只是用词的变更，在实际行为上也做了规定：经费虽然有开支计划，但如果经营业绩和结果不理想，经费也不能100%都用光。通过这个词的变更，日航全体员工能清楚地认识到：公司的思维方式发生变化了。

NO.72——服务单价：把握每一个"最小项目"的收支

在2011年3月发生的东日本大地震的救灾行动中，日航制定的"全力支援灾区、尽可能将资源向东北地区集中"的救灾方针得到很好的实施。以航线统括本部为中心，日航重新编制了航班体制。因为仙台机场受灾无法使用，日航将距离仙台最近的山形机场作为替补机场，增加了多批次东京—山形机场之间的临时航班。

但山形机场的规模很小，每天只能起降4架定员50人的小型航班，日航当时增加的临时航班都是大型的波音767飞机，山形机场除了跑道可以勉强应对外，没有可供波音767上下客用的台梯，没有供波音767使用的装卸货物的台车，没有在波音767着陆时牵引飞机进入停机坪的台车。面对"三无"局面，日航的现场飞速运转，波音767起降所需要的所有设备都被迅速运往山形机场，3月19日波音767就可以正常在山形机场起降了。

从大地震发生的第二天到2011年7月24日为止，日航向东日本灾区增发的临时航班多达2723架次。待通往灾区的陆路交通在7月基本恢复后，日航取消了临时航班，恢复了原有的固定航班体制。

从日航此次东日本大地震救灾过程的应对情况来看，现场详细分析了每一次临时航班的需求，并根据实际需求灵活调整了航班数量和人员配置，既保障了救灾工作的整体需要，也确保了每次航班的基本利润。日航员工将这次救灾行动的完美执行归功于阿米巴经营模式，使他们得以准确预测市场需求，制订详细运输计划，努力做到把握每一个"最小项目"的收支。

把握"最小项目"的收支，落实在日航就是把握每一个航班的收支，这是非常不易实现的。在东日本大地震救灾行动之前，日航尝试过把握每一个航班的收支情况，但只有同一机型、同一天的往返航班（如札幌—东京，东京—札幌）能被算出来，而且结果出来还需要等待两个月。

把握每一个航班的收支，分为收入和费用两个部门。收入决定于飞机票的价格和卖出多少，比较容易把握。但每一次航班的费用都会涉及飞行员费用、客舱乘务员费用、机场服务费用、整备费用、飞机折旧费用、燃料费用等。想要每架次都一一统计出来几乎不可能完成，但忽略费用就谈不上把握每一个航班的收支了。之前日航的做法是将一个月内所有航班实际发生的费用算出来，然后按照当月飞行的航线和航班来分摊。虽然这是个解决办法，但一定存在不公平。而且这种全面统计的过程需要花费很长时间，待统计工作全部做好后，数据反映的都是两三个月以前的事情了，在这段未统计的时间内可能又出现了新的问题，如此措施和手段永远跟不上问题产生的速度。

稻盛和夫的想法是，直接确定出一次航班各项费用的单位价格，就是以航线的具体情况为依据，确定飞行员费用、客舱乘务员费用、机场服务费用、整备费用、飞机折旧费用、燃料费用等每一项的具体费用数额。关于问题的具体解决办法，稻盛和夫提出了两个要求（见图6-10）。

图6-10 把握"每一个航班的收支"的费用确定要求

各种费用的单价决定之后，立即进行了能够迅速计算各航线、各航班费用的核算系统的研发。在这个核算系统的帮助下，日航在每架次航班出发后的第二天就能迅速把握此次航班的收支状况。航线负责人可以每天确认每次航班的收支情况，发现问题能够迅速做出对应策略。

NO.73——脱离本体依存：减少母公司负担

日航的关联子公司从 2012 年 8 月起，开始召开每月一次的"集团绩效报告会"，并导入了部门结算制度。

破产前，日航有超过 100 家关联子公司。破产后，经过整合和筛选，有 51 家有价值的关联子公司可以继续留在日航，但这 51 家子公司中的大部分的经营状况都是赤字。导致"赤字潮"出现的根本原因在于子公司的经营定位不正确，打着"独立"的幌子，做的却是"寄生"的事情。关联子公司的总经理没有独立经营权，全部工作内容就是传达和执行从日航总公司获得的指令任务。因此，这些关联子公司都不是真正意义上的企业，总经理只是日航下设的部门经理而已。

可以这样说，关联子公司的"寄生"是被动的。因为子公司的所有利润都会被集团母公司拿走，到关键时期还会承担帮助母公司实现减员增效的重任，子公司"自告奋勇"成为接受母公司淘汰人员的收容所。

面对这样的局面，上任伊始的稻盛和夫也感觉头疼，虽然他很清楚"砍"是唯一的有效手段，但真要下手砍掉这些对日航极具贡献价值的子公司，还是有些不忍心。但"皮之不存，毛将焉附"，如今日航都宣告破产了，没有价值的子公司也就不存在生存下去的可能了。

精减后，日航旗下的子公司是定位"支持母公司工作"，但此"支持"非彼"支持"。这里的支持不再需要子公司不顾自身生存发展去做出"输血性"的支持，最终沦为母公司的"负担"，而是在独立经营的基础上，成为辅佐母公司壮大的"同事"。

稻盛和夫说："不论规模多小，只要还是一个企业，那就要考虑永续经营，否则企业就不能保证员工的生活。因此只要是企业，就必须追求经营利润。"正因如此，日航的所有关联子公司确立了跟母公司同样的绩效报告会制度。"关联子公司只要还是一个企业，就必须实现从集团公司的经营中自立。虽然是子公司，但让自己的员工吃饱饭，这是总经理的责任。"

每家关联子公司都以"实现独立自主的经营"为目标，并在日航的外部市场逐步拓展新业务。与日航母公司之间的交易方式，由原来的"人工费+经费+利润"的工资表方式，变成以市场价格为前提的定价机制。因此，关联子公司的经营目标也由原来的"为降成本做出贡献"变成"为集团公司的合并利润做出贡献"。

在稻盛和夫大力改造日航之前，杰克·韦尔奇就对通用电气进行了一次"刮骨疗毒"。其核心理念是：通用电气旗下所有公司必须在行业内的地位是数一数二的，不达标的必须整顿、关闭或出售。

韦尔奇推动通用电气的业务领域重组，共出售了价值110亿美元的企业，包括煤矿、半导体、电视机等；买进了价值260亿美元的新企业，包括基德尔投资银行、美国无线电公司（RCA）等。业务重组的目的是对通用电气的利润来源进行洗牌。洗牌后的通用电气在各自领域除了做到"所在行业的地位数一数二"外，还要求做到：一是具有远高于一般水准的投资回报率；二是具有明显的竞争优势；三是能充分利用通用电气的杠杆优势。

杰克·韦尔奇在笃信规模经济的时代反其道而行之，稻盛和夫在置之死地而后生的时候开启了"去规模化"。

经过了变革后，原来在合并结算上总是拖日航集团公司后腿的关联子公司，除了一些在海外具有特殊职能的子公司外，在2012年都实现了盈利，实现了"为集团公司的合并利润做出贡献"的经营目标。

最后，总结稻盛和夫和杰克·韦尔奇在推行企业"减负"过程中的一些相似的做法（见图6-11）。

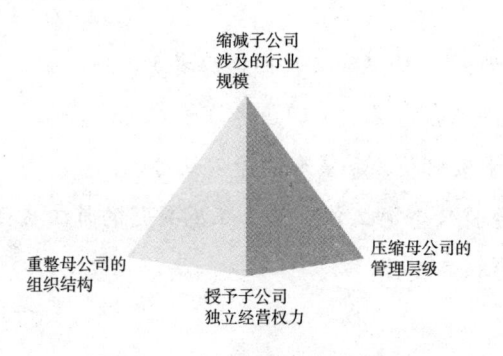

图6-11 企业"减负"的做法

NO.74——整合：共享价值观和共享目标

提到整合，人们首先想到的是整合资源，通常包括实物资源、客户资源、人脉资源、人力资源、现金资源等。很少有企业会将激情、价值观、目标也纳入整合范围内，但在阿米巴经营模式下，能够整合的绝不只是常规资源，激情、价值观、目标这些非常规的也要进行整合，从根本上实现经营最大化。

在《企业再造》一书中有这样一段描述。

领导者的工作不是让员工去执行自己的决策，而是调动员工主动去做的意愿。只有自己真正想去做的时候，产生的力量才是无穷的。稻盛会长深知这一点。

在开发新产品的时候，他曾召集所有事业部长问道："接下来我想开发点新产品，我们采取这样的措施，就会产生那样的效果，我感觉将来肯定能成为一项大事业，你们觉得呢？有人感兴趣吗？"

刚开始大家都很茫然，心想，"又来了。"

稻盛会长看了大家的反应，察觉火候还不够，不过他会反复征求大家的意见，直到最后有人开始慢慢觉得"这个主意确实挺有意思。"（有人回应稻盛和夫）

"你真这么想吗？"（稻盛和夫反问回应者）

"是的，我觉得很有意思。"（回应者给予肯定反馈）

"那就由你负责做吧。"（稻盛和夫予以认可）

总之，稻盛会长只会把工作交给真正感兴趣的员工去做。他深知，只有真正想做的人才能取得成功。

稻盛和夫向大家咨询，目的并不是一定要听到什么建议，而是要让大家了解他的想法和目标，感受他渴望继续前进的激情。企业发展仅靠企业领导者的意志是不够的，必须要让意志"传染"到企业的每个角落的每个人。在这个过程中，企业领导者是"传染源"，沟通就是"传染途径"，其他人是"传染对象"。当企业内部都具有了想要做好一件事的渴望时，就会激发出取得成功的动力。

在 KDDI 还叫 DDI 的时候，"弱"和"小"是仅有的标志，这种状态下的企业首先要考虑的是如何生存。稻盛和夫也在那时思考生存问题，但他的思考很具深度和广度，没有局限于当时正在生产或能够生产的产品或服务上面，而是着眼于一个让人望而生畏的领域——手机。当稻盛和夫提出要进军手机领域时，遭到了 DDI 董事会的一致反对。董事会给出的理由很充分："NTT 是霸主，他们做了，结果是赤字。美国有一众强企，曾集团式加入手机领域，但没有一家盈利。那些大象都没做成的事，我们 DDI 就是蚂蚁，此时投身手机领域极其危险。"

面对董事会给出的"不要染指为好"的结论，稻盛和夫没有放弃。他在 DDI 企业内部会议上说："我们一定会成功的。未来社会将步入无线网络时代，使用电话线的固定电话最终将被淘汰，早晚有一天我们会迎来一个可以随时随地、边走边讲电话的无线新时代。"

终于有一位董事会成员被说服，有些犹豫地回应："我也这么认为。"

稻盛和夫继续追问："那其他人呢？"

大家依旧不说话。稻盛和夫对那名回应者说："好吧，我们两个来做吧！"

DDI 就是在这种近乎"众叛亲离"的情况下开始了手机通信事业，后面的事情就不说了。稻盛和夫是有很强烈的成就事业的激情的，最难能可贵的是，他没有一个人独享这份激情，而是将这份激情化作价值观和目标，然后传递给了所有的员工。

1. 共享价值观

在企业经营中，自下而上和自上而下哪个更重要呢？这是一个剪不断理还乱的问题，但更好的选项一定是两种状态的结合。这就要求企业领导者和生产现场的员工必须有共同的价值观，保证无论是自下而上还是自上而下时，都能准确执行依据企业经营战略制订的计划。

京瓷公司通过价值观共享实现了企业领导者和基层员工在行动方向上的一致性。因为企业具有独特性，因而各企业的价值观也不尽相同（没有价值观完全相同的两家企业）。但是，无论是怎样的价值观，最重要的是一定要将该价值观打造成全体员工共同的价值观。

2. 共享目标

阿米巴经营模式把决策权下放给最基层组织，甚至是现场员工，就会面临失去对现场控制力的危险。因此，必须采取一些具体措施来防止失控，"单位时间核算"这一指标就成了连接企业领导者和基层员工之间的纽带。通过"单位时间核算"，使得企业领导者和基层员工之间，不仅有了共同的价值观，还有了共同的目标。

"单位时间核算"的作用是自下而上和自上而下相互关联（见图6-12），企业领导者可以随时指导现场工作，现场员工也能更好地把企业领导者的想法转化为自己的实际行动。

企业领导者对基层员工的工作做出判断
企业领导者可以随时指导基层员工的现场工作

基层员工清楚自己的工作受到企业领导者的直接关注
基层员工主动将企业领导者的想法转化为自己的实际行动

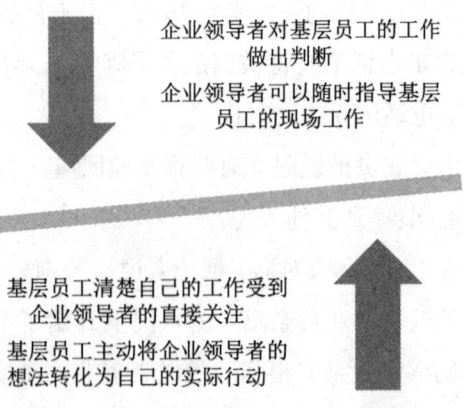

图6-12　自下而上和自上而下相互关联

第七章 业绩评价

NO.75——核算贡献：小集体部门核算制度

阿米巴经营模式把企业划分成一个一个独立核算的小组织，让企业"一把手"的"分身"——各阿米巴领导者负责经营这些小集体。每个阿米巴在每月，甚至每天都要核算盈亏，每天工作的结果都要用数字或者是金额表示出来。因此，阿米巴经营模式又被称为"小集体部门核算制度"，每个阿米巴的盈利状况清晰可见。

业绩竞争离不开市场整体走势的影响，衡量各阿米巴的成绩也不能单凭数据作为唯一判断标准，还要考察具体的运营情况。有的阿米巴一直在市场成熟的地域开拓，取得好成绩是必然的；有的阿米巴在着力开拓新市场，暂时成绩不佳也无可指摘。但数据依然有着明显的作用，明晃晃地摆在那里必然会激发员工不服输的精神。因此，企业内部各阿米巴之间既是交易和合作关系，也是竞争关系。

国分工厂的机构零部件事业部的制造部门分为一课和二课，虽然两课制造的产品类别不同，所开发的市场地域不同，所面对的客户群体不同，但都非常在意对方的单位时间核算数值，互相把对方看作是自己的竞争对手。

单位时间核算制度的顺利实施，需要员工具有极强的核算意识。为提高员工的核算意识，采用阿米巴经营模式的企业同时也会采取多种方式，如在职场中随处张贴各种表示核算的图标，国分工厂内的员工食堂都贴满了各课的业绩表。只是张贴还不够，还要宣读出来。国分工厂的员工每天要出席3个不同的晨会——所属课的晨会、各系的晨会、各班组的晨会，所有晨会都要宣读单位时间核算数值以及当天的活动计划。一位负责人说："反复强调同一件事情有利于员工理解当天的工作内容。"参与晨会宣读的人员身份不限于正式员工，临时员工也要参与进来，以便充分掌握各自所在阿米巴的单位时间核算制度。

在三维立体的构造模式下，国分工厂的所有员工都知道如何计算单位时间核算，国分工厂半导体零部件第二事业部第一制造课负责人肝付弘幸的下属、某系负责人中村健次先生说："如果员工只知道检测或组装，而不会看《单位时间核算表》上面的数字，那在晨会上宣读也没用。因此，我们要进行更高水平的教育，要把整套计算方法教给员工。"

通俗地说就是训练员工对数字的敏感度，肝付弘幸介绍说："易耗品的采购订单都由使用者本人下单。哪怕是一个不起眼的橡皮指套，员工也很清楚每一个多少钱，生产多少产品会消耗一个，使用者本人能深刻体会浪费对核算造成的影响。"

大多数企业都只有会计部门的人会计算成本，在这种大背景下，如果一家企业的所有员工都会计算成本将会成为巨大的企业财富（见图7-1）。这种财富是制定多少规章制度和承诺多少奖励都换不来的，员工懂得如何提高单位时间核算，并且清楚自己达到单位时间核算的目标后会得到的经济收益。

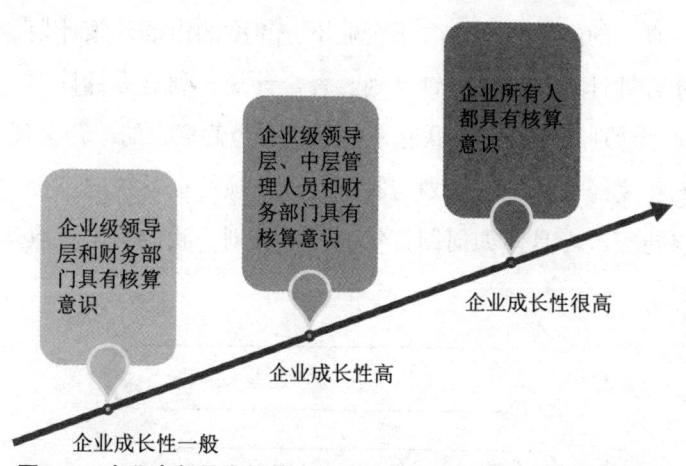

图7-1　企业内部具有核算意识的人的比例与企业成长性的关系

阿米巴的核算方式可以凝聚所有员工的力量，将每个员工的工作积极性都调动起来，让每个员工都从更加广阔的视角和更加理性的角度去综合考虑问题。由此可见，单位时间核算制度有利于企业内部形成积极向上的竞争意识，阿米巴经营模式正是通过营造这种竞争机制来不断改善经营体制。

NO.76——年度经营计划：体现未来一年的经营意志

年度经营计划是企业对上年度经营情况的系统总结，也是企业在下一年度的经营起点，更是年度改善经营的最好切入口。推行阿米巴经营的企业，必然会制订出各年的年度经营计划，因为这是下一年度企业继续实践阿米巴经营模式的开端。

对于制订年度经营计划的重要性，几乎所有企业领导者都知道，但年度经营计划到底是什么，有很多企业却搞不明白。有些企业将年度经营计划当作目标销售计划，有的企业将年度经营计划看成下一年的企业利益，有的企业将年度经营计划当作企业领导者的个人计划……

其实，真正的经营计划包含了企业下一年度的市场政策计划、体制建设计划、人才方针计划、技术方针计划、资金计划、利益方针计划、财务方针计划等，每个计划环节相互关联起来，是企业经营意志的综合呈现。

有效的年度经营计划的策划与制订，是一项特别系统的工程，需要企业内部共同参与完成。具体如何制订年度经营计划，我们给出三点建议（见图7-2）。

- 以"协商"为基础
- 掌握具体信息再定目标
- 年度计划为主，月度计划为辅

图7-2 年度经营计划制订的三点建议

1. 年度经营计划的制订要以"协商"为基础

制订企业年度经营计划时要允许"讨价还价",协商完毕后以事业部为单位统计出各阿米巴的年度经营计划数据。如果某阿米巴经营年度计划的数据没有达到企业年度经营计划的预期目标,企业领导者要和该阿米巴领导者进行沟通,找出可能的困难和不足,允许该阿米巴做出调整,企业在必要时也应做出适当的让步。

在年度经营计划的执行阶段,一定要具备"不管面对什么困难,都必须绝对完成目标"的坚强意志。这种意志就是"要怀有能够渗透到潜意识中的强烈而持久的愿望",企业领导者首先要具备燃烧般的强烈愿望和使命感。只要一直思考经营目标的达成,愿望就会逐渐渗透到潜意识中,成为完成年度经营计划的动力。

2. 年度经营计划必须掌握具体信息再定目标

按月进行核算管理的月度核算管理周期,在月初就要开始对市场动向、订单情况、生产计划等做出详尽的研究,之后再让每个阿米巴拟订计划。

这个月度计划是用数字将每个阿米巴在本月所开展的活动意愿展示出来。注意,是"活动意愿",而不是"活动",所以并不是简单地计算出当下某月的预计销售额或者产值,而要确定自己希望完成的目标。

在拟订计划时,重要的是必须掌握上个月的业绩,必须反思哪些地方出现了问题。在反省的基础上,将本月必须要采取的对策都收录到当月的计划内。

3. 年度经营计划必须是年度计划为主,月度计划为辅

制订年度经营计划,会经历从上到下、又从下到上的互动过程。阿米巴经营核算管理的周期通常以月度为单位,就是每个月根据《单位时间核算表》进行管理。凡是计划都会涉及进度,阿米巴经营核算管理要求对计划进行精确的进度管理。其实,这种月度计划的基础就是一种可控的年度计划的分解体。

年度经营计划一经制订出来,就能够体现出企业整体"希望在这一年里开展何种经营"的意志,且用具体的数据设定具体的目标,明确销售额、生

产总值、结算销售额、单位时间等经营目标。

每个阿米巴都要围绕一个年度经营计划的总目标，设计每个月都要执行的月度计划。阿米巴领导者要根据企业总方针充分考虑"自己所负责的阿米巴必须要起到何种作用，必须要完成哪些工作，必须要实现多少增长"，明确任务性质和目标后，再制订本阿米巴的年度经营计划。

NO.77——组织业绩评价原则：进步性、贡献度、公平性

阿米巴组织业绩评价是以企业领导者与员工之间管理沟通为目的的一种考评形式，得出的结果能够影响员工的切身利益，如薪酬调整、奖金发放和职务升迁。因此，在进行阿米巴组织业绩评价时，必须遵守相关原则（见表7-1）。

表7-1　阿米巴组织业绩评价原则

原则	意义	标准&方法
进步性	与自己比	与去年比、与上个月比、与昨天比，要求每天都有进步
贡献度	与他人比	对企业整体贡献度的占比
公平性	投入与产出比	单位时间、单位人工费、单位资产投入回报

1. 进步性

阿米巴组织业绩评价的考核内容要与企业文化、经营模式和管理理念相一致。考评内容的核心是对员工工作的行为、态度和业绩等方面的要求和目标。因此，可以将阿米巴组织业绩评价看作员工行为的基本导向。考评内容必须能够反映员工对企业组织文化的认知度、经营模式的掌握度和管理理念的认可度，所以考评内容必须是明确的和具体的，如企业鼓励什么、反对什么、实施什么，通过组织业绩评价给员工以正确引导。

2. 贡献度

阿米巴组织业绩评价主要是对员工或阿米巴对企业的贡献进行评估。通过定性、定量的对比分析，客观、公正、准确地评判员工或阿米巴对企业某一时期内的经济效益和经营业绩的贡献。再通过系统的方法评定和测量员工或阿米巴在职务上或任务上的工作行为、工作态度和工作成果。

3. 公平性

对于阿米巴组织业绩评价的开展应科学、客观、公平地进行。考评应有明确标准，以减少考评者的主观性和感情色彩。评估内容要通过具体的、可量化的指标来反映，指标的设计过程同样要避免主观因素。评估指标有定性指标和定量指标两种，考评者对于定性指标要尽可能量化，多运用数量考评方法。

阿米巴业绩评价可以达到支持战略、配置资源、监督经营、评价员工等综合性目的，对于保障阿米巴经营的顺利实施很有作用。下面进行逐一解读。

支持战略。企业整体有统化性战略，各事业部也有分化性战略，每个阿米巴都有各自的战略。阿米巴战略的制定依据各自的任务内容，而不同的战略又确定了不同的决策范围。阿米巴领导者必须在既定战略之内进行决策，但需要用业绩评价结果来预先确定三个问题：一是该战略是否适合本阿米巴的成长；二是该战略是否有助于本次机会的运用；三是该战略是否能激发员工高效率地完成工作。

配置资源。业绩指标犹如一个信号，向企业各级管理人员传达了一类信息，如管理人员认为哪些环节是重要的，哪些环节值得注意等。管理人员可用业绩指标指引员工，员工也能从指引中明白管理人员的想法，如此就形成了各级管理人员、员工和其他利益相关者之间的目标一致性，才能实现资源的最有效配置和利用。

监督经营。每个阿米巴因为经营内容和经营性质不同，都有不同的业务流程。业绩指标能够准确反映出哪个阿米巴的业务流程不好，该阿米巴也能清楚自己哪里出了问题，需要及时改进。所以，在日常经营中，一定要经常进行业绩评价，用业绩指标来进行经营监督。

评价员工。业绩指标结果发生的那一刻，所有的评价计量就是过去式了,但过去了并不代表可以轻易翻篇。通过对评价结果的分析,员工可以对自己过去的工作行为有综合性的认识,企业也可以依此对员工进行经济奖惩或职位升降。

NO.78——组织业绩评价模型:主基二元法考核模型

东海龙宫里,乌龟丞相的年纪大了,必须要找个接班人,螃蟹大螯和墨鱼多盘是最有希望的,乌龟丞相对它们两个进行评价。

螃蟹大螯:品行优良,工作努力,任劳任怨,有功劳不贪功,有委屈不抱怨。做事方式比较死板,不懂变通,虽然勤勤恳恳,但工作效率不高。如今当个助手蛮合格的,若是担任丞相一职,面对龙宫里纷繁复杂的各项事务,大螯能胜任吗?

墨鱼多盘:头脑灵活,机敏聪慧,交代的事情都能办得很漂亮。做事有些浮夸,喜欢钻营、逢迎,虽然工作效率很高,但总是"头重脚轻根底浅"。现在不是掌权执位,看不出会有多大弊端,如果成为丞相,那在德行方面值得信赖吗?

乌龟丞相遇到的问题和企业领导者一样,在评价下属时到底按照怎样的标准为宜?如果按照工作能力评价,墨鱼多盘将胜出;如果按照工作态度评价,螃蟹大螯将胜出。但无论依据哪个标准,都是不客观的,对两者都不够公平,都是"以己之短,比彼之长"。那么,按照目标的完成情况评价呢?螃蟹大螯和墨鱼多盘都会被淘汰,前者目标完成进度不好,后者目标完成质量不好。

公正地评价企业内部所有人的绩效,绝非易事。要想办法找出每名员工的优点和不足,并且帮助他们提高工作效率。那么,怎样进行业绩评价才能"安得双全"呢?

某创始公司的员工流动率非常高,但创始人却说:"我的员工是什么样的人，心里在想些什么，我都清楚；每名员工干得怎样，我也有数。"当现实与自己认为的有很大差距时，一定是自己的认知出现了问题，员工流动率高说明企业的经营出现了严重问题，因为所有问题的根本都离不开人的因素。笔者问这位创始人："你如果真的了解员工，那么，你知道他们为什么会离职吗？"这个问题笔者没能得到答案。

很多企业领导者都明白对业绩进行考评的重要性，于是一些方法被顺势引入，比如"强制分布法""职务状况考核法"等，但这些方法不是让员工间的关系变得紧张，就是让业绩考评变成一门烦琐的专业学科。

对于企业来说，业绩考评很重要，但做好业绩考评又很不容易，因此首先要知道什么是真正有效的业绩考评。

一是对岗位的"显性"绩效。这里的"显性"是明显的意思，是指在一段时间内，企业对员工都只有"一个要求"：把某件事做好！这就是"显性"绩效。

二是其他方面"过得去"就行。这里的"过得去"包含了对于各类要求的特定范围的绩效标准。

基于上述两点，可以把业绩考评设计成两部分：主要绩效和基础绩效。由此设计出"主基二元法考核模型"（见图 7-3）。

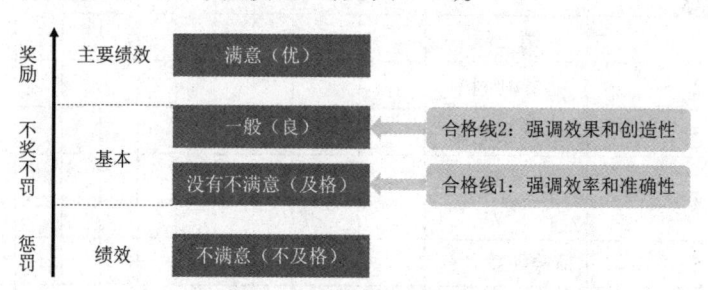

图7-3 主基二元法考核模型

主要绩效是绩效表现的重要组成部分，做得越好，绩效得分就越高。重点用来评估员工、阿米巴的管理效果和创造价值增值的能力，是判别优秀员工的重要依据。因此，个人、阿米巴、事业部甚至企业，都要不断提高主要绩效。

基础绩效是在一个范围内表现出的成果，如果离开了这个范围，可能会加分，也可能会减分。主要强调阿米巴成员对阿米巴目标执行的准确程度和效率高低，是员工绩效奖金发放的重要参考。

"主要绩效"和"基础绩效"二者之间相互促进,又相互独立。"基础绩效"对"主要绩效"具有正相关的影响:基础绩效好,整体绩效就有所补充;基础绩效不好,整体绩效也不会好。

NO.79——组织业绩考评表:八步填写,完成综评

阿米巴的《组织业绩考评表》能够清晰反映出业绩考评的全部情况,填写该表分为8个步骤,最后进行定性评价。下面以某公司销售部的《组织业绩考评表》(见表7-2)为模板进行分步阐述。

表7-2 某公司销售部的《组织业绩考评表》

序号	评价项目	指标定义	评价目的	考核周期	目标 当期	目标 累计	实绩 当期	实绩 累计	目标达成度(%) 当期	目标达成度(%) 累计	难易度	方针遵守度	评价值
1	销售额												
2	边界利润率												
3	经营利润额												
4	人×月劳动生产力												
5	应收账款利息												

考核期间: ___年___月始 ___年___月止	考评人日期:	特殊环境要因±分值:	总评分:
	被考评人日期:	原因简述:	综评:

第一步:确定考核指标。

指标数量:通常为3~7个,组织越小、业务越简单,指标数量越少,反之则越多。但大企业也应尽量控制指标数量,因为数量过多会引发重复考

核或考核程序烦琐。

主表来源：企业经营目标或阿米巴经营目标。其中，销售额、边界利润率、经营利润额3个是必选项。

第二步：完成指标定义与评价目的。

指标定义：参考"会计七原则"进行定义，参见本书第四章NO.41节。但也不是固定不变的，企业可根据实际情况自行定义。

评价目标：即选取该指标的意义，必须能反映经营工作的具体问题。表7-1的评价目的见表7-3。

表7-3 某公司销售部《组织业绩考评表》列出的评价目的

评价项目	评价目的
销售额	评价市场成长性
边界利润率	评价商品力、市场较差竞争力
经营利润额	评价对企业的整体贡献度
人×月劳动生产力	评价人员效率
应收账款利息	评价应收账款效率

第三步：明确考评周期。

对于考评周期的设定，各企业可以相对灵活一些，但最低要求是以月为单位。若是刚导入阿米巴经营模式的企业，可以尝试以月为单位。

第四步：填写目标与实际数据。

目标：按照预算或目标规划中的数字填写。

实绩：按照目标的实际完成情况填写。

当期：统计与考核周期相一致的数据。

第五步：计算目标达成度。

目标达成度就是实际完成与目标设定之间的比率，可以通过两个公式进行计算：

当期目标达成度 = 当期实际 ÷ 当期目标 ×100%

累计目标达成度 = 累计实际 ÷ 累计目标 ×100%

第六步：根据难易度进行单项评分。

难易度是实现当期目标达成度的困难度，可以从市场成熟度、市场容量、市场竞争情况、企业投入资源、客户分布情况等多个角度进行比较。

分级：各企业自行划分等级，但不易过多或过少，通常为S（优）、A（良）、B（中）、C（可）、D（差）5个级别。

确级：各企业根据实际情况确立等级。某公司的确级为：完成目标的100%及以上为S（优），完成目标的90%～100%（不含）为A（良），完成目标的75%～90%（不含）为B（中）；完成目标的60%～75%（不含）为C（可）；完成目标在60%以下为D（差）。

调级：因为每个级别对应的分数是不变的，所以，企业可以根据实际情况来调整达成率的区间。

第七步：方针遵守度。

方针遵守度是指某项目标的完成对阿米巴同期整体目标完成的贡献度，可以理解为某项指标所占的权重。

选择：根据企业战略和事业阶段进行选择。一般可以分为3类：成长重视型：销售额、市场份额等成长指标权重高于利润指标；利润重视型：边界利润率、经营利润额等利润指标权重高于成长指标；均衡重视型：成长指标之和与利润指标相对接近。

设置：各指标相加之和为100%，权重的具体数值可进行微调。

第八步：完成总评分。

完成单项评分：单项得分＝评级×方针遵守度。对照评分表，对单项进行打分。某公司各单项得分情况：S（优）得100分，A（良）得90分，B（中）得80分，C（可）得65分，D（差）得40分。

总得分＝各单项指标得分相加之和。

经过上述8个步骤之后即完成综评，就是对阿米巴在一定期限内经营状况的整体评价和综合评判。

NO.80——组织业绩评价：企业绩效分析和评价系统

如果将年度计划比作拉动阿米巴经营的牵引力，那么，业绩评价系统就是其中非常强劲的助推器。业绩评价是体现企业经营成果最直接的一种制度，和企业发展密切相关，也和员工利益密切相关。因此，企业需要以阿米巴经营的哲学理念去指导业绩考评系统的建立，核心是阿米巴经营的目的——"人才培养"和"循环改善"。

企业制订了年度、月度经营计划后，每个阿米巴就拥有了明确的自主经营目标。再经过自上而下和自下而上的反复沟通，会得到一个整体认同的企业绩效分析和评价系统，以此为基础构建起基于企业整体绩效和员工个人绩效的考核方案，阿米巴的所有经营行为都将促使组织绩效的有效改善。

阿米巴领导者、员工和企业，都被共同的利益牵引，成为"目标共同体＋利益共同体"，激发员工的经营意识和主动性。

某食品加工企业在绩效考核中发现了两大问题：一是乳化液重量总是不达标，导致斩拌出品率远低于设计标准；二是灌肠工序环节因操作不够熟练，造成肉料损耗过大。

为了稳定斩拌乳化的质量，提高斩拌出品率，该企业将乳化液配置和斩拌工序组建成一个阿米巴，让品控部加强对乳化液的抽检考核。同时，将有关责任落实在新成立的阿米巴上，按照考核绩效进行细化到人的奖罚。

为了提高灌肠工序的操作熟练度，将该工序按照工作流程划分为3个小阿米巴，每个阿米巴负责一道工序，哪道工序出了问题就问责哪个阿米巴，再由阿米巴长问责具体责任人。

经过内部的改革调整，该企业员工的工作积极性和责任心都得到了极大提升，多劳多得和少劳少得再加上责任到人的政策，让每个人都愿意为降低成本主动想办法。

由此可见，导入阿米巴业绩评价模式，可以从根本上帮助企业解决很多经营中的实际问题，可以使企业尽快驶入发展的快车道。

如今，阿米巴业绩评价体系在实施过程方面并没有形成统一的标准。要想设计出一个全面的、有效的阿米巴业绩评价体系，必须遵守以下几项条件（见图7-4）。

图7-4 阿米巴业绩评价体系实施需遵守的条件

战略一致。即业绩评价与企业的战略目标、企业文化、经营环境相融程度上保持一致。绩效评价是经过对员工和部门绩效的衡量，以达到提高组织整体绩效为目的的。所以，业绩评价和组织发展的战略应当保持一致。不一样的组织或者是完全相同的组织，在不一样的发展阶段，战略目标也不一样，所以在进行业绩评价时一定要明确企业的整体目标和发展计划。

明确标准。在业绩评价体系和相关的评价指标中，应该更加清晰地为员工提供一个工作方向，评价标准统一，评价方法科学，让员工明确知道企业领导层对其抱有的期待。在实施业绩评价时，要明确评价标准，可以选择一种系统合理的评价方式，也可以借助相应工具对组织绩效进行准确评价。

科学有据。在业绩评价中的体现主要有：企业业绩评价指标设计的完备性、评价流程的规范性、评价标准的准确性、评价方法的可行性、数字处理方式的严密性和逻辑性。在评价指标上，一定要尽可能地选择最能直接反映企业经营绩效的客观数据，对于定性指标的描述也要清晰，要让事实用科学的方式反映出来，为企业做出合理的决策提供依据。

综合系统。在分析评价对象时，要从系统、环境、客观条件等方面进行全方位的把握。业绩评价体系注重对企业综合绩效的考核，评价指标必须是多层次、多因素的，要求能够形成完整的系统。

及时反馈。企业的业绩评价体系要随着企业内外部环境的变化而变化，因此十分有必要制定相应的反馈系统。只有让业绩评价体系中的评价指标、相关权重、评价方法得到正确调整，绩效评价体系才能不断更新，才能适应企业的发展需要。

需要说明的是，业绩评价只是一种手段，不是目的，通过评价找出自身所存在的问题和不足，然后加以改正，才是业绩评价的关键！

NO.81——个人业绩评价：员工对企业的贡献度和进步度

阿米巴业绩评价体系并非一次即可成型，需要根据企业经营的实际情况进行多次的完善和修订，才能更加符合企业的经营要求。在相对完备的阿米巴业绩评价体系中，要求考核对象会更加精细，进一步缩小核算单元。比如，将阿米巴领导者当作成本管理的助推器，让成本管理思维渗入每名员工的潜意识和行为中；再如，为生产过程中的投入产出情况建立一套量化指标考核，根据各工序的投入产出品率和各类物耗，对生产过程进行绩效考核，让各阿米巴的投入产出比达到最大化，从而开拓出具备各自特色的阿米巴经营模式。

稻盛和夫认为："那些业绩出色的阿米巴既不会在公司内趾高气扬，也不可能获得高额奖励，只会获得伙伴的赞誉、感谢等精神上的荣誉。"听过这番话后，很多人都误以为阿米巴经营模式不重视物质激励。其实，该模式并非不重视物质激励，而是因为它具备独特的核算形式和业绩评价系统（见图7-5）。

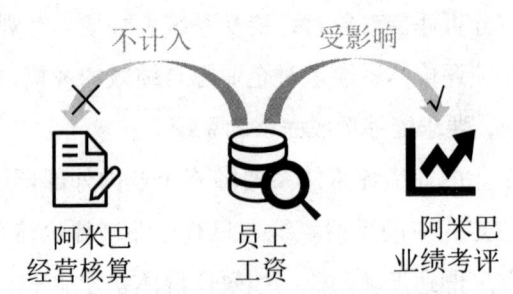

图7-5 阿米巴经营模式下的核算形式和业绩评价系统

阿米巴的核算、经费支出，并不包括阿米巴成员的工资。京瓷公司的劳务费金额是根据公司的招聘方针及人事、总务的相关方针而决定的。也就是说，劳务费要按照劳动力市场价格和企业需求来确定，如此才能防止阿米巴领导者为了提高"单位时间附加值"而克扣员工薪金。

阿米巴的业绩评价并非和其成员的收入没有关系。稻盛和夫说："日本是一个同质的民族，在他们的意识中具有强烈的中庸意识，所以人们对差距很大的报酬和待遇心生抵触。"可是，"他们也不会将所有员工一视同仁"，继而陷入"恶性的平等"。

稻盛和夫知道物质刺激的有效性，虽需慎重实施，但非常慷慨。曾经，稻盛和夫要求："瞄准月销售10亿日元。如果这个目标成功实现，全员去香港旅游；如果未能实现，全员都去寺庙修行！"结果，所有人包机去了香港。20世纪70年代爆发了石油危机，稻盛和夫说服工会冻结加薪，经过一年半的煎熬，京瓷恢复了生机，稻盛和夫在工会要求在"夏季奖"的基础上额外增加了一个月奖金。

即使阿米巴的业绩考评体系已然十分先进，但如果运用失当，仍然会是一把致命的双刃剑。所以，企业在打算引进阿米巴经营模式之前和已经引入阿米巴经营模式之后，都必须重视员工的绩效评价。通常，阿米巴业绩评价会依据当前的市场环境和项目的难易度系数，以及输出的人力资源等方面做出分析，深入贯彻进步性、贡献度、公平性三大原则。

同时，在阿米巴经营业绩评价体系中，通过经营会计报表能够让每名员工从经营的数据中看到自己对企业的贡献度，看到自己在哪些方面正在进步，有助于对自己做出客观公平的评价。

NO.82——个人业绩评价步骤：先组织后个人

阿米巴业绩评价的考评结果的最大作用是，让各阿米巴经营单位了解自己的经营状况，找出改善问题的最佳方法，全面提高经营业绩。因此，阿米巴个人业绩评价的目的有两个：作为业绩改善的工具和作为发现人才的途径。

阿米巴个人业绩评价是基于组织业绩评价的基础上而存在的，如果脱离了组织业绩评价而直接进入个人业绩评价，将会把阿米巴强调集体力量的团结氛围，变成强调个人英雄行为的成果主义。

因此，阿米巴个人业绩评价的正确实施流程是：先进行组织业绩评价，再进行个人业绩评价（评价的是组织中的人）。

阿米巴个人业绩评价和学生时代公布考试成绩的情况类似，都是正态分布的。

正态分布也称"常态分布"，最早由法国数学家亚伯拉罕·棣莫弗在求二项分布的渐近公式中得到。这是一个在数学、物理及工程等领域都非常重要的概率分布，在统计学的许多方面有着重大的影响力。正态曲线两头低、中间高、左右对称，因其曲线呈钟形，因此又被称为"钟形曲线"。

考试成绩的分布规律是，中等成绩占最多数，其余成绩以中等成绩为中轴，分别向两边逐次降低，这就是正态分布的现实反映。人们总结出正态分布的三个特性。

一是集中性：成绩分布的高峰位于中央。

二是对称性：成绩分布的曲线以平均成绩为中轴，左右对称。

三是均匀变动性：由平均成绩所在处开始，分别向左右两侧均匀下降。

阿米巴个人业绩评价的结果分布也一定是呈现出正态分布的（见图7-6）。

同一组织内部，优秀者和不合格者占比很少，大部分都是达不到优秀的中间合格者。在不考虑组织规模的情况下，不同组织之间相比较，优秀的组织内优秀的人相对多些，不合格的人相对少一些（但一定会有）；较差的组织内不合格的人相对多些，优秀的人相对少些（也一定会有）。

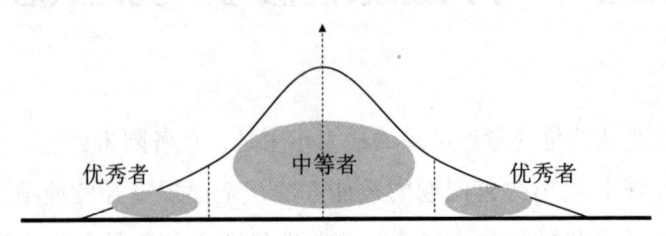

图7-6　阿米巴个人业绩评价结果的正态分布

我们已经知道，个人业绩评价体系必须建立在组织业绩评价体系之上，也就是先完成组织业绩评价，再实施个人业绩评价。那么，个人业绩评价应该如何实施呢？可以通过个人业绩评价矩阵表（见图7-7）来实施。矩阵表中的横轴是组织业绩评价，纵轴是个人业绩评价，与组织优秀程度相对应的是个人业绩评价的正态分布。

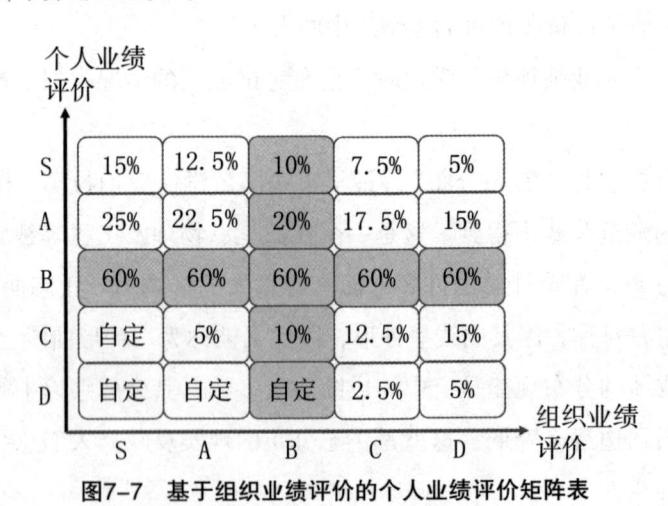

个人业绩评价	S	A	B	C	D
S	15%	12.5%	10%	7.5%	5%
A	25%	22.5%	20%	17.5%	15%
B	60%	60%	60%	60%	60%
C	自定	5%	10%	12.5%	15%
D	自定	自定	自定	2.5%	5%

图7-7　基于组织业绩评价的个人业绩评价矩阵表

注1：图7-7中每一竖列数字相加之和等于100%。

注2："自定"是指可以不设该等级。

进行个人业绩评价操作分为三步（其实是四步，首先应完成组织业绩评价）。

第一步：定义组织中个人评价。

即 S（优）、A（良）、B（中）、C（可）、D（差）的人数在本组织内的分布数量（不针对具体个人）。

第二步：在组织内对个人进行业绩评价排名。

比如，某阿米巴内有张美发、王法一、李英明、赵德志、刘日明五个人，通过对他们的个人业绩进行考评，得出排名：第一名李英明，第二名王法一、第三名赵德志、第四名刘日明、第五名张美发。

第三步：对照基于组织业绩评价的"个人业绩评价矩阵表"（见表7-4），对个人进行评价。

表7-4　个人业绩评价矩阵表

序号	姓名	名次	评价等级	业绩评价说明
			S（优）	
			A（良）	
			B（中）	
			C（可）	
			D（差）	

具体待评价的个人姓名对应 S（优）、A（良）、B（中）、C（可）、D（差），即为总体评价。

NO.83——业绩分析报告：分析目标计划值和实际完成值之间的差异

业绩分析是对目标计划值和实际完成值之间的差异进行分析。在阿米巴经营会计报表中，分析的项目主要包括5个方面（见表7-5）：对影响经营利润的因素进行经营利润差异分析、对主要经营损益项目进行差异分析、对影响边界利润的因素进行边界利润差异分析、对作业的生产力水平进行生产性差异分析、对盈亏平衡点进行差异分析。

表7-5　阿米巴经营会计报表中分析项目的目的和内容

分析的项目	分析的目的	分析的内容
经营利润差异分析	分析计划利益与实际利益差异及其根源，明确金额及比重	销售额导致的差异、边界利益率导致的差异、固定费导致的差异
经营损益项目差异分析	分析计划损益项目与实际损益项目对标差异，理解其差异原因及金额大小	销售额差异、边界利益差异、经营利益差异、边界利益率差异、经营利益率差异
边界利润差异分析	边界利益率是体现企业市场竞争力的指标，分析的目的是理解边界利益率变化的根源	商品结构差异、变动费用类别差异、商品成本构成要素差异、非正常变动费项目产生的原因分析
生产性差异分析	生产力支撑收益性，分析计划生产力和实际生产力差异及其原因，溯源经营利率和利益率变化的根源	劳动生产力差异、人/月劳动生产力差异、设备生产力差异、面积生产力差异、资金生产力差异
盈亏平衡点差异分析	分析计划盈亏平衡点和实际盈亏平衡点差异，认识企业的收益结构、销售额边界利益率与固定费的相对关系	盈亏平衡点差异、盈亏平衡安全度差异、盈亏平衡点结构差异

影响经营利润的分别是销售额、边界利润率和固定费，此三项差异的结果就是一个阿米巴经营利润的差异。

如果销售额的实际值大于计划值，按一定比例对经营利润产生正面影响，反之产生负面影响；如果边界利润率的实际值大于计划值，按一定比例对经营利润产生正面影响，反之产生负面影响；如果固定费的实际值大于计划值，对经营利润直接产生负面影响，反之则直接产生正面影响。

通过这样的分析，对影响经营利润的因素和影响的深度有了更清晰的认识，改善的大范围就被界定出来了。

如果边界利润率是导致经营利润恶化的主要原因，那么就需要进一步分析是因为销售额变小导致的，还是因为费用变大导致的。如果是因为销售额变小导致的，那就需要找出是哪个产品、哪个客户、哪个部门、哪个区域的销售额变小了。由此追踪为什么销售额没有完成。如果是因为费用变大导致的，那就需要进一步分析是费用中的哪一个或哪几个科目高消费了，是由哪个部门负责高消费的科目，具体的负责人是谁。

边界利润差异分析的目的是看清影响边界利润率的主要因素和影响的程度，可以通过核算每一项变动费相对销售额的比率，将影响深度罗列排名，确认影响最大的前三名"元凶"，并依据边界利润率和销售额核算给边界利润造成的损失金额，同时确定是哪个部门、哪个人负责这些科目，深度问责为什么这个月这项费用超标了。

生产性差异分析是用来分析一个阿米巴的生产力水平，也就是按人数、固定费、人工费、设备使用费或店面面积来核算单位产出金额。

盈亏平衡点又称"保本点"或"盈亏临界点"，指全部销售收入等于全部成本时的产量。以盈亏平衡点为界限，当销售收入高于盈亏平衡点时，企业盈利，反之企业亏损。盈亏平衡点可以用销售量来表示，即盈亏平衡点的销售量；也可以用销售额来表示，即盈亏平衡点的销售额。

一份完整的、对企业经营具有指导性的业绩经营分析报告绝不仅仅是上述五项分析，还包括其他一些内容。（见图7-8）

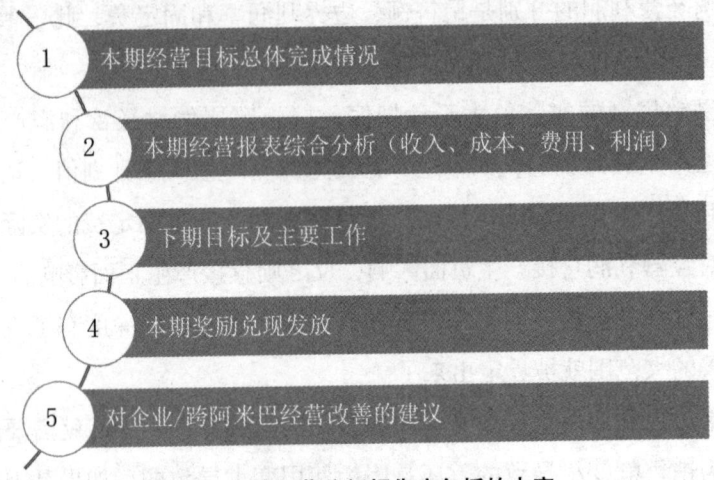

1. 本期经营目标总体完成情况
2. 本期经营报表综合分析（收入、成本、费用、利润）
3. 下期目标及主要工作
4. 本期奖励兑现发放
5. 对企业/跨阿米巴经营改善的建议

图7-8 业绩经营分析报告应包括的内容

NO.84——"非绩效主义"：业绩评价不同于业绩考核

稻盛和夫认为："如果企业无法塑造相互信赖的人际关系，那么，这个企业是无法获得成功的。"

"绩效主义"正是破坏人际关系的致命杀手。索尼公司近些年的经营状况不尽如人意，主要原因是在公司内实施了绩效主义，企业考核只看员工在短期内创造了多少价值，无法从长远角度全面地考核员工的进步与价值。因为绩效主义想要对员工做出客观而公正的评价，只能通过能力的量化，而能力的量化要具体到绩效考核上。为了达到绩效，上级不把下属当作有感情的人，而是以各种指标去审视下属；同级间也不把对方看成是同事，而是"有你没我"一般的竞争对手。在这种情况下，索尼员工的潜能被严重禁锢，曾经充满快乐、自由、豁达氛围的索尼不见了，紧跟着，挑战精神、团队精神、激情和创造力也都随之消失了。

由此可见，通过绩效管理，短时间内可以看到效率，但只是"兴奋剂"而已，如果长时间执行下去必将伤害到企业的筋骨。

绩效主义发源于习惯了用金钱衡量个人价值的西方企业，曾经为西方企业的崛起起到了很好的助力作用。但在更加注重团队精神和人文关怀的东方企业，绩效主义就显得格格不入了，会严重破坏企业内部的氛围。

稻盛和夫创立的阿米巴经营绩效考核，看重的是价值观，能力排在其次。这与选人如出一辙，人格高尚是第一位的，能力出众是第二位的，聪明才智只是第三等资质。在稻盛和夫看来，如果一名员工的能力和业绩不够突出，但也不是很差，只要他具备了和企业一致的价值观，与企业形成了命运共同体，那么，这名员工就值得企业对其进行长期培养。

阿米巴经营绩效考核将组织评价与个人评价融合在一起，是一种注重长期培养的全方位考核机制。在具体考核中，相关管理人员会综合考核各种因素，如市场环境、项目难易程度、突发事件、人才培养等，力求做到以公平性、进步性和贡献度为原则进行考核。

在阿米巴经营绩效考核中，每个阿米巴、每名员工都可以从经营会计报表的数据中看到自己的进步与贡献度，认识到自己的进步与不足，形成对自己客观的评价。

阿米巴经营绩效考核正确实施的前提，还需要对业绩评价和业绩考核做出正确的理解。必须知道，业绩评价不同于业绩考核（见表7-6）。

表7-6 业绩评价与业绩考核的对比

	业绩评价	业绩考核
主体不同	企业的利益相关者或非利益相关者	与企业利益密切相关者
对象不同	整个企业、某个阿米巴、某个人	某个人
标准不同	事先确定或事后选择	预先设置
对结果的处理不同	不与个人报酬或职位升迁挂钩	同个人报酬或职位升迁挂钩

一是主体不同。业绩评价的主体既可以是企业的利益相关者，也可以是企业的非利益相关者；业绩考核的主体通常是与企业利益密切相关者。

二是对象不同。业绩评价的对象可以是整个企业或者某个阿米巴，也可以是某个人；业绩考核的对象是某个人。

三是标准不同。业绩评价的标准既可以事先确定，又可以事后选择；业绩考核的标准通常是预先设置的。

四是对结果的处理不同。业绩评价通常不需要与评价对象的个人报酬或职位升迁挂钩，多是为其决策提供依据；业绩考核结果往往与考核对象的个人报酬或职位升迁挂钩。

NO.85——二元制：个人业绩评价结果活用

在稻盛和夫独创的阿米巴经营绩效考核中，个人业绩评价的重点是理念（或者说价值观），能力是其次的，绩效只能排在第三位。而且，稻盛和夫更为重视的是理念和能力，他认为这两者应占到绩效考核 85% 的比重，而理念一项就占到 60%。可以说在阿米巴经营模式中，如果谁的理念是符合标准的，这个人就能在企业拥有一席之地；如果谁的理念不过关，就可以直接被判定为不及格了。而一般企业绩效考核中最为重视，甚至是唯一重视的绩效部分，在阿米巴经营绩效考核中仅占到 15% 的比例。其实，仅仅这 15% 还带有"情义价"的成分，因为按照稻盛和夫的意思，绩效部分最多只占 10% 而已，但既然是绩效考核，绩效是"主场作战"，占比不能显得太寒酸了，于是才加持到了 15%，否则人们会有疑问："这还是绩效考核吗？"

正因为稻盛和夫对理念和能力的重视，人们将他创立的这种考核形式称为"二元制绩效考核"——绩效考核如同一队马群，理念是跑在最前边的、最聪明的首领马，能力是最勇敢、随时准备包围群体的护卫马，绩效只是马群中的小马驹，得益于首领的带领和护卫马的保护才能健康成长。

在马群中，首领只能有一个，护卫可以有若干个，马驹则有一大群。相当于，在阿米巴经营绩效考核中，理念必须是统一的，但能力根据岗位需要可以有若干种，因此产生的业绩就更多了，方方面面都会涵盖。

说到这里，一定会有人不解，理念这种看似虚无缥缈的东西有那么重要吗？且听稻盛和夫的解释。他认为，人生在世有三个方面的管理很重要：健康管理、才智管理和心灵管理。这三者同等重要，有了健康，才智才有发挥的可能；有了才智，健康才有用武之地。但好像没有心灵管理的位置。心灵管理究竟是管什么的呢？用一句话解释就是对有才无德的预防。没有美好的心灵，健康和才智都将沦为"恶"的帮凶。看看那些混迹于街市的混混，再看看那些令人惋惜的高智商罪犯，他们有健康、有才智，但在心灵层面一输到底。

很多企业领导者在进行员工绩效考核时，粗暴地拿起了"绩效主义"的鞭子，只重视工作业绩，员工的个人价值观和生活工作的理念全然不在考核范围内。稻盛和夫弯下腰，恭恭敬敬地拾起了被人们丢弃的东西，在自己的企业内艰难实践。当他在京瓷、KDDI和日航不断取得不可思议的成功后，那些曾经丢弃了好东西的企业领导者不得不承认心灵管理对人的重要意义。经历过涅槃重生的日航对这一点有更深的感受，当植木义晴被问及日航重生后的最大变化时，他想都没想就说"员工的内心变得更美丽了"。

有了美好的心灵之根，才能长出茁壮的理念之干，最终绽放出美丽的业绩之花。这也是员工的考评与激励的应有之义（见图7-9）。稻盛和夫一直崇尚一句话："工作的意义不只是在于追求良好的业绩，更在于完善人的内心。"

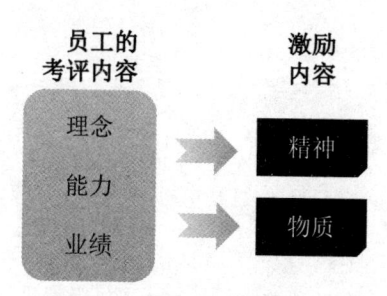

图7-9 员工的考评与激励

因此，稻盛和夫将心灵、理念提升到经营的主位。他认为，理念代表我们的精神世界，是心灵的具象，决定着人的一生。

只有理念过关了，才是看能力的时候。作为员工，能在自己的岗位上完成任务目标，就被视为具有能力，若能不断进步完成挑战性任务，就是重点关注对象。作为阿米巴长，完成任务目标是次要的，具有领导能力，即具有解决问题的能力、良好的沟通能力、协调团队的能力等，才被视为具有能力，如果一个阿米巴长不具备领导能力中的全部或大部分，就会被排除出管理人员的行列，但在企业内部也能找到相应位置。其实，有资格担任阿米巴长的人，就是符合理念和能力要求的人中业绩也能达标的人。

根据业绩考核结果，可以清晰看到员工身上的不足，从而为员工设计个性化的培训计划，促使员工实实在在地得到成长。

"二元制绩效考核"就是基于组织业绩评价与个人业绩评价二者融合而成的"长期培养＋短期效果"的全方位考核。企业业绩与个人业绩二者只有更好地相辅相成，才能全面、公平地评定员工的贡献度与进步性。

第八章 激励机制

NO.86——人才素质：阿米巴管理人员的核心要求

稻盛和夫说："领导者的心性决定着企业的性格，有道德、有才学的领导者才是京瓷最需要的，也是京瓷一直获得良好发展的内在动力之一。"

在稻盛和夫几十年的经营历程中，一直非常重视培养员工的价值观。注意，是"培养"，而不是"改造"。具有与企业相合的价值观，具有美好的心灵，具有不被世俗轻易改变的理念，是京瓷对每一位员工的要求。虽然要求看起来有些高，但当真正达到后，员工个人将会有质的飞跃，整个企业也将发生质的成长。

在京瓷担任领导职务，必须具有稻盛和夫规定的人才框架核心，再在核心的基础上随时代的发展而不断更新。下面来看看稻盛和夫对人才的核心要求（见图8-1）。

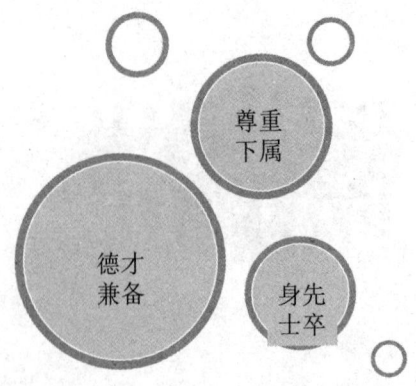

图8-1　稻盛和夫对人才的核心要求

1.阿米巴领导者要尊重下属

身居管理岗位除了能行使范围内的权力外，还希望获得下属的尊敬。这份尊敬是对管理人员能力和人格的认可，这是非常不容易做到的。

想要被下属尊敬，需要先被下属接受；想要被下属接受，就要建立足够的威信力；而威信力的获得，要建立在每一次经营决策的正确与落地基础上，以及领导者对自己一言一行的高标准、严要求。

1986年，井上明俊进入京瓷集团，成了销售部中一个阿米巴的成员。阿米巴长中田之二给井上明俊分派的第一个任务是推销电子零配件。借助阿米巴互助式经营模式，井上明俊很快就熟悉了与工作相关的内容。

中田之二虽然只是最基层的小阿米巴长，但他工作经验丰富，业务能力强，为人谦和，对客户彬彬有礼，对下属真诚相待，虽然只有24岁，但是已经被纳入了集团重点考察的人才圈中。

在井上明俊进入京瓷的第三年，中田之二晋升为直属上级大阿米巴长。井上明俊在中田之二身边学到了很多，进步飞快，也在同一年成了所在小阿米巴的"巴"长。

尊敬是相互的，想要别人尊敬自己，自己先要尊重别人，离开这个前提，就是握有生杀予夺的大权也不会受到下属的尊敬。

2. 阿米巴领导者要身先士卒

提到身先士卒，就会想到战争中的冲锋。商场如战场，在商海中搏杀，管理人员也要起模范带头作用，遇到艰难险阻要第一个冲上去解决问题，遇到团队危机也要首先跃出战壕替下属挡子弹。

井上明俊入职后的第一项工作就没有做好，虽然责任由他全部承担，但导致问题发生的根源不在他，而是客户方发生了错误。井上明俊要承担的是"未能及时察觉客户方异常，导致损失发生"的责任。

作为阿米巴长，中田之二知道必须要在这个时候维护下属，同时也是维护公司的利益，他找到客户，说明电子配件销售数额早已确认清楚，客户方因为人员变动导致记录发生混乱，必须要对此事给予明确说明。在中田之二连续几次的坚持下，客户终于对此次销售额错乱事件给出了明确答复，这就等于承担了事件的责任，井上明俊因此保住了工作职位，也才有了后面的晋升。

其实，对于这件事中田之二没有必要出面进行交涉，因为井上明俊已经承担了责任。而且这种一时半会说不清道不明的事情，如果处理不好连他自己都会沾上麻烦。但他在那时候没有多想，只是认为他作为阿米巴长需要为下属正名。

因此，阿米巴领导者能够在关键时刻身先士卒是能力和勇气的体现，是对下属负责的体现，是对企业尽责的体现。

3. 阿米巴领导者要德才兼备

稻盛和夫认为，在经营阿米巴的过程中，领导者要以德服人，不仅要具备良好的道德品质，还要积极为企业和员工解决问题；不能解决问题，总是将问题抛给员工，这样的阿米巴领导就是不道德的！

在京瓷，随便一个阿米巴长都是解决问题的高手。无论现场出现任何问题，阿米巴长都会第一时间出现。他们会积极寻找问题的解决办法，并安抚员工情绪，组织大家继续完成任务。

作为阿米巴领导者，第一个出现也意味着第一个站出来承担责任，虽然不是承担具体责任，但也要承担管理不力的责任。有了领导者在现场，员工会更有底气面对问题，该负责的人跑不掉，不该负责的人也不会背黑锅。大家都能冷静下来，一起面对问题，一起解决问题。

NO.87——胜任条件：各级阿米巴长的任职条件

阿米巴经营模式要求每个阿米巴都有一个领导人，即阿米巴长，简称"巴"长。阿米巴长可以兼任（同级兼任或跨级兼任）。根据企业规模，阿米巴可以分级，常规来说可分为大阿米巴和小阿米巴，大阿米巴下有若干个小阿米巴。

各阿米巴以"巴"长为核心，以经营目标为依据自行制订经营计划，在全体成员的共同努力下完成计划。"巴"长就是各自阿米巴的灵魂，其领导能力的强弱将直接影响其所属阿米巴的经营业绩。因此，选出综合能力强的"巴"长是带活阿米巴的关键。那么，阿米巴长有哪些胜任条件呢？

在此多说一句，很多企业领导者在导入阿米巴经营模式后，选择企业内部职位高的人担任各级阿米巴长，这就形成了"换汤不换药"的局面，管理人员还是原来那些人，改变只是由部门变成了大阿米巴，由项目组变成了小阿米巴，其他的一切照旧。不是说导入阿米巴经营模式后，原来的管理人员就要全部清除，而是具备能力的照样留用，但不具备能力的就要快刀斩乱麻了。关键问题是，很多企业领导者不知道谁具备能力，谁不具备能力。这确实是个难题，毕竟筛选人才是件相当复杂的事情。

作为企业领导者首先要知道，人才是竞争出来的。原来论资排辈的方法是极其错误的，可能某人曾经确实具备能力，但多年之后其能力未能增长，早已成了企业管理的短板。因此，企业的管理岗位必须通过竞争上岗，哪怕是成为最基础的小阿米巴长，也要通过竞争。对此，企业领导者可以通过基础素质、经营意识、胜任能力3个方面进行综合考察，其中综合能力表现靠前的人才有资格入围"巴"长候选名单。只有具备能力和担当以及人品、德行的人，才能胜任为"巴"长。

1. 基本素质

包括品行、操守和价值观两大方面。

品行通过心灵管理可以看出，对人的心态，对事的态度，都能反映出一个人的品行；操守可以调取日常工作记录加以评判，也可以在接下来的工作中进一步考察。一个品行端正和具有职业操守的人，可以判定为是有德行的人。有德有才的人必须重点培养，有德无才的人要侧重培养，有才无德的人既不培养也不使用。

价值观则表现在："巴"长候选人是否愿意为阿米巴团队服务，是否对这个岗位感兴趣，是否有"付出不亚于任何人的努力"的决心和意愿。选择一个胜任的阿米巴长，其价值观必须符合企业要求，认可企业的经营理念，愿意承担经营责任，具有挑战精神，真心为团队服务。

2. 经营意识

经营意识是强调员工在企业工作的底层心态，也就是员工只是来打工赚钱，还是来镀金准备另谋高就，还是希望和企业共同成长！这是3个明显不同的心态阶段——对企业和员工无论长期发展还是短期效果都不具有价值的"撞钟心态";对企业和员工的短期效果,以及员工长期发展(并不能确定有价值)有一定价值的"跳板心态";对企业和员工无论长期发展还是短期效果都具有价值的"平台心态"。(见图8-2)所谓"平台心态",就是员工将企业当作事业发展的平台,希望与企业共进共赢;企业将员工视为长期发展的核心建设者,希望与员工共进共赢。

心态	企业长期发展	企业短期效果	员工长期发展	员工短期效果
撞钟心态	×	×	×	×
跳板心态	×	×	×√	√
平台心态	√	√	√	√

注:×表示没有价值;√表示有价值;×√组合表示价值不确定。

图8-2 员工的三种心态

员工处于某种心态阶段,不仅仅取决于员工本人,还取决于企业的经营模式。京瓷可以将员工都培养得具有经营者思维,就很说明问题。如果企业给员工的定位就是"你干活,我给钱",那么,员工想要踏出低阶心态阶段也没有机会;如果企业将员工定位为"我帮你实现,你助我成长",那么,大部分员工都会主动跨入高阶心态阶段。

3. 胜任能力

阿米巴长的产生往往是结果导向的,即什么样的人才能够创造更好的绩效?有没有一些通行的办法可以衡量一个人的领导力,从而判别他是否具备胜任阿米巴长的能力呢?

从结果上来看,"胜任能力"需要具备四大要素:一是绩效表现优异且踏实可靠,能证明自己可以胜任"巴"长职位;二是掌握新型专业知识与技能,不断拓展知识领域,并认识到行为的重要性;三是具有学习力,富有上进心,对工作充满激情;四是情商高,拥有令人愉悦的性格和品行,追求个人成就感和集体成就感。

胜任力不仅在候选阶段意义重大,在就任"巴"长之后也依然重要。任职期内必须进行胜任力考核,以《胜任力考核表》(见表8-1)的形式居多,能够全面评估阿米巴长的岗位适应性和发展潜力。考核时机分为三种：年度考核、晋升考核和经营不善期考核。

表8-1 某岗位的《胜任力考核表》

部门：_____ 岗位：_____ 被考核人姓名：_____ 日期：____年__月__日

序号	胜任要素	权重	考评等级	评分	用人部门（50%）	人力资源（20%）	分管领导（30%）	合计
1	执行力	30%	第五级	81~100				
			第四级	61~80				
			第三级	41~60				
			第二级	21~40				
			第一级	0~20				
2	判断力	20%	第五级	81~100				
			第四级	61~80				
			第三级	41~60				
			第二级	21~40				
			第一级	0~20				
3	监督能力	20%	第五级	81~100				
			第四级	61~80				
			第三级	41~60				
			第二级	21~40				
			第一级	0~20				
4	团队合作	15%	第五级	81~100				
			第四级	61~80				
			第三级	41~60				
			第二级	21~40				
			第一级	0~20				
5	创新能力	15%	第五级	81~100				
			第四级	61~80				
			第三级	41~60				
			第二级	21~40				
			第一级	0~20				

续表

序号	胜任要素	权重	考评等级	评分	用人部门（50%）	人力资源（20%）	分管领导（30%）	合计
所有考核人签名	签名：＿＿＿日期：＿＿年＿月＿日 签名：＿＿＿日期：＿＿年＿月＿日 签名：＿＿＿日期：＿＿年＿月＿日				人力资源部统计总得分：＿＿＿分 胜任力评语：		签名： 日期：	

注：以上"胜任要素"对岗位的考核按照"岗位胜任力考核要素"中对各岗位的胜任考核要素要求，依照"岗位胜任力模型"中对员工胜任力表现的级别标准，在各栏内填写对应的内容和确定各胜任要素的得分。

上述3点是担任阿米巴长必须具备的素质，各企业阿米巴长选择的具体条件要根据实际情况而定。下面列出京瓷公司选择大阿米巴长和小阿米巴长的任职条件，仅供参考。

1. 京瓷公司大阿米巴长任职条件

（1）最好是现任车间主管、副主管，也可以外聘或内部提拔。

（2）有较强的团队管理能力，对产品熟悉，有较强的沟通与协调能力。

（3）上进心强，能够接受新鲜事物，喜欢尝试新的经营管理模式。

（4）认可稻盛和夫的经营哲学，愿意主动学习阿米巴经营管理模式。

（5）有成本意识，有质量意识，有责任感，敢于承担责任。

（6）对下属有爱心，能够做到"以员工为本"。

（7）有团队精神，有集体荣誉感，不拉帮结派，不搞"山头主义"。

（8）对数据敏感，对交货期限敏感，为人诚信、守诺。

（9）服从公司上级领导指示，执行命令坚决。

（10）为人正直，遇事公正，处事公平，有全局观念。

（11）把"做人，何谓正确"作为自己及本阿米巴的判断基准。

（12）有一定的培训能力且重视员工培训，愿意接受经营管理会计培训。

2. 京瓷公司小阿米巴长任职条件

（1）最好是现任车间班长、副班长、组长、副组长，也可以外聘或内部提拔。

（2）对产品熟悉的优先考虑，为人正直、公平、公正。

（3）有一定的管理能力、沟通与协调能力，表达能力没有障碍。

（4）有一定的文化水平，愿意学习管理方法，愿意接受新的经营模式。

（5）把"做人，何谓正确"作为本人的判断基准。

（6）有较强的成本意识和质量意识，对交货期限敏感。

（7）为人诚实守信，服从上级的工作安排，不搞"山头主义"。

（8）有做更高层次管理人员的决心，有上进心，有实干精神。

NO.88——阿米巴长竞聘制：真人才从竞争中走来

京瓷公司的各级阿米巴长都是通过"候选+竞聘"两级考核杀出来的，上一节我们讨论了具备哪些素质才可以进入候选人行列，本节讨论如何竞聘成功。

京瓷公司各级阿米巴长的竞聘原则和竞聘流程（见图8-3）如下。

公平竞争原则：竞聘活动采取公开的形式，竞聘者公平参与竞选。

能力导向原则：竞聘将重点优选经营理念正确，有激情、有能力、有创新意识以及开拓精神、敬业精神且敢于承担责任的人。

择优录用原则：通过"竞聘评委会"评委的现场评审，结合群众（未参加竞聘的其他员工）测评结果，进行综合评价，择优录取。

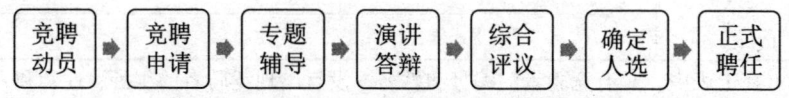

竞聘动员 → 竞聘申请 → 专题辅导 → 演讲答辩 → 综合评议 → 确定人选 → 正式聘任

图8-3 京瓷公司各级阿米巴长的竞聘流程

该流程各步解析如下。

第一步，竞聘动员：根据企业发展战略及年度经营需要，确定相关竞聘岗位，发布"竞聘动员令"。

第二步，竞聘申请：自竞聘岗位动员令发布之日起，参加公开竞聘的人员即可在规定报名时间内填写、提交《阿米巴长竞聘报名表》。

第三步，专题辅导：企业聘请专业顾问对竞聘者进行专题辅导，在需要时对《竞聘报告》的撰写进行答疑。竞聘者应按照竞聘岗位的要求，结合专题辅导的内容撰写《竞聘报告》，并在规定时间内正式递交顾问组。

第四步，演讲答辩：竞聘者按事先抽签顺序进行答辩，答辩分为竞聘报告演讲和回答评委提问两个部分，每位竞聘者的演讲时间是20分钟，答辩时间为10分钟，超时自动中断。

第五步，综合评议："竞聘评委会"评委依据竞聘者陈述及答辩对竞聘者进行综合评议，客观、完整地填写《阿米巴长竞聘评估表》（见表8-2），并签名。现场其他人员依据竞聘者陈述及答辩对竞聘者进行综合评议，客观、完整地填写《阿米巴长竞聘评议表》（见表8-3）。

表8-2　京瓷公司《阿米巴长竞聘评估表》

第____号竞聘者　　　　　　　　　　____年__月__日

姓名		所在部门	
现任岗位		竞聘岗位	
工作经历（10分）	评语：	得分：	
竞聘方案（50分）	评语：	得分：	
陈述水平	陈述时间____分钟 评语：		
答辩表现（20分）	回答提问____个 评语：		
综合评价		总分：	
推荐意见		评价人：	
备注			

注：在上表中，只有竞聘者的编号和姓名，没有出现竞聘者的年龄、性别和入职年限等信息，说明京瓷公司在选用阿米巴长时不考虑与理念、热情、能力、开拓精神等不相关的因素。

表8-3　京瓷公司《阿米巴长竞聘评议表》

姓名	陈述方案 0~30	专业水平 0~25	创业动力 0~15	群众威望 0~15	忠诚度 0~15	合计得分

第六步，确定人选："竞聘评委会"根据竞聘者的综合评价成绩计算出总成绩排名，商讨确定人选，报送总经理审批。总经理审批后，确定最终人选。

第七步，正式聘任：公司人力资源部门根据总经理确定的最终人选，公布竞聘结果。总经理正式向受聘者颁发聘书。

注意：巴长通过竞聘机制选任以后，并不是终身制的，后续会不断有竞聘，也不断会产生新的阿米巴长，不能胜任的阿米巴长将根据各级阿米巴长淘汰规则被淘汰（见表8-4）。

表8-4 京瓷公司各级阿米巴长淘汰规则

序号	项类	具体内容
1	淘汰对象	与公司建立了正式经营协议的所有阿米巴长
2	淘汰条件	①连续3个月未完成经营目标。 ②连续两个月经营严重亏损。 ③严重违反公司管理制度或有违国家法律法规的
3	淘汰处理	①降级：对于不合格的任职者予以降级。 ②轮换：对于能力不适合现职的给予职位轮换。 ③留职察看：对于有潜力或原因不明的任职者转入观察期，若在3~6个月内有明显改进，可继续观察或结束观察，恢复正常工作状态；若无明显改进，参考本项第①②④款。 ④解雇：无改进可能的任职者

NO.89——6M实效模型：人才的快速复制

"6M实效模型"（见图8-4）适用于企业的核心人才复制，即人才梯队建设需要经过的六大步骤。在实际经营中，具有完善人才梯队建设的企业和阿米巴组织，每年都能批量培养出优秀人才。

第一步，建模（Model）——建立标准。

建立标准模型，即确定好成立阿米巴所需人才的各项要求。依据不同岗位需求，分别建立岗位职责标准、岗位绩效标准、能力素质标准、职务晋升标准、甄选方法标准、培养教材标准。

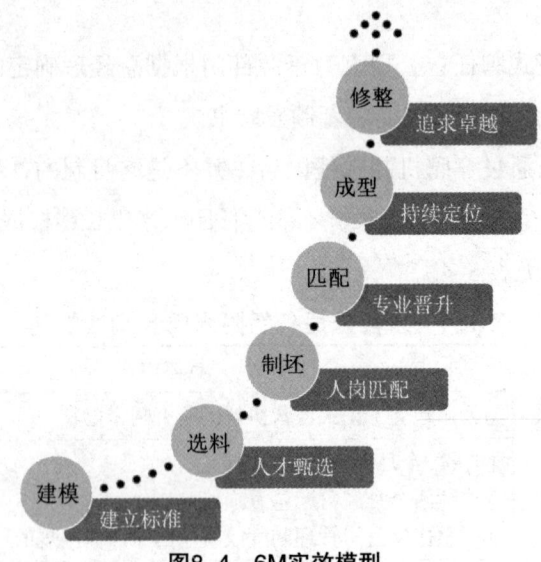

图8-4　6M实效模型

第二步，选料（Materials）——人才甄选。

甄选有潜质的人才。阿米巴组织是以结果为导向的，所以企业需要人才的直接目的就是创造绩效。什么样的人才能创造更好的绩效？需要一套通行的办法来衡量个体的能力潜质。

设计甄选方法可以参考以下两点。

一是每个岗位所需要的能力素质不同，因此面试方法和测评方法也应有所不同。

二是选才对象既包括每个晋升阶段的老员工，也包括入职不久的新员工。

第三步，制坯（Mould）——人岗匹配。

阿米巴依据不同岗位、不同类型的人才，实施按计划培养的过程。如何建立准确的人岗匹配制度呢？需要做到以下三点。

一是通过入职培训、跟随老员工见习、亲自进行实习等不同形式进行筛选。

二是通过岗位考核、岗位轮换、岗位代职、在岗培训等方式进行筛选。

三是正式定位并进入专业晋升渠道（如技术类、管理类等）。

通过上述三个小步骤的岗位考察和筛选，员工的特点已基本清楚，谁具有怎样的才能，谁在哪方面存在不足，谁适合什么样的岗位。阿米巴长要做的是将合适的人放在合适的岗位上，形成完美的人岗匹配。

总之，员工各有所长，只要甄选方法得当，就总能形成最优的人岗匹配模式。基于胜任力的职业发展方法能帮助企业把员工放到最合适的岗位上，同时使员工了解自己的强项与弱项，有更清晰的发展方向。

第四步，匹配（Match）——专业晋升。

将员工进行分类后，通过职位胜任力匹配度分析，阿米巴已经能够清楚地了解员工的能力强项与能力弱项：哪些人符合潜力人才的标准，可以输入晋升渠道；哪些人不符合潜力人才的标准，不能输入晋升渠道；哪些人不仅进入了晋升渠道，还有能力进入晋升快车道，但目前经验仍显不够，需要继续历练。

对于不同能力值的晋升候选人进行横向比较后，做出正确的任命决策。在被任命者没有完全达到目标能力要求时，还应针对其能力短板进行强化培养，助其迅速成长，以适应新职位的要求。具体做法有以下两点建议。

一是强调个人特质与岗位相匹配。正式的定位便从某一层次开始培养、考核、晋升。

二是如果培养复合型人才，可以再考虑新一轮的岗位轮换或岗位代职。

归类定位完成后，员工便可以专心地在其工作领域深造。企业将明确的晋升标准告知员工，这也就等于在对员工说：风光就在楼上，梯子已经搭好，去向上攀登吧！

第五步，成型（Molding）——持续定位。

员工持续在某个领域发展，成为该领域的高端人才。人才的成型是动态的过程，而非一锤定音或一成不变。定位之后，若员工并未创造出预期的业绩，就需要分析是什么因素制约了员工发挥。是外在环境干扰，还是个体能力不够？只有通过客观分析，才能准确判断人才的能力断点。

学习能力越强的人，越有可能脱离专业而成为复合型人才。所以，从第四步到第五步，是从量变到质变的循环过程，只是越到后期，调整周期越长。那么，如何处理这个关系呢？需要注意以下两点。

一是通过若干次人岗匹配后，就能发现最佳匹配，这时就可以持续下去了。

二是岗位类型可分为领导、管理、专业三大类型。其中，专业类型又可分为研发、工程、财经、市场、销售等。

第六步，修整（Modify）——追求卓越。

此步骤是指针对局部不足进行特别培训，以期促使人才的能力值更高。经过匹配、成型阶段之后的人才完全有实力在所在领域快速成长，但并不代表不会摔跤，所以要不断对其进行修整、培训，这是追求卓越的企业和个人必须进行的修正。

如果已经具备了优秀人才的特质，但可能在某些细节方面略有不足，如个性、形象、领导力、影响力、情商等，此时就需要在不足项上继续进行修正。

自己优秀了，但也要帮助别人变优秀，这样的人才会更加优秀。这件事情并不困难，付出真心实意就可以了。因为世事都在为与不为之间，而非难与不难之间。

NO.90——单元奖励：精神奖励和物质奖励双轨道

阿米巴经营哲学中，把满足员工"全体员工物质与精神两方面的幸福"作为"敬天爱人"的具体目标。因此需要对企业内部有能力、有责任心、有贡献的员工进行奖励。通过奖励好的，可以激励差的，更可以彰显公平、公正。

阿米巴单元奖励（见图8-5）就是在阿米巴依照目标计划完成工作任务后，根据创造价值和贡献的大小，对其进行奖励。

奖励一般分为精神奖励和物质奖励两部分，因此单元奖励也被称为"二维奖励"。但笔者更喜欢单元奖励的表述，因为阿米巴就是单元性质的经营组织，以一个个单元的形式存在于企业中，独立经营，独立核算。无论是精神奖励还是物质奖励，奖励的对象都是阿米巴单个的组织，即独立的经营单元。因此，奖励对象是单元，奖励方式是精神奖励和物质奖励，而面向单元的奖励更适合称为"单元奖励"。

精神奖励	物质奖励
☑ 荣誉奖励	☑ 晋升奖励
☑ 晋升奖励	☑ 奖金奖励
☑ 榜样奖励	☑ 红利奖励
☑ 奖杯、奖牌、奖状奖励	☑ 期权、股权奖励

图8-5 阿米巴单元奖励

1. 精神奖励

（1）荣誉奖励：对运行良好、排名前列的阿米巴进行评优、评先活动。如优秀阿米巴、特等阿米巴、优秀阿米巴长等。

（2）晋升奖励：根据各阿米巴的业绩及成员的表现（业绩表现、能力表现、品行表现等），提升优秀员工的职位。

（3）榜样奖励：给榜样更大的自主空间，如结合各企业组织体系完整性、阿米巴领导者个人能力、企业文化氛围、监督机制完整有效性等因素，对表现优秀的阿米巴或领导者授予更多权限，让其承担更多的责任，以获得更多的利益。

（4）奖牌、奖杯、奖状奖励：看似是很老套的一种奖励形式，但往往很有效，毕竟"人为一口气，佛为一炷香"，看到其他阿米巴领导者拿到了奖牌、其他阿米巴的荣誉架子上已经数座奖杯了，其他阿米巴的墙上贴满了奖状，自己的阿米巴也必须加把劲。

2. 物质奖励

（1）薪资奖励：对任务目标执行得好的阿米巴，从领导者到成员都提升薪资待遇。

（2）奖金奖励：对任务目标执行得好的阿米巴，从领导者到成员都给予更多的奖金。

（3）红利奖励：对任务目标执行得好的阿米巴，在每年的特定时期给领导者和核心成员额外的业务分红。

（4）期权、股权奖励：对任务目标执行得好的阿米巴，给领导者或核心成员一定比例的期权或股份。虽然给的或许不多，但能极大提高员工的归属感。

在实施单元奖励之前，要做好对人才的分类，也就是通过职类（管理类、技术类、业务类、操作类）和级类（初级、中级、高级、资深）标准进行分类，做出职级薪酬表（见表8-5）。

表8-5 某公司阿米巴各类人才职级薪酬表

分类	岗位	新人		中级		高级		骨干	
		基本工资	目标奖金	基本工资	目标奖金	基本工资	目标奖金	基本工资	目标奖金
管理类	总经理								
	总经理助理								
	……								
技术类	总账会计								
	研发工程师								
	研发技术员								
	……								
业务类	营销员								
	店员								
	……								
操作类	行政组长								
	人事组长								
	……								

NO.91——全面薪酬价值：企业高、中、基层的奖金结构

阿米巴经营模式打造出的是"人人成为经营者"的工作氛围，全体员工共同参与经营不再是梦幻，而是现实。

如果企业的所有员工都能积极参与经营，在各自岗位上积极主动地发挥自有价值，履行自己的职责，那么，他们就不再是单纯的劳动者，而是成为具有经营者意识的、与企业领导者并肩奋斗的伙伴。

阿米巴经营模式的全员参与经营，最深层地激活了阿米巴组织的活力和战斗力，全体成员为了阿米巴的战绩齐心协力，全体员工为了企业的发展同进同退，所有人都在这个过程中聚集了认同感和成就感。员工与所在阿米巴和企业紧密绑定在一起，而且没有解绑模式。在这个过程中，员工与阿米巴绑定意味着团队意识彻底形成，员工与企业绑定意味着劳资对立彻底消失，员工也成了经营者，这种情形之下，谁会与自己对抗呢？只有当大家积极主动地履行了自己的职责后，才会感受到人生的意义和成功的喜悦。

全员参与经营不是建成之后就可享太平的，接下来还要有完善的激励机制做保障。阿米巴经营激励体系是根据现有人力成本进行核算，奖金是按目标任务完成阶段进行核算，在不同的阶段对企业高、中、基层管理人员的激励水平按比例进行分配。

在只完成了目标任务时，基层员工应获得最多的奖金分配。这说明在此阶段，企业高层的决策对提高业绩没有作用，基层员工的作用最大，他们努力工作使目标得以完成，因此该发生阶段应给基层员工分配较多的奖金。

当实际完成只少量超出目标任务时，企业中层应获得最多的奖金分配（基层员工也应提高奖金数额，但幅度不会超过中层）。这说明在此阶段，企业高层的决策对提高业绩起了一定的作用，企业中层对目标的执行也有相当的贡献，当然也少不了基层员工的贡献。但在决策不具有高瞻性的时候，是中层起到了承上启下的关键作用。

当实际完成大幅超出目标任务时，企业高层应获得最多的奖金分配（企业中层和基层员工也应相应地提高奖金数额，但幅度不会超过高层）。这说明在此阶段，企业高层的决策对提高业绩起了决定性作用，只有决策正确加上下属努力，业绩才能呈现出大幅提高；如果是决策不正确，即使下属再努力也难以达到预期效果。所谓"一将无能，累死千军"就是这个道理，因此企业高层应获得更多的奖金。

将企业高、中、基层的奖金挂钩任务目标的完成情况，目的是以提高效益为中心，将总目标逐级分解到各部门、各阿米巴。然后，各部门、各阿米巴自行制订各自完成目标的计划，用目标考核细化责任实现管理控制；以收入分配为手段，将个人收入分配与实际经营成果直接挂钩，通过工序货币化和单价透明化，实现个人收入由自身行为决定的局面；各组织、各阿米巴在采购，用人，调整原料结构、产品结构和工艺结构等方面享有一定自主权，经营成果与薪酬收入总额挂钩。所有的这些只为了体现阿米巴经营下全面薪酬的价值（见图8-6）。

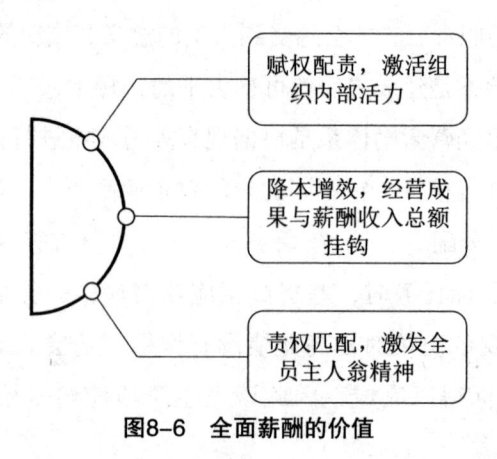

- 赋权配责，激活组织内部活力
- 降本增效，经营成果与薪酬收入总额挂钩
- 责权匹配，激发全员主人翁精神

图8-6　全面薪酬的价值

NO.92——三三制薪酬：个人价值—岗位价值—绩效价值

所谓"三三制薪酬"，是阿米巴的薪酬设计的三大价值导向和三大基础工程，下面逐一进行介绍。

1. 三大价值导向

三大价值导向为阿米巴进行人才招聘和薪酬设计提供了理论依据和科学

解释，包括个人价值、岗位价值和绩效价值，三者有着密不可分的关系（见图8-7）。阿米巴在招聘录用员工时，要求必须使个人价值与岗位价值尽量匹配，以避免造成人才的浪费或不能胜任。通过合理评价岗位价值而设计的岗位薪酬标准，不应因为应聘该岗位人员的年龄、性别、工龄等因素进行不合理改变。

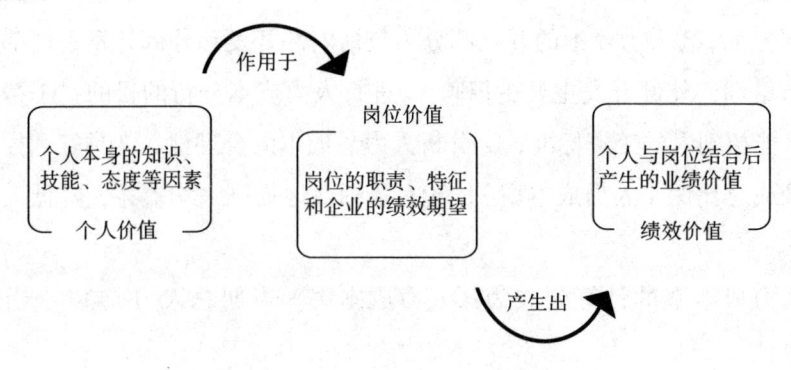

图8-7 三大价值导向的关系

（1）个人价值：指员工本身所具有的价值，包括学历、专业、职称、工龄、来源地等方面，这些因素不易随着服务对象、岗位的变化而发生太大变化。企业要尊重并承认员工的固有价值，使之在薪酬设计结构方面占有一定的比例。

（2）岗位价值：把员工安排在某一特定岗位上，岗位的职责与特征决定了员工所能做出的贡献大小。岗位价值不会因为担当该岗位的人的不同而发生变化，是一个相对静态的价值系数。

当员工的个人价值大于岗位价值时，会出现以下情形：①人才浪费，英才变成庸才；②人力成本增加，人才流失。

当员工的个人价值小于岗位价值时，会出现以下情形：①员工无法全面履行职责；②员工勉强履行职责，但质量或绩效不高；③企业对该岗位的期望值大幅降低。

（3）绩效价值：指员工在某一特定岗位上为企业创造的价值，并且这个价值量级值得企业发生"购买"行为。从雇佣关系的意义上讲，员工也是一种商品，只不过企业所购买的不是员工的身体，也不是学历、专业、职称等个人价值，而是员工在工作期间运用个人价值所创造出来的绩效。

2. 三大基础工程

包括人力成本分析、薪酬水平调查和能力素质评估。

（1）人力成本分析。人力成本的内容有：①标准工作时间里员工的标准所得（主要是工资部分）；②非标准工作时间的企业付出（通常所说的是指福利部分）；③人力成本的开发部分（包括内部开发和外部开发，内部开发主要指培训，外部开发主要指招聘）。进行人力成本分析的目的：①帮助企业设计能招到人的工资标准；②分析人力总成本的合理性；③预算和控制薪资总额或总比例（人力成本率）；④有目标性地提高人均效益，降低人力成本率。

人力成本率的计算公式为：人力成本率＝当期总人力成本÷当期销售额。

（2）薪酬水平调查。这部分工作的主要作用是确保薪酬的外部竞争力，确定企业应该设计的工资标准。有一种十分简单而又经济、有效的方法——利用招聘的机会进行薪酬调查。即可以先设计好一份实用的表格，再公布需要招聘的职位（列出企业想了解的每个岗位的名称及职责）。

（3）能力素质评估。企业需要构建能力素质模型对所有岗位的员工进行评价，评价的结果将成为报酬激励的核心因素。能力素质模型建立的顺序：—定义绩效标准—选取分析样本—获取有关能力素质的数据资料—建立能力素质模型—完善能力素质模型。

NO.93——岗位工资：对单一工资进行拆分

阿米巴经营模式下的岗位工资不是指简单的按照岗位发给员工薪酬，而是要通过薪酬体现企业的价值导向。岗位工资一定是建立在岗位价值的基础上，岗位创造的现有价值和未来价值越多，所能获得的薪酬报偿也更多。因此，在讨论岗位工资之前，先要对岗位进行评估。

1. 岗位评估

岗位评估是科学合理制定薪酬制度的前提，因此，不能只看到岗位的固有价值，还要看到浮动价值。

（1）评价指标体系的建立。岗位评价需要先明确岗位的工作状况和工作量差异，还必须满足企业人力资源管理基础工作的需要。因此，必须在决定工作岗位、工作状况和工作量的众多因素中，选择合适的因素，然后再进行全面、科学的评价。

（2）评价的操作。岗位评价必须要通过一定的标准实施，要对所有岗位的内部比较价值进行评分，并根据价值分数的高低进行排序。常用的岗位评价方法有排列法、分类法、评分法、因素比较法、国际标准职位评价系统（ISPES）、海氏职位评估系统等。

（3）评价结果数据的处理。通过岗位评价的测定和评定工作的有序进行，会得到大量的原始数据。企业需对这些数据进行处理和计算，才能得到评价结果。

（4）评价数据的计算方法。评价数据的计算内容包括劳动强度和工作环境各因素的测定数据分级计算，工作责任、工作技能各因素的评定等级计算，以及岗位综合评价计算。如果待评价岗位很少，可以采用人工计算；若待评价岗位过多，应录入计算机系统进行数据处理和计算。

2. 岗位工资

岗位工资通常分为两大类（见图 8-8）：基础类工资和福利类工资。

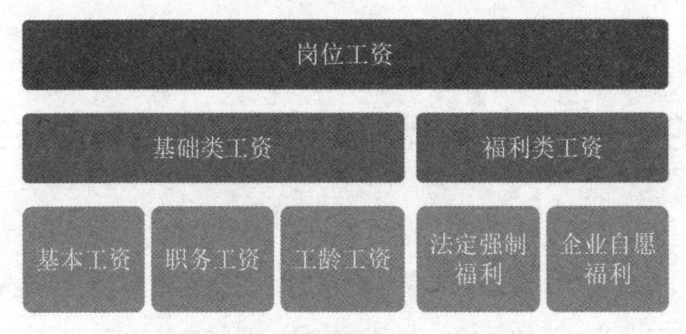

图8-8 阿米巴经营岗位工资的分类

（1）基础类工资，包括基本工资、职务工资和工龄工资。一般情况下的保底工资属于基础类工资。基础类工资是对员工付出智慧和劳动的基础性回报，保障员工最基本的生活需求。但这个需求不是根据员工各自的情况而定，而是考虑社会成本与企业实际状况设定的，且依据规定不能低于当地最低工资保障。

从企业的角度来讲，基础工资预算容易，也相对可控，因为每月员工的工资数额相对固定，只需刨除常规扣减（迟到、早退、旷工、病假、事假等）即可。但是，基础工资的不足之处非常明显，就是设定僵化，不能体现价值分配的原则，而且，基础工资比例设置过高会造成员工没有上进心，基础工资比例设置过低又会造成员工没有战斗力。

（2）福利类工资，又分为法定强制福利和企业自愿福利两种。法定强制福利包括社保五险一金、高温（高湿、高空、夜晚）补助、产假福利以及其他必要福利；企业自愿福利是企业在没有政策强制的情况下，主动给予员工的福利待遇，如商业保险、通信补助、交通补助、节假日津贴、带薪年假等。

福利类工资包含在企业人力成本中，但又不能直接纳入基本工资中去。因为福利类工资代表着企业对员工的投入与付出的进一步经济报偿，更多体现为企业文化的表现，所以从财务角度是纯成本投入。通常情况下，福利类工资越多的企业，对人才的吸引力越高，招人和留人的难度也相对越小。福利类工资的不足之处是成本管控难度增大，很难量化付出成本后能够得到的回报率。

NO.94——贡献奖金：实现战略吻合与能效结合

稻盛和夫说："阿米巴经营有三个目的：确立与市场挂钩的部门核算制度、培养具有经营意识的人才、实现全体员工共同参与经营。"

这三个目的背后隐藏着"竭尽全力执行"和"不折不扣完成"。阿米巴经营模式里的每一个个体都是"为了同一个目的而不惜任何努力的同志"，具有"真正的伙伴意识"，这正是基于哲学基础上的真才实学，是稳扎稳打用数字来说话。

薪酬体系同样是企业的推进力，具体也是通过让员工积极工作，在工作中体会到乐趣和自身价值。所以，阿米巴在薪酬奖金的设计原则上遵循战略吻合和能效结合的理念。

1. 战略吻合

让各阿米巴通过独立核算、独立运营，形成一个在统一战略框架指导下的"充分授权"的经营模式。企业总部应将除必要的决策权、职能管理权、监督权之外的其他权限，都授予各级阿米巴。

对于处于不同发展阶段或能力、形态不同的阿米巴，应采取差异化的授权方式，形成对发展处于初期、能力不足、业绩不佳或处于主业地位的阿米巴进行紧密控制，对发展良好、能力较强或较为边缘性的阿米巴给予更大权力。

企业总部充分给予阿米巴与其职责相匹配的授权，包括在企业总体战略框架下制订经营目标和经营计划、对已分配到阿米巴的资源进行自由支配、阿米巴内部员工的任免权和薪酬制定、阿米巴业务的自行经营决策与产品开发和推广等经营管理权限。

2. 能效结合

是组织的改变，使每位员工具有成本意识和利润意识，像经营者一样思考，变"要我干"为"我要干"。

一个班组、一个工序、一个部门都可以成为一个独立经营、独立核算的阿米巴，这样就可以定位每一个小环节的成本、费用、效率和利润。考虑到各阿米巴之间业务的关联性，在设计阿米巴经营奖金时，奖金除与本阿米巴经营业绩关联（80%）外，还需与企业整体经营业绩关联（20%）。以此，实现各阿米巴核心员工与企业之间的上下同心、共创共享。

明白了战略吻合和能效结合，还要了解发放奖金时需要遵循的原则（见表8-6）。

表8-6 阿米巴经营发放奖金的原则

原则	说明
授权原则	授权各阿米巴长提交超额利润分配方案
监审原则	财务部门审核数据准确性，人资部门监督分配公平性
优先原则	按照"普通阿米巴成员—核心阿米巴成员—阿米巴长"的次序
预留原则	超额利润分红适当预留，分时分次发放

制定奖金分配制度时应优先考虑激发核心层员工的积极性，奖金分配制度在设计之初要考虑公正和公平性。

首先，确保阿米巴的稳定性，特别是针对核心员工。核心员工曾经或当下对企业有巨大贡献，在物质上应当给予和他们的贡献相匹配的奖励。这样做的好处是，一方面体现企业对有重要贡献的员工的认可和感谢，另一方面能帮助核心员工在企业内部提升位置，更好地展开工作。这两方面有助于核心员工保持对企业的认同感，促进他们继续为企业发展做出贡献。

其次，通过企业文化培训和有效的激励措施，可以让非核心员工了解并认可企业的奖金分配制度，从而激发非核心员工的工作热情。非核心员工虽然暂时不拥有核心员工的工作能力，但也是企业的重要组成部分，他们同核心员工一起为企业创造效益，通过工作的实践逐渐提高个人价值。

NO.95——员工奖金：确定奖金的来源、总额与分配标准

阿米巴经营模式的奖金设计通常分为3个步骤（见图8-9）：首先确定奖金来源，其次测算奖金总额，最后确定分配标准。

图8-9 阿米巴经营奖金设计步骤

1. 确定奖金来源

奖金来源要看各阿米巴的性质，比如预算型阿米巴体现是否具有服务价值，利润型阿米巴体现是否增加利润，成本型阿米巴体现是否节约成本，资本型阿米巴体现是否产生投资收益。

预算型阿米巴的关注点是工作或服务质量以及量化评估，是以控制经营费用为主的阿米巴组织，要做到既可控制费用，又可提供最佳服务质量。预算型阿米巴进行费用的细分，包括固定费用和管理费，其中，固定费用是必要的正常支出。预算型阿米巴在预算的过程中，要求每一个阿米巴成员学会算账，要树立成本意识和利润意识，养成降低成本、控制消耗的思维和行为习惯，达到资源的有效配置和利用。对比阿米巴的预算和业绩，每个月对阿米巴进行考评，将考评结果与工资和奖金挂钩。

利润型阿米巴追求的是利润，不仅仅是成本的降低。仅有成本中心无法适应规模壮大后的企业的发展战略，所以大的利润型阿米巴下面可以设置若干个小的利润中心。利润型阿米巴有利于提高员工的主观能动性和目标管理以及预算管理的实施效率。所以，利润型阿米巴的考核指标是可控利润，即通过降低成本来增加利润或者通过增加收入来增加利润。

成本型阿米巴的主要职责是协助利润型阿米巴进行相关的营销活动。成本型阿米巴是对成本和费用承担控制、考核责任的中心。对成本加以控制和考核，对费用进行归集、分类。成本型阿米巴的范围最广，只要有成本费用发生的地方，都可以建立成本型阿米巴。

资本型阿米巴既对成本、收入和利润负责，又对投资效果负责。资本型阿米巴拥有最大的决策权，也承担最大的责任。因为资本中心必然是利润中心，但利润中心并不都是资本中心。利润中心没有投资决策权，而且在考核利润时也不考虑所占用的资产。

预算型阿米巴、利润型阿米巴、成本型阿米巴都可以采用"工资 + 奖金"的方式进行奖励，资本型阿米巴最好能和资本结构即股权关联起来。

2. 测算奖金总额

测算奖金总额需要从两个方面考虑：一是阿米巴收益预算对比；二是阿米巴奖励与分配预测。

（1）阿米巴收益预算对比。阿米巴收益预测是指对阿米巴未来某一时期可实现的利润的预计和测算，是按照影响阿米巴利润变动的各种因素预测出阿米巴将来所能达到的利润水平，或按照实现目标利润的要求预测出需要完成的销售量或销售额，并且根据奖励比例计算出奖励总额。

（2）阿米巴奖励与分配预测。先确定阿米巴奖励总额，再确定各级阿米巴成员所获奖励的人数、人均奖励金额、总额以及所占比例等。因为阿米巴创造盈利以支付成员的报酬，所以，阿米巴奖金分配方案是由各阿米巴领导者制定的。阿米巴领导者必须能够持续稳定完成盈利目标和单位时间核算目标，才可以向上晋升。

3. 确定分配标准

确定分配标准要看分配对象（全员性分享）、分配时间（什么时间分多少）、分配系数，得出员工贡献度、进步性以及投入产出比。实施阿米巴经营模式需把握"整体利益大于局部利益"的原则，奖金分配系数应按照进步性、贡献度、公平性来进行计算，并确保将奖金分发到各阿米巴和阿米巴每名成员。

NO.96——年度效益奖：任务达成与任务超额

年度效益奖顾名思义，是按照阿米巴的年度效益为参考依据，当超过年度预定目标，向具体执行的有功之人发放的物质奖励。

1. 分配原则

（1）专权原则：企业向符合年度效益奖的阿米巴领导者，授予提交奖金分配方案的专权，任何其他单位或个人不得干涉。

（2）确准原则：阿米巴领导者在提交奖金分配方案后，交给企业财务中心审核数据的准确性，再交给人资中心审核一般公平性，最后交给企业领导者批准。

（3）次序原则：阿米巴年度效益奖金的分配需按次序实施，常规情况下以直接员工→间接员工→阿米巴领导者为次序。

（4）共享原则：当阿米巴获得奖金，尤其是获得超额任务奖金时，应当拿出部分奖金与上下游相关单位或个人共享。共享金额与共享形式不限，包括直接分配奖金、共同欢聚、共同培训等。

2. 发放方式

（1）参考当年（如2020年）阿米巴领导者的红包、间接人员的常规系数（如0.8）、直接人员的平均金额的常规标准（如650元）。

（2）阿米巴领导者的个人奖金占比不超过本阿米巴奖金总额的50%。

（3）奖金分配到个人后，每年新年之前（阳历）发放60%，另外40%与次年6月工资同期发放。

（4）各阿米巴领导者正常离任、离职（按企业现行制度规定），不影响奖金发放的金额与日期。

3. 生产制造阿米巴年度效益奖金总额计算方式

阿米巴年度效益奖金总额 T=（任务达成奖金 A+任务超额奖金 B）× 阿米巴年终综合考核得分 / 100。

（1）任务达成奖金 A 的两种情况：

①当实际利润 ≤ 目标利润时：

任务达成奖金 A= 达成率 × 实际利润 × 奖金比例 × 激励系数（见表 8-7）

（达成率 = 实际利润 ÷ 目标利润 × 100% ≤ 1）

②当实际利润 > 目标利润时：

任务达成奖金 A= 达成率 × 目标利润 × 奖金比例 × 激励系数

上述公式中的因素说明（以本节 "2.发放方式"的数据为例）：

单年度奖金比例 =（阿米巴领导者上一年红包 + 员工当年奖金总额预算）÷ 本年目标利润

员工奖金总额预算 = Σ 间接人员预算工资 ÷ 12 × 0.8+ 直接人员编制人数 × 650 元

两年度奖金比例 = 上一年度（任务达成奖金 A+ 任务超额奖金 B）÷ 上一年度实际利润

激励系数

表8-7　某公司激励系数

达成率（Z）	激励系数
Z<60%	0
60%≤Z≤65%	0.2
65%<Z≤70%	0.3
70%<Z≤75%	0.4
75%<Z≤80%	0.5
80%<Z≤85%	0.6
85%<Z≤90%	0.7
90%<Z≤95%	0.8
95%<Z≤100%	0.9
Z>100%	1

年终综合考核得分遵循各阿米巴综合考核指标与评分规则。

（2）任务超额奖金 B：

当实际利润＞目标利润时，阿米巴除享有上述项目规定任务达成奖外，还享有本条规定任务超额奖金。

任务超额奖金 B=∑（超额利润 × 超额比例区间奖金比例）

上述公式中的因素说明：

①超额利润 = 实际利润 – 目标利润

②超额比例区间 =（实际利润 – 目标利润）÷ 目标利润 ×100%

下面是某公司各阿米巴超额利润与奖金比例对照表（见表8-8）。

表8-8　某公司各阿米巴超额利润与奖金比例对照表

超额利润（M_{1-5}）	超额比例区间（X_{1-5}）	阿米巴奖金比例	任务超额奖金（B_{1-5}）计算公式
M_1	$X_1<30\%$	5%	$B_1=M_1 \times 5\%$
M_2	$30\% \leq X_2<50\%$	10%	$B_2=B_1+(M_2-M_1) \times 10\%$
M_3	$50\% \leq X_3<70\%$	15%	$B_3=B_1+B_2+(M_3-M_2) \times 20\%$
M_4	$70\% \leq X_4<100\%$	20%	$B_4=B_1+B_2+B_3+(M_4-M_3) \times 20\%$
M_5	$100\% \leq X_5$	25%	$B_5=B_1+B_2+B_3+B_4+(M_5-M_4) \times 25\%$

NO.97——期权薪酬：对优秀者的最大奖励

阿米巴经营模式的期权薪酬设计在于将员工激励与股东价值二者相互连接，既可以吸引、保留核心员工，又给优秀者提供在财务上分享企业成功的机会。

1. 从全盘薪酬定位期权薪酬

因为阿米巴期权薪酬只是企业薪酬体系的一个方面，所以，要从企业全盘薪酬制度的角度来定位、制定期权薪酬制度，而不是仅从期权薪酬的作用上去设计。

期权薪酬制度并不对所有企业都有效，要依据企业是否上市和自身发展程度两方面来确定是否实施。

在可预见的未来企业计划上市的情况下，可以考虑引入期权薪酬。但要在企业上市计划确认无疑时方可实施期权薪酬方案。如果企业在上市前阶段推迟（或取消）了上市计划，授予员工的期权已没有或只有有限的价值，那么，期权薪酬方案就失去了激励价值。

在可预见的未来公司不计划上市的情况下，最好使用以现金为基础的长期激励计划。

对于高速成长的企业，期权薪酬的实施通常会取得成功，因为企业价值的上升或股票价格的上升将让期权持有者获得实质收益。

对于发展相对平缓的企业，单一期权薪酬并不是最合适的长期激励工具，需要与其他长期激励工具结合使用。

2. 期权薪酬方案的设计

期权薪酬方案的设计涉及财务、人力资源、法务及审计等多个部门。在期权薪酬方案的设计阶段，人力资源部门在结合企业的未来战略、发展方向和经营模式的基础上，需要考虑方案的关键目标、授予资格和数量、生效条件、估值基础（对未上市企业）、摊薄影响、终止条款、其他限制性条款等因素。

因期权薪酬具有法律效力，所以期权薪酬方案应包含相关法律文件，上报董事会批准后才可以开始实施。

人力资源部门需要联系法务部门准备好相关法律文件，联系财务部门计算会计成本，联系税务部门整理帮助员工理解税收影响的文件。

期权薪酬方案的设计最经常出现的缺陷是：期权薪酬的激励范围、激励资格、激励条件和激励数量与被激励对象的期望值和业绩不匹配。

在期权薪酬方案的实施过程中最常出现的矛盾是：激励对象缺乏对企业股价可能出现的显著而持续下跌的预期。

如果出现上述的缺陷或矛盾，期权薪酬激励将很难达到效果。

3.期权薪酬激励实施的步骤

当期权薪酬方案确定后,阿米巴应在实施过程中扮演主导与协调的作用,最关键的是做好与员工沟通的工作。

第一步,由阿米巴长提出被授予期权的人选。

谁有资格得到企业派发的期权?如何保证公平?企业可以授权让距离员工最近的阿米巴长做出选择。阿米巴长在提出人选后,也必须提供明确的依据,如绩效考核结果等。最后的人选决定权仍在企业总部。

第二步,由人力资源部门和阿米巴长向员工说明。

说明的作用是答疑解惑,毕竟期权对于普通员工来说是一个有深度也有难度的概念,虽然期权的授予、生效和获得都有条件限制,但也必须让激励对象了解期权的行权及有效限制,避免在实施过程中可能发生的各种误会。企业人力资源部门根据已经确定的期权薪酬方案,制作一系列用于与激励对象进行沟通的说明文件,如行权操作指南等培训手册。

要特别做好对阿米巴长的期权薪酬方案的培训,毕竟人力资源部门不能时刻跟在激励对象的后面回答问题,只有阿米巴长在充分理解了期权薪酬激励方案的目的、机制,以及激励方案与个人期望值和业绩之间的关系后,再由他们在实施过程中协助辅导激励对象的沟通工作。

同时,也要注意对非激励对象的培训和沟通工作,让他们明白自己为什么没能获得激励资格,自己的不足在什么地方,自己需要在哪方面提高才有机会在下一次期权薪酬激励实施时争取到资格。这项工作通常由各阿米巴长完成,可有效避免期权薪酬实施过程中内部不平衡状况的发生。

第三步,发放期权。

人力资源部门与财务部门、法务部门合作,共同完成期权的发放。在期权薪酬方案的设计过程中,人力资源部门与法务部门介入较多,且前者处于主导角色。在期权薪酬方案的实施过程中,人力资源部门仍然是主角,但财务部门和法务部门也是很重要的配角,这两个部门可以有效防范在实施过程中可能出现的一些风险。人力资源部门在整个过程中处于核心地位。(见图

8-10）

```
                    企业高层
                   积极参与，保证
                   重视度和重要性

   财务部门                         法务部门
   计算会计                         准备相关
     成本                          法律文件

          人力资源部门
   阿米巴长  设计具体的期权薪酬  税务部门
   协助进行   激励方案，制作期权  准备理解
   沟通工作   薪酬激励的说明文件  税收影响
                                  的文件
```

图8-10 期权薪酬激励方案中的主角——人力资源部门

第四步，日常维护。

期权薪酬方案实施后，人力资源部门要继续做好与激励对象的沟通工作，解释员工的一些困惑与疑难。因为理论和实践之间是有距离的，激励对象在前期培训中可能听明白了，但在具体实施时又产生了新的疑问。

此外，人力资源部门、财务部门和法务部门要联合行动，跟踪统计员工的行权情况，并根据实施情况提出修改相关条款方案。

期权薪酬方案实施后，企业高层、企业领导者要积极参与，保证足够的重视程度和强调激励方案的重要性。事实证明，企业高层的参与程度越高，企业从期权薪酬激励中获得的员工激励和保留价值就越高。

NO.98——股权激励：留住最核心的人才

股权激励是通过获得企业股权的形式给予阿米巴经营者一定的权力，使他们能够以股东的身份参与企业决策、分享利润、承担风险。

在常规的激励方式中，如根据目标业绩的岗位工资、根据超目标业绩的奖金（贡献奖金和年度效益奖），都只与企业短期业绩表现关系密切，期权薪酬的激励时间跨度长一些，但也与企业的长期价值关系不明显。在短期激励不断出现时，员工有可能为了达成短期的财务指标而牺牲长期利益。为了使员工能够更多关心企业的利益，需要让员工和企业的利益追求趋于一致。股权激励（见图8-11）就是非常对症的解决方案，企业通过让员工在一定时期内持有股权，享受股权的增值收益，并在一定程度上以一定方式承担风险，使员工在经营过程中更多地关心企业的长期价值。

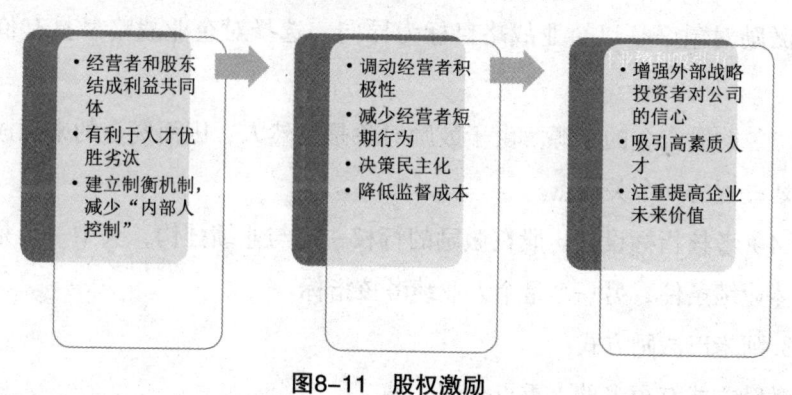

- 经营者和股东结成利益共同体
- 有利于人才优胜劣汰
- 建立制衡机制，减少"内部人控制"

→

- 调动经营者积极性
- 减少经营者短期行为
- 决策民主化
- 降低监督成本

→

- 增强外部战略投资者对公司的信心
- 吸引高素质人才
- 注重提高企业未来价值

图8-11　股权激励

1. 阿米巴股权激励特点

（1）长期性。员工职位越高、能力越强，其对企业业绩的影响越大。企业领导者要将核心员工的利益与企业利益紧密联系在一起，构筑利益共同体，减少管理成本，充分有效发挥核心员工的积极性和创造性，加快实现企业的战略目标。

（2）价值回报性。普通员工的价值回报，按照"工资＋奖金"的形式差不多就可以得到满足；核心员工的价值回报要高很多，"工资＋奖金"绝难满足。如果是新晋核心员工，"工资＋奖金"再加上其他有效福利和分红也基本能够满足；但对企业发展做出过重要贡献的资深核心员工，仅仅靠短期的经济拔高似的回报已经很难起作用了，更为有效的办法是对这些人才实施股权激励，将他们的价值回报与企业持续增值紧密结合在一起，通过企业增值来长期地、更大量地回报他们为企业发展所做的贡献。

（3）企业控制权性。虽然阿米巴经营模式重在实现"人人都是经营者"

的目标,但经营者也分层级,员工在各自阿米巴内参与经营,仍然属于局部经营行为。但是通过股权激励,就能让员工参与关系企业发展的经营管理决策,使其拥有部分(哪怕很少)企业控制权,这是全局经营行为。

2. 阿米巴股权激励关键点

(1)激励方式的选择。这是股权激励的核心,直接决定了激励的效用。

(2)激励对象的确定。设立股权激励是为了激励员工,平衡企业的长期目标和短期目标,特别是关注企业的长期发展和战略目标的实现。因此,确定激励对象必须以企业战略目标为导向,选择对企业战略最具有价值的人员。

(3)购股资金的来源。由于鼓励对象是自然人,因而资金的来源成为整个计划过程的一个关键点。

(4)考核指标设计。股权激励的行权一定与业绩挂钩,其中一个是企业的整体业绩条件,另一个是个人业绩考核指标。

3. 阿米巴激励方式

激励方式有很多种,重点介绍4种。

(1)股份转让:通常是指股票所有人把自己持有的企业股票通过交易转让于他人,使他人成为企业股东的行为,这里是指企业将阿米巴的股份以一定的价格转让给阿米巴成员。

(2)资产增值转股:阿米巴不可能把当年的利润全部分光,会有一部分利润转到第二年的资产里面,那么这部分增值的资产也可转换成企业股份。

(3)股份期权:通过在企业中实行股票期权计划,更好地激励阿米巴经营者,授予对象主要是阿米巴领导者和核心骨干。

(4)增资扩股:阿米巴向社会或企业内部募集股份、新股东投资入股或原股东增加投资扩大股权,从而增加阿米巴的资本金。如某阿米巴的资产是500万元,"巴"长和另一名成员自愿跟投总资产的10%——50万元,至此,该阿米巴的资产增加至550万元。

4. 阿米巴股权激励方法

先持有本阿米巴股份,必要时进行折算或转换成企业股份。

这类似"饥饿营销"的作用，让阿米巴成员先持有本阿米巴股份，不要一开始就拿到企业股份，以提升阿米巴成员的拼搏欲望。

某公司导入了阿米巴经营模式，依据企业经营性质组建了相应的阿米巴。其后三年发展迅速，今年老板决定实施股权激励（公司并未上市），选择一部分中高层管理人员和部分基层骨干作为激励对象。但并非让激励对象在满足激励条件后直接持有公司股份，而是先持有各自所在阿米巴股份，然后在必要时进行折算或转换为公司股份。

比如，塑料车间阿米巴的成员，持有塑料车间阿米巴的股份；组装车间阿米巴的成员，持有组装车间阿米巴的股份；物流运输阿米巴的成员，持有物流运输阿米巴的股份；广东地区营销阿米巴的成员，持有广东地区营销阿米巴的股份……

本阿米巴股份在必要时进行折算或者转换为企业股份，其中的"必要时"应该怎样理解呢？就是企业发生经营模式重大转型或者经营收益大幅提高时。比如，公司准备上市，在激励对象认可的情况下要么把员工持有的阿米巴股权以溢价（溢价范围自定）形式兑换成现金，要么将员工持有的阿米巴股份以市场价格转换成企业股份。

每个阿米巴的股权通过其资产规模和企业资产规模进行转换，以前在阿米巴，一个员工占了20%的股份，但换算成企业股份后，可能只占有0.1%的股份，这一点要和激励对象沟通清楚。

长期激励是在市场经济下，企业为实现整体利益的现实选择。长期激励机制能够优化资源配置、提高竞争实力，提升企业业绩与吸引力。股权激励是非常重要和有效的长期激励手段，但也应正确实施才能取得预期效果。

第九章 导入推行

NO.99——六项要点：导入阿米巴是"一把手"工程

从本章开始，讲述如何将阿米巴经营模式导入企业的实际经营中，我们结合导入前、导入中、导入后的10个关键性工作内容分别进行阐述。在导入之前有六项要点（见图9-1）需要了解，可以让我们对导入有初步的认识。

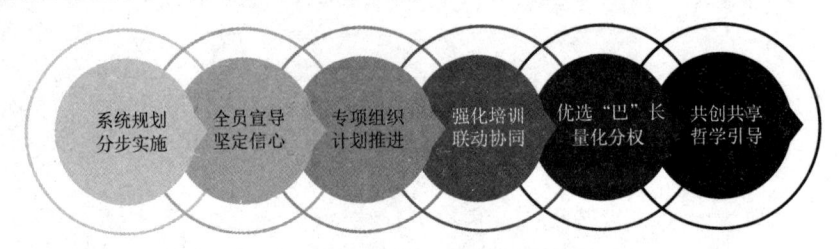

系统规划　全员宣导　专项组织　强化培训　优选"巴"长　共创共享
分步实施　坚定信心　计划推进　联动协同　量化分权　哲学引导

图9-1　导入阿米巴经营的六项要点

第一要点，系统规划，分步实施。

企业导入阿米巴经营模式，应立足于先从整体框架下进行战略规划，再制订详细的推进计划，为阿米巴经营模式在企业中的有序推进指明方向。

分步骤、分阶段地规划阿米巴单元核算，按照划分后的阿米巴单元分步进行独立核算，成功一个及时总结经验，再复制推进到另一个。

企业在系统规划、分步实施的过程中，要做到有章可循。

划分阿米巴组织。明确划分组织形态的类型（预算型、成本型、利润型、资本型），根据不同形态进一步明确阿米巴的性质。

科学分摊公共费用。企业把厂房、设备、原材料、辅料、能源、人工等一切资源全部按照市场标准进行细化、量化，实行有偿使用，计入阿米巴经营成本。同时界定好阿米巴公共费用的分摊标准，保障企业的经营活动始终产生正面效应。

阿米巴内部定价。企业内各部门、各阿米巴之间可以相互提供产品、半成品或劳务等资源，因此需给相互结算、相互转账制定统一的计价标准。

4.确定阿米巴结算方式。将阿米巴所有经营活动全部纳入计算机结算系统，自动完成《阿米巴经营会计报表》的编制。

5.收入与绩效挂钩。根据阿米巴经营会计报表反映出来的实际收益，按照经营分配方案分配到每个员工，成为阿米巴成员收入的一部分。

第二要点，全员宣导，坚定信心。

阿米巴经营模式的导入能不能开展起来，是否能得到员工的认同，离不开企业上下的同心合力，坚定信心。

通过每日早读向员工灌输阿米巴的经营哲学，让员工知道实行阿米巴经营模式是正确的选择。

引导员工思考经营中会发生的问题，如生产模块如何做到费用最少，却产出最多；技术模块如何通过现场技术的改善而提升效率；品质模块如何做到用时最少，而品质最佳等。只有养成思考的习惯，才能形成改善的习惯，逐渐修正工作中的错误，员工就会有成就感，会有更大的热情投入工作。

第三要点，专项组织，计划推进。

当员工的信念被夯实后，就可以有计划地推进阿米巴经营方案了。但在阿米巴经营方案设计完成后到运营实施前的这一阶段，要做好4个方面的准备工作。

成立"阿米巴推行委员会"。建立阿米巴推行组织，可由三级阿米巴以上的阿米巴长组成，专门负责阿米巴经营模式推进的各项工作，主要职责是全面组织、协调资源、处理异议、监审核算等。

建立阿米巴信息传递系统。在阿米巴运营过程中，信息传递流程和时间都要做统一规定。如果做完阿米巴经营模式后，需要导入阿米巴的ERP系统时，已有的信息传递系统将发挥巨大作用。

业务计划和费用预算实施到位。将计划和预算做得好的企业，在阿米巴经营模式的运营过程中效果会更好，更明显。

建立阿米巴运营责任制。各阿米巴要有专门人员负责本阿米巴的推行工作，必须明确相关执行责任和义务。

第四要点，强化培训，联动协同。

导入阿米巴经营模式的前后，都要进行强化培训。阿米巴推行方案牵涉经营管理的方方面面，如组织方面、人力资源方面、财务方面、业务方面等。体系化培训要分层次进行，可分成经营管理层（包括各级阿米巴长）培训和员工培训。

经营管理层培训需要经营管理人员，特别是各级阿米巴长充分熟悉阿米巴体系结构和操作要点，在必要情况下可进行 TTT 培训，以提高他们向下培训本阿米巴成员的能力。

员工培训可通过"阿米巴运营会议"，以"日会""周会"等形式进行。

日会是利用正式工作前的几分钟时间，阿米巴长将过去一天中本阿米巴的运营情况向全体成员进行通报，提醒所发现的问题，敦促改善。

周会通常定期在周一早上进行，以便将上一周的经营情况进行通报分析，还可以在新一周工作正式开始前，确认计划目标和工作重点。周会可以让阿米巴成员轮流主持，以锻炼大家的总结和计划能力。周会的时长以不超过半小时为宜。

第五要点，优选"巴"长，量化分权。

实施阿米巴经营之后，通过竞聘的"赛马机制"选出合适的阿米巴长，然后给阿米巴长赋能，实际上是量化分权的过程。企业的权力从高层等少数人手中下放至各阿米巴长，甚至是具体员工。阿米巴的量化分权真正实现了人人都是经营者的目标，让每名员工都能积极参与到企业经营中来，让员工从被动转化为主动，尤其是对工作掌握的主动，深度激发员工的主观能动性。

阿米巴分权的目的是深入挖掘和持续发挥人才的智慧与潜力。企业领导者分权是为了跳出固有视觉，以新思维、新思路审视企业的经营状态。

通过划分组织，量化分权，将权力下放，培养员工的经营者意识。企业领导者通过量化分权，将经营透明化，通过每个阿米巴的经营会计报表了解企业的运营情况，哪个团队业绩亏损了，哪个团队战略方向错了，哪个团队计划执行有偏差……没有了经营业务牵绊的企业领导者，可以集中心力为企业前进指明方向。

第六要点，共创共享，哲学引导。

经营哲学是企业之魂，有了灵魂，企业才能生发出源源不断的创造力。所以，导入阿米巴经营模式的关键是将经营哲学注入每名员工的心中。企业的愿景、使命和价值观也要通过培训灌输到员工的头脑里，形成利他共赢的共识，为后续的阿米巴激励做好铺垫。

企业为了员工的幸福，需要挑战高目标，只有不断发展成长，在攀高的过程中一定要有经营哲学形成强劲支撑，才能更好地把全体员工凝聚起来。

企业是一个为了共同目标由各类人才组成的经营性组织，大家充分理解企业的思维方式，从内心深处与企业哲学产生共鸣。这是做好工作、实现企业目标的前提。企业经营需要优秀的哲学，因为哲学可以赋予企业优秀的品格。

NO.100——调诊结合：详细调研与全面诊断

调诊是一个组合词，即调研与诊断。企业导入阿米巴经营的最初工作是对各级管理人员和员工进行调研访谈。该环节是对企业的经营状况进行全面了解的重要阶段，根据所了解的情况再制订具体推行计划，以保证计划的针对性和有效性。

我们知道，世界上没有两片完全相同的树叶，所以也没有两家经营状况完全一样的企业，即便是同行业、同规模、同地域、同种经营理念、同种管理模式的企业的经营状况也一定会有差异。因此，企业运用和推行的阿米巴导入方案以及所采取的具体导入方法，都必须以企业的实际情况、以管理层的能力范围、以员工的整体综合素质为依据。

调研访谈的目的是把握各部门的功能、业务内容和职责、工作流程、负责人的权限和义务，以及公司的指挥命令体制、目标管理制度等。NO.66节中提到的荻野工业在导入阿米巴经营模式时，前期就进行了相关工作。辅助荻野工业导入阿米巴经营模式的机构对该企业的每个部门的管理人员和员工都进行了访谈，人数有30余人，时间持续1个多月，平均每个人的访谈时长为60～90分钟。

通过调研访谈，辅助导入机构明确了荻野工业存在的问题，先对该公司组织的改善进行了提案。经过全面的阿米巴经营模式的输入，荻野工业实现了每名员工都积极主动、有活力地工作，各本部、各阿米巴都作为独立的经营体进行独立自主的运作，作为公司全体中的一部分来实现自己应有的功能。

荻野工业的调诊工作是符合其经营情况需要的，其他企业可以借鉴。调研访谈工作必须深入，不能走过场，与每名访谈对象的谈话时长和所有访谈对象的谈话总时长都要提前做好规划。

每名访谈对象要确保面谈时间不少于30分钟。也可以视具体情况而定，重要岗位的管理人员和员工可以适当延长访谈时间，以1～1.5小时为宜，建议不超过2小时。尤其是基层员工，所能了解的企业实际经营状况还是有限的，过长的访谈时间容易演变为"诉苦会"。如果确有访谈对象有很多内容要阐述，可以分批次进行，比如，此次谈1个多小时，下次继续谈，这样既可以提高访谈对象的倾诉欲望，也让访谈对象能进行一些准备。

所有访谈对象的谈话总时长不能少于40小时（累计），时间应持续1～2个月。访谈期间也不是只进行谈话一项工作，企业的日常经营仍在继续，访谈只能找时间完成，每次访谈完成后要进行相应总结，还要对企业的经营活动进行现场了解，用眼看、用耳听、用嘴谈、用心感受、用脑思考，充分利用调研的各种形式。但要注意访谈的总时长不能过长，毕竟准备导入阿米巴经营模式的企业通常都经营状况不佳，甚至已经深陷危机，所以只有时间才能拯救企业，这就要求前期的准备工作既要做好，还不能占用太长时间。

调研访谈人员要有丰富的企业管理经验和沟通技巧，提出的问题和针对访谈对象的疑惑进行相对应的阐述，都能让访谈对象感受到有意义，只有做到这些才能将访谈的价值最大化。

进行调研访谈人员的人数不能太少，因为太少了忙不过来，也不能太多，多了则容易引发交流困难，一般以 2～3 名为宜。调研访谈人员不能各自为战，而应经常见面沟通，彼此交换意见，总结经验，以确保访谈之后的诊断结果的正确性。对于企业内的关键性人物，如企业领导者、企业核心元老、企业技术骨干等，可以进行多人次反复访谈（不宜超过 3 人次），以挖掘出最有价值的内容。

调研访谈的内容因各企业具体经营情况不同，不做详细解读，通常包括企业愿景规划、企业文化和使命、企业下一年度规划、企业所处发展阶段、企业品牌战略、企业品牌与竞品对比、企业管理水平、企业劳动纪律和行为规范、企业优势和劣势、企业核心竞争力、影响企业发展因素（内部和外部）、企业近 3 年盈利状况、具体盈利部门和亏损部门、盈利项目和亏损环节、盈利原因和亏损原因、员工对企业认同度和归属感、员工薪资待遇水平（各级管理人员和基层员工）、各部门岗位职责、各部门工作流程、企业信用度、员工时间概念、员工上进心、员工盈利心理、员工工作计划（各级访谈对象）、企业特殊规定和习惯等。

下面是某机构制定的辅助企业导入阿米巴经营模式的企业调研诊断阶段工作模板（见图 9-2），可根据企业实际情况具体调整。

访谈对象：
总裁、总经理、副总经理。
各部门经理/总监、各项目组主管/经理、部分基层管理人员。
各部门、各项目组的基层骨干员工、基层特殊岗位员工（如保洁）。

访谈人员和访谈人数：
访谈人员视企业规模大小而定，最少为 2 人。
访谈人数视企业规模大小而定，通常约谈人数在 20 人以上。

调研周期：
视企业规模大小而定，最短为 15 天。

调研内容：
....

图 9-2　某机构的企业调研诊断阶段工作模板

NO.101——设立关键部门：异常重要的"管理部门"

提起管理部门，出现在很多人脑海里的第一印象是"既不创造价值，还高高在上"，尤其是那些管理部门臃肿、人浮于事的企业，人们对管理部门的"憎恶"理由就更多了。在一般企业中，管理部门确实存在很多令人诟病之处，但在阿米巴经营模式下，管理部门虽然仍不能创造利益，但功能性得以提升，且能被其他员工认可。

导入阿米巴经营模式的企业的管理部门，既要支持财务部门的经营，又要对制定和彻底执行各种管理制度负责，还需要从企业整体角度把握整个企业的经营状况，并提出改善建议，已经成为异常重要的部门。

在 NO.66 节中，荻野工业的管理部门（管理本部）在组织架构上的地位做了明确，由经营管理课（负责实绩管理、物流管理、信息系统、采购等）和总务课（负责总务和财务）构成，全面负责阿米巴经营运行的规则管理、各部门实绩的统计和核算、经营会议的召开和运营等，是推进阿米巴经营的关键部门。（见图 9-3）

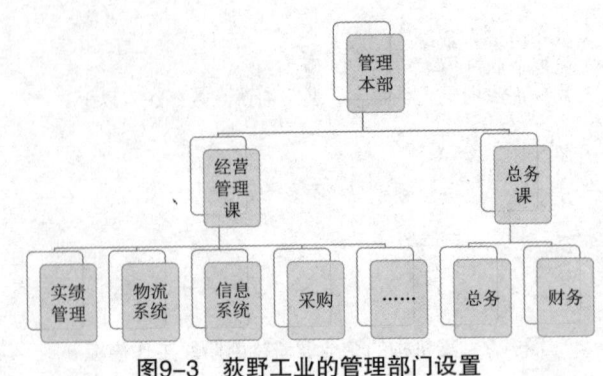

图 9-3 荻野工业的管理部门设置

由于以前荻野工业的采购管理并没有做到位，所以在新的组织体系中对经营管理课的职能做了一些调整，由经营管理课具体负责物品采购的管理，并设定了"物品和票据（现金）的一一对应原则"——票据必须跟随物品移动。

如果有生产制造阿米巴想购买物品，首先需要到经营管理课提交购买申请，写明所需购买的物品名称、数量、希望到货日期以及价格范围等。其次，再由经营管理课向外面的相关企业发出订单进行采购，相关企业的选定、价格和交付日期的沟通并确认，以及订单的发出，都由经营管理课负责。

荻野工业在将采购业务统一集中到经营管理课进行管理后，采购成本得以削减，发出订单的管理更加明确，采购预算管理做到一元化，采购部门和生产制造阿米巴既相互支持，又相互牵制。

在荻野工业全面导入阿米巴经营模式后，大家对管理部门发生的变化感到惊讶，虽然仍是非盈利部门，只消耗费用和时间，但职能性极大提高，对各部门、各阿米巴的费用计划和实绩进行比较，严格考察是否存在浪费现象。比如就算有阿米巴申请采购一本书、工作所需的制图工具这样的小物品，都必须向经营管理课提交申请，对其规定的"使用公司电话打私人电话的电话费由员工个人承担"这样的"头发丝细则"也被执行得很好。虽然员工都认为经营管理课"很烦人"，但也都愉快地接受了。出现这样的变化是因为企业的经营制度变了，节省的成本的一部分会流入员工的腰包里，多出N双眼睛帮自己监督浪费行为，难道不是一件天大的好事吗？

由于管理部门花费的时间和费用根据收益程度分摊给了各盈利阿米巴，因此，如果分摊过来的时间或费用很高，各盈利阿米巴有权要求管理部门做出解释。如果各盈利阿米巴享受到的服务、支援与支出的金额不成比例，也可以直接向管理部门提出抗议，甚至可以继续向上反映。在这种体制下，各盈利部门原则上可以牵制管理部门。

在京瓷，稻盛和夫希望管理部门形成"公司养着自己"的意识，也就是"盈利部门养着自己"。但这种意识不是要求被动的负债心理，而是主动的服务心理。森田直行谈起以前在管理部门就职时的经历时说："曾经有一个盈利阿米巴的员工对我说'你们都是靠我养着的'，当时听后我很生气，不过后来就想明白了。再遇到这种情况我会回答他们：'谢谢你们，因为有了你们的努力，我们才有今天。'不过对业绩不好的部门，我是这样回答的：'你们还是先养好自己吧，我可没靠你们养。'"

NO.102——PDCA循环圈：创建阿米巴经营循环改善系统

阿米巴经营模式是永不满足现有经营管理水平，认为企业永远有改善空间。只要实施了改良方案，单位时间核算效益就会得到提升。阿米巴经营哲学的理想状态是：每月单位时间附加值都应有所提升。

阿米巴经营的业绩分析与改善按照PDCA原理进行。根据问题的表象分析出问题产生的源头是业绩分析的关键，业绩改善的逻辑则是：从经营报表上找出表面问题→分析问题产生的原因→制定改善对策→按对策实施→检查效果→巩固措施和防止问题再次发生。

PDCA循环由美国质量管理专家沃特·休哈特首先提出，爱德华兹·戴明采纳后宣传普及，所以又称"戴明环"。PDCA循环的含义是将质量管理分为四个阶段，即Plan（计划）、Do（执行）、Check（检查）和Action（处理）。在质量管理活动中，要求把各项工作按照做出计划、计划实施、检查实施效果，然后将成功的纳入标准，不成功的留待下一循环去解决。这一工作方法是质量管理的基本方法，也是企业管理各项工作的一般规律。

PDCA循环的四个过程不是运行一次就完结，而是周而复始地进行。一个循环结束了，解决了一部分问题，还有部分问题未能解决或者又有新问题出现，需要进行下一次循环，依此类推。只有这样才能让阿米巴经营模式运行得越来越好，发现问题解决问题，反思复盘，持续改进。

阿米巴经营循环改善系统（见图9-4）以人力、信息、生产、财务、营销、研发、客服等为基点，采取 PDCA 循环的方式实现螺旋式上升。具体分为 4 个阶段。

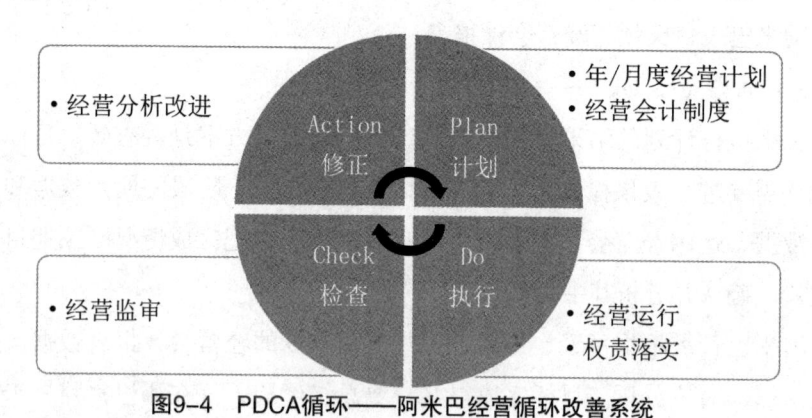

图9-4　PDCA循环——阿米巴经营循环改善系统

1. P 阶段（Plan）——计划

本阶段通过阿米巴会议进行阿米巴课题整理及项目管理来完成，包括 4 个步骤。

（1）选择项目：以改善经营为目的，选择合理的改善项目，明确各阿米巴最重要的业务课题，力求把失败的可能性降到最小。

（2）设定目标：规定改善活动所要做到的内容和达到的标准。要求经营目标用数字量化，抽象目标要有明确的评判标准。

（3）确定方案：提出各种循环改善的操作方案，并最终确定出来一个最佳方案。

（4）制定对策：将方案分解为具体的年度计划和月度计划，逐一制定对策，如在何处执行、由谁负责、如何完成、完成时间等，每一条款必须非常明确。

2. D 阶段（Do）——执行

本阶段就是具体运作，实现计划中的内容。各阿米巴计划目标明确后，阿米巴领导者要对目标进行五级分解，即把年度考核目标及完成目标的措施分解到人、日、周、月、季，明确各岗位人员的职责和具体任务目标，并督导阿米巴成员实施目标。

一个项目通常由5人左右参与执行，并要求每个执行者在规定时间内完成部分文字工作，收集、记录原始数据，将结果数据存档。阿米巴长根据每名成员承担的目标和责任，进行观念、心态、行为、习惯、能力等方面的训练，阿米巴长每天填写经营会计报表。

3. C阶段（Check）——检查

总结执行计划的结果，明确效果，找出问题。方案是否有效、目标是否完成，需要进行效果检查后才能得出结论。根据上一阶段的原始数据和本次执行数据，运用经营会计报表或单位时间核算表，把完成情况同预期目标进行比较，确认并分析其中的差距。

阿米巴长需根据每天、每周、每月、每季度的经营会计报表数据，进行纵向、横向对比分析。目标完成得好，要总结经验，好在哪里；目标未能完成，要找出原因，确定哪个环节需要改进。

4. A阶段（Action）——处理

根据"销售最大化、费用最小化"的经营原则，对检查的结果进行处理。对已被证明的有成效的措施模式化或者标准化，以便进行后期推广。对效果不显著的方案和实施过程中出现的问题加以总结，并将这一轮未解决的问题放入下一个PDCA循环，进行下一次循环改善。

通过PDCA循环系统，企业不断分析现状、发现问题、找出原因、解决问题。这个循环圈，上一循环是下一循环的母体和依据，下一循环是上一循环的分解和保证。一次PDCA循环运转结束，就意味着经过一次循环，解决了一批问题，经营水平有了提高，然后再制定实施下一次循环。如此反复运作下来，使得各阿米巴的循环改善又带动了整个企业大的循环改善，最终使企业经营水平不断提高。

NO.103——经营分析会：让员工像老板一样思考、决策和执行

召开经营分析会是以改善阿米巴业绩为目的，是通过分析阿米巴月（周/日）经营会计报表，找出经营中存在的问题，并制订出改善方案（计划）的会议。改善的内容就是以"销售额最大化、经费最小化"为经营原则，增加收入，节约成本，提高企业收益。

召开经营分析会的周期一般与经营会计报表的周期一致，通常是以月为单位，更为细致的可以做到以周或日为单位。经营分析会是分步骤进行的，各企业根据实际情况确定具体步骤，常规分为五步进行（见图9-5）。

图9-5 经营分析会的常规步骤

关于经营分析会的人员安排，包括会议主持、会议纪要、参会人员等。

经营分析会召开过程中需要用到一些工具辅助，包括经营会计报表、TCD循环改善、PDCA循环改善、鱼骨图、洋葱分析图、思维导图、5W2H等。

经营分析会召开之前要输入：上月（周/日）经营会计报表、上月（周/日）业绩改善方案；召开之后要输出：本月（周/日）业绩改善的主题及相应的改善方案或计划。

经营分析会的顺利召开与有效实施需要有管理制度作为保障，通常包含对会议内容、会议方式、会议要求、会议议程、会议保障等方面的规定。

1. 会议内容

（1）各阿米巴经营期间的经营状况总体分析。

（2）各阿米巴经营期间的收入、成本、费用状况的量化分析。

（3）各阿米巴经营业绩差距寻找及改善对策。

（4）公司经营重点事项安排和各阿米巴重要事项协调。

（5）各阿米巴经营期间的奖励分析。

（6）对各阿米巴的经营改善建议和支持事项。

2. 会议方式

阿米巴经营分析会分为月度经营改善会议和每周经营例行会议。以某公司的经营分析会议的此两项会议的具体安排为例（见表9-1）。

表9-1　某公司阿米巴经营分析会的月度经营改善会议和每周经营例行会议的安排

会议类别	时间	地点	主持人	参加人员
月度经营改善会议	次月第一个周一 15：30—18：30	会议室	总经理（或其他授权人）	各阿米巴长、公司主管以上管理人员、员工代表
每周经营例行会议	每周一晚上 19：00—20：30	自行安排	阿米巴长	上级阿米巴长、本级阿米巴长及核心成员、其他阿米巴员工代表
备注	如遇到特殊情况，开会时间需要变更时，以另行通知为准			

3. 会议要求

（1）月度会议的会务准备由公司人力资源部负责，工作汇报准备由各阿米巴长负责，并用公司规定的统一格式（如PPT）文本。

（2）月度会议各参会阿米巴长需要准备两份资料：《工作汇报PPT》《阿米巴经营损益表》。

（3）会议如正常召开，则不另行通知；会议召开的时间和地点发生变化时，由公司人力资源部另行通知各单位；每周会议由各阿米巴长负责组织安排，行政部派人抽查会议效果，并将效果汇报给公司分管领导。

（4）会议主持人要进行会议中的过程控制，引导发言人的发言内容不偏离议题，并在预定时间内做出结论。

（5）全体参会人员都应专心聆听发言，不可随意打断他人的发言，不能中途离席。

（6）各类会议的参会人员应主动和按时参加相关会议，不得无故迟到或缺席；如有特殊原因不能参加会议，须在会议前一天内向主持人请假。

（7）参会人员必须严守会议纪律，保守会议秘密，在会议决议未正式公布之前，不得泄露会议内容。

（8）参会人员要按公司规定时间和要求提交相关工作总结报告或数据材料。

（9）主持人应该把整理出来的内容和决议付诸实行的程序交给全体人员表决确认。

（10）如果是跟踪性会议任务，会议上主持人要总结和点评上次会议各部门决议的执行情况。

4. 会议议程

（1）会议开始，签到及仪容检查，主持人宣布会议纪律。

（2）各阿米巴进行本阿米巴经营汇报和经营改善分析。

（3）财务部汇报各阿米巴经营业绩结果和奖励分析。

（4）各阿米巴和参会人员对跨"巴"经营质询，提出经营改进意见。

（5）主持人对各阿米巴经营质询，做会议总结和重要事项协调与安排。

（6）各阿米巴经营奖励兑现。

以上是月会议程，周会议程由各阿米巴长自定。

5. 会效保障

（1）会议由专人进行会议记录，对与会人员违规行为进行记录、考核，并纳入人事考核内容。

（2）会议记录者会后一个工作日内整理完成《阿米巴经营会议纪要》，经相关人员审核后发给与会人员。

（3）没有列入会议议程的临时事项，原则上不在会议上讨论，但因紧急而又一时无法达成一致意见或无法确定成熟方案的议题，由各级阿米巴长会后两个工作日内组织召开专题会议，并把专题会议结论于一个工作日内汇报给上级阿米巴长。

（4）会议决议中的公司重要事项由公司指定专人负责检查追踪，各阿米巴和相关人员必须配合，对执行不力者予以经济处罚。

NO.104——年度计划：确立阿米巴经营的主线

如果说年度计划是一个梦想，那么，月度计划就是给这个梦想涂上了颜色。但还是要先有梦想，才有涂颜色的可能。

年度计划是阿米巴经营的主线，是企业为达到战略目标而制定的关于企业年度的目标、执行措施及具体的行动方案。通过制订年度计划，企业可以有清晰明确的发展方向，以及描述战略任务与具体行动之间的逻辑。

年度计划是企业对上年度经营状况的系统总结，也是企业在下一年度的经营起点。对于一些实践阿米巴经营模式的企业来说，必然会去制订一个年度经营计划，因为它是促进企业整体经营提升的最好机会和年度改善的最好突破口。

年度计划的制订是一项系统工程，需要上至企业领导者，下至全体员工，共同参与完成。一个科学的年度计划的制订可以分为六个步骤。

第一步，分析确定企业战略在本年度的重点事项。

第二步，对本年度完成的目标（管理目标、业务目标和财务目标）进行预测和确认。

第三步，对本年度的所有成本和费用支出进行预测和确认。

第四步，对本年度实现目标所需要的各类资源进行规划。

第五步，对实现各项目标的关键举措做出行动安排。

第六步，明确企业和各经营部门年度经营业绩的考核与激励方式。

年度计划的目标体系（见图9-6）可以按时间期限、整体与局部、职能、管理层级几个方面进行选择。

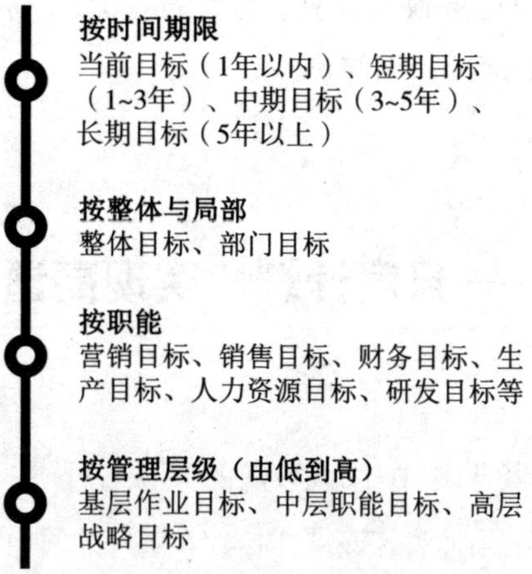

按时间期限
当前目标（1年以内）、短期目标（1~3年）、中期目标（3~5年）、长期目标（5年以上）

按整体与局部
整体目标、部门目标

按职能
营销目标、销售目标、财务目标、生产目标、人力资源目标、研发目标等

按管理层级（由低到高）
基层作业目标、中层职能目标、高层战略目标

图9-6　年度计划的目标体系

企业年度计划制订的逻辑可以从战略规划、市场环境、经营性质、年度预算四个方面进行。

考虑企业战略规划，最核心的是业务链战略。各企业都应该规划三层业务链，包括成熟核心业务、新兴增长业务和战略种子业务。它们和企业的现金流及利润率强相关，是分别回答"今天的钱"、"明天的钱"和"未来的钱"来自哪里，直接关系到企业3~5年中期利润的迭代模式。

考虑市场环境，即考虑外部因素的影响。阿米巴经营目标，是在一定时期内阿米巴生产经营活动预期要达到的成果，是阿米巴生产经营活动目的性的反映，是在分析企业外部环境和内部环境的基础上，确定的阿米巴各项经营活动的发展方向，是阿米巴经营哲学的具体化。

考虑经营性质，更多考虑长期利益。不同类型和性质的阿米巴，其经营目标是不同的。阿米巴不能只看重短期效益，更要多放眼在长期利益上面。企业需引导阿米巴重视长远目标的发展，将对经营目标的指标考核转变为对未来发展的考核。通常阿米巴长期经营目标包括产品发展目标、市场竞争目标、社会贡献目标、职工待遇福利目标、员工素质能力发展目标等。

进行年度预算，实施年度计划分解。年度计划的制订需要从竞争战略的角度去思考新产品、新业务、新客户的拓展、新区域扩张模式、客户优选和应用群的选择、新营销模式的补充、客户价值敏感点的捕捉等。年度计划的目标路径分解，包括新业务投资计划、新产品量产计划、客户拓展计划、订单份额提升计划、成本优化计划等。

NO.105——月度计划：实现高透明度经营

京瓷国分工厂某事业部中生产陶瓷的某课，下属4个系——两个切削系，一个烧结系，一个研削系。该课1994年9月的月计划制订过程如下。

根据各系事先准备的方案，把"8月生产计划"（参照销售部门每种产品的剩余订单制订）、"8月生产实绩"（月末时经营管理课反馈给各制造阿米巴）、"8月单位时间核算"、"9月生产计划"、"9月费用计划"、"9月预计结算销售额"、"9月预计总时间"、"9月预计单位时间核算"写在白板上。

将四个系的数字相加，得到9月全课的预计单位时间核算是5880日元。

课长根据5880日元提出9月计划制订方针："上个月我课的单位时间核算是5996日元，但本月我课的预计单位时间核算是5880日元，目前情况看不如上月。为超额3%完成全年计划的本课内部目标，希望本月的单位时间核算能达到6000日元。大家一起想想如何再提高120日元？"

在分析了各项数字的明细后得出，如果实现单位时间核算6000日元的目标，加班时间要增加，但课长认为维持目前的加班强度即可，不能再给员工增压了。于是，他要求在维持当月预计总时间不变的情况下实现单位时间预算提升。

总时间和6000日元预计单位时间核算的乘积，得出本月要赚取的附加值总额，对比各系提交的附加值总额之后，发现有210万日元的差额。也就是说，全课必须多产出210万日元的附加值，才能实现单位时间核算6000日元的目标。

如果要提高附加值，就需要在增加生产和减少费用两方面双管齐下。于是，全课所有员工开始检查订单明细和费用明细，希望从这两方面入手实现目标。

其中一个切削系首先承诺"通过提高良品率削减30万日元的原材料费",另一个切削系也不甘示弱,同样做出了"通过提高良品率削减30万日元的原材料费"的承诺。

随后站出来的是烧结系,提出"尽量争取增加140万日元的生产,但目前只能保证80万日元,剩余的60万日元不能保证,月中再汇报一下进度"。

当然,承诺不是凭空做出来的,课长和四个系的负责人,以及各系的骨干要坐在一起听取两个切削系和烧结系具体的计划。达到三分之二多数通过后,才可实施。达不到三分之二多数通过,则需要修改计划的实施方式或者修改计划额度,然后再一次进行讨论。

该课还严格审核了分摊过来的公共费用和支援时间,但未发现有明显的分摊费用过高或支援时间过长的情况。也就是说,外界因素并未干扰到该课的生产经营,能否达到预计的单位时间核算6000日元的目标的关键都取决于内部因素。

对于一直没有主动表态的研削系,课长询问原因,研削系解释"本系基本达到了效能最大化,上月为了达到本系制定的生产目标,已经拉满了弓。本月最多是向课里做出保证,保持上月的业绩,没有继续提升的空间了"。

对于研削系的解释,其他3个系给予了认可,课长也表示了感谢,但仍鼓励该系全体成员保持干劲,高标准、高效率地完成工作。

经过一番探讨和计算,单位时间核算6000日元的目标得到了全课的一致认同,并且被确定完毕。

最后,课长做出总结:"本月的单位时间核算目标虽然提升得不算高,但鉴于我们过往的业绩,属于优中再拔高,难度还是很大的,但我课有信心也有能力争取完成目标。烧结系加把劲,本课的业绩最大突破希望在于你们。在此谢谢大家!"

看完以上的描述,你是否感觉到热血上涌呢?说实话,笔者感受到了他们的激情,笔者的内心也很激动,很想和他们一起干。

这只是京瓷各课中的平凡普通的一个,京瓷的所有经营单元都是通过以上形式，在本月的最后一个工作日下午到次月第一个工作日前，确定各自的单位时间核算计划。通常情况下，这个计划一定比上个月要有所提升，"哪怕只有1日元"。因为每个经营单元的业绩不断提升，就意味着京瓷公司整体业绩的不断提升。

为了达到业绩提升的目的，各经营单元可谓"无所不用其极"，不仅对本经营单元内的各项费用苛刻限制，对外部分摊的费用和时间同样苛刻限制。上述课曾在一次制订月度计划的会议上，发现品质管理和生产技术部门的费用有不小增幅，导致本课分摊的费用增加了，关键是增加费用后并未发现有什么实际的效果，于是要求相关部门给予解释，直到该课认可为止。还有一次，也是该课发现外部门对其支援时间增加了，但生产业绩的增幅与总时间的增加不成比例，于是立即在课内寻找原因，最终锁定为两名烧结系员工的工作出现失误，导致整体生产业绩没有因总时间的增加而正比例提升。

写到这里，笔者感觉到了一丝"恐怖"的味道，这是怎样的经营模式啊！如同渗透到发丝里的细致，每一个毛孔都被仔细深挖，一分钟的遗漏、一元钱的浪费、瞬间级的失误都能被发现。

大家都知道，年度计划是月度计划的基础，为完成年度计划，必须按照进度完成每个月的计划。于是，月度计划可以被理解成为年度计划÷12，每个月完成一份。（见图9-7）如果每个月完成的计划都能达到月度计划，则年度计划一定会被超额（少量超额或多量超额）完成。但如果出现当月没有完成月度计划的情况呢？必须要分析没能完成月度计划的原因在哪里？然后下个月重新调整月度计划，让每个环节的落实更加精准，保证必须完成月度计划。

有些人或许会说，偶尔有一次没能完成月度计划，其实没什么，因为有之前几个月完成月度计划的超额积累（通常是少量的），这个月的少许亏空也可以补上。其实，在出现问题时及时调整月度计划并非全然针对下一个月，而是通过这种调整获得最新的信息，提高目标值的精确度，便于经营单元的负责人和员工准确把握未来趋势。

上述这种因为未能完成月度计划而调整月度计划的情况是被动的，京瓷公司这种月度计划制订讨论会多数都是主动的，上月已经完成了月度计划，但还是要再次确认本月月度计划的可行性和精准性，争取在执行中趋近效率完美。

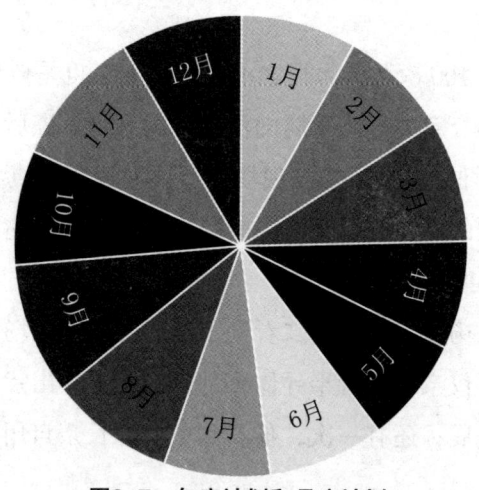

图9-7 年度计划和月度计划

NO.106——执行计划："巡视100次"的宗旨

计划制订完成后，就是执行阶段，最重要的特点是重视现场，各级管理人员必须经常下到现场，观察员工的生产状况，进行彻底确认。

国分工厂永田龙二副厂长本着一个自己的宗旨——"巡视100次"。他每天都会选择一到两个车间，去实地查看情况。在月底结算的当天他更是忙碌，如果有可能，几乎会去每一个车间。他向遇到的所有人，无论是管理人员还是普通员工，无论是正式员工还是临时员工，都打招呼说："大家辛苦了！""还剩××万日元，能完成吗？"

永田龙二有时会在早上6点就到了车间，那时候还没有员工来上班，那么，他来干什么呢？他表示："看看员工的操作空间，因为没有人在，很多东西反而看得出来。"一次，他看到一个员工的水杯中落了很多灰尘，里边剩余的水和水杯的杯壁上结出一圈黄色的垢。待这名员工抵达后，他指着水杯问:"你白天工作时间都不喝水吗?"员工先是一愣,缓缓地说:"工作太忙了,忘了喝水了。"他拍拍员工的肩头:"再忙也要喝水吃饭,身体很重要啊!"

在形成"巡视100次"的习惯之前,永田龙二也是典型的"办公室派",整日坐在自己的办公室内等待下属的汇报。但来到京瓷后,经营管理模式完全不同。上级告诉他:"必须要去现场,要面对面感受真实的气氛,去发现潜在的问题和问题的本源。因为问题的当事人往往很难主动开口,需要我们及时掌握情况,协助他们完成。"

在自己下到现场后,永田龙二看到了很多不寻常的场景:有一次,他看到一名事务部长不仅亲自查看半导体零部件的检品、出货工序,还向一位操作人员确认工作进展;还有一次,他看到一名课长亲自用推车把物品和批次卡送到出货车间。

这种查看工作由部、课、系各级负责人分别进行,相互无关,又相互有关。虽然各级负责人会收到来自下属的相关汇报,但大家还是养成了一种"不确定的事情一定要亲自确认的习惯"(见图9-8)。

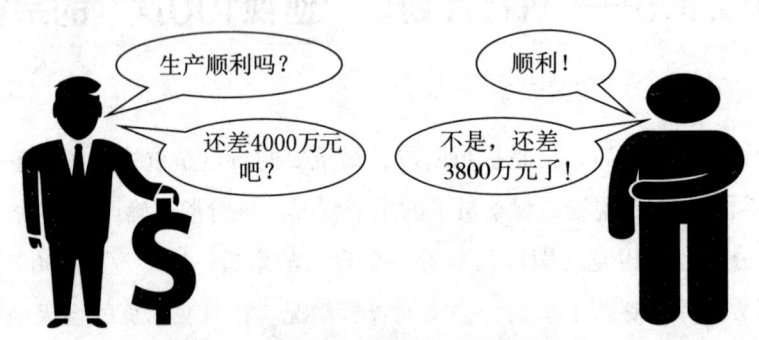

图9-8 不确定的事情要到现场亲自确认

通过不断下到现场查看,永田龙二总结出了过往从来不曾得到的经验,如同样汇报"这个月绝对没有问题,肯定能完成目标",从性格要强的员工嘴里说出来和从缺乏自信心的员工嘴里说出来,意思大不相同。二者都存在完不成任务的可能,但前者有克服万难也要完成的想法,后者可能从说出这句话的那一刻就已经放弃了努力。

现场查看的目的是让计划更好地实行,完成每个月单位时间核算的目标。但不能只是管理人员"跑断腿",还需要员工记在心。京瓷的单位时间核算的衡量标准要完全渗入员工的心中,渗透进日常工作中。

比如,在常规晨会上,各阿米巴领导者对照本月计划,宣读截止到前一天的总生产达成率、单位时间核算、良品率等实绩,同时指出当前的问题及当天的工作任务,所有成员用笔记录关键数据。半导体零部件第二事业部的一位课长说:"其实这些数据都在车间前方的墙上贴着,但这远远不够,只有通过笔记,才能把这些数据转换成自己的任务。即便是临时员工,也要了解订单数量以及其他有关核算的所有数据,也要有核算意识。"

NO.107——反馈结果:对照预算和年度计划展开深度讨论

上节的最后说到每日晨会对前一天计划的总结和对当天计划的确定,员工边听边做重要记录。

员工之所以能养成这种好习惯,和京瓷成体系地记录、总结、反馈经营结果有关。京瓷公司要求,每个阿米巴每天的生产、费用、时间等主要项目实绩,会在第二天以日报的形式张贴在车间的墙壁上,并分发给各部门。由此,那些质疑京瓷不让临时员工了解公司经营状况的人可以闭上嘴巴了。虽然临时员工只是每天的上班时间晚一些,不参加正式员工的晨会,但也有自己的晨会,前一天的各自所在阿米巴的工作业绩就张贴在墙上,就是想装作看不见都不可能。

笔者在没有深入了解京瓷的阿米巴经营模式之前,也被一个疑问长期困扰着,就是阿米巴都是月底最后一个工作日的中午才做结算,然后下午就召开各种会议进行讨论了,如此一来,时间怎么来得及?

如果按照一般企业的操作流程肯定是来不及的,因为没有每天进行数字反馈的习惯,都是攒到月底一起结算。而京瓷公司的各阿米巴,在每天的工作中都将各项指标管理得非常详细清楚，随时算出来的核算表和最终的核算表几乎没有差异。所以，在月末最后一个工作日之前，各阿米巴领导者已经有了截至前一天的累计数据，只需根据手头资料把最后一天的数据加上去，就可以立即得到当月的核算表（概算表）。（见图9-9）

```
[6月1日 每日记录] [6月2日 每日记录] [6月3日 每日记录] …… [6月29日 每日记录] [6月30日 每日记录]
                    ↓
          某阿米巴 2021年6月核算表
```

图9-9　京瓷公司月核算表生成方式

结算完成的一小时后召开午会，由阿米巴领导者依据核算表向所有成员宣读当月的工作成果。

再过一小时，各事业部部长主持召开本部的反思会。各生产线、技术、管理、设计、检测、品质等所有课的课长，以及下属各系负责人，出席此次反思会。

反思会的流程是首先由部长进行总结，然后各课长逐一汇报当月总生产、费用、时间、特别事项以及当月未完成的部分情况。最后，各课长再发表下月目标及预测。

坚持每天反馈，可以及时了解现场发生的问题，及时采取改善措施，否则积攒到月底一起反馈，早就错过了改善的最佳时机。而且，人的记忆时长是有限度的，虽然不像鱼那样只能记7秒，但也不会记住几个月，甚至更长时间内发生的所有事情。对于工作中的大疏漏往往不会忘记，但对于工作中的小疏漏就难以准确记住，因此，需要趁着"余温未退"及时反思，养成及时解决问题的习惯。

京瓷公司坚持将结果反馈给所有员工，包括管理人员、正式员工和临时员工。这一点至关重要，因为在现场进行生产、在外边东奔西走的都是基层员工。没有他们的辛勤付出，就没有京瓷公司蒸蒸日上的发展。在公司经营不善时，还需要员工接受一些压力很大的要求，他们用自己的努力扛下来了。因此，稻盛和夫说："作为对员工的感谢，对员工的信任和支持，必须毫无保留地告诉他们公司的经营状况。"

NO.108——评估结果：使用结果进行验证

经营结果不是走到反馈这一步就截止了，而是要在反馈的基础上有所反思，就像上一节提到的反思会，在会议上对照计划和实际完成情况展开彻底讨论。

人们对数据结果的第一反应往往挂在脸上，计划实施效果好的阿米巴和个人，就会表现得喜气洋洋；计划实施效果不好的阿米巴和个人，就会感到郁闷无语；如果是计划实施效果特别不好的阿米巴和个人，内心将是非常难受的。人在心理受到重压的情况下，容易做出比较激烈或反常规的行为。

肝付弘幸讲过一件事：下属的一个系的负责人（刚被提升上来的），其领导的系在他上任第三个月的经营业绩与计划差距很大，导致他的心态出现了严重失衡。虽然结果反映得足够透明清晰，但他依然强行为自己辩解，目的是试图蒙混过关。肝付弘幸花费很大精力跟他分析，告诉他"通过核算表上的各项明细，已经看出了很多问题，每个问题都清晰可见"，终于这位系负责人承认了是自己的管理不当，导致本系计划未能完成，自己负主要责任。这位系负责人后来被降职为一名基层员工，此后也未再被提升。出现这个结果的根本原因不是这位系负责人工作能力欠缺，而是他对情绪的控制能力不够。

肝付弘幸借用稻盛和夫的一句话告诫下属系负责人："作为管理人员，必须坦率接受核算表结果反映出自己当月的经营状况和领导能力这一事实。"

肝付弘幸在管理过程中发现很多问题。如某系总生产和材料费的比例关系每月波动很大，后经详查得知，波动大的原因是该系本月出现了两次原材料购买冲突，物品购入后费用就算在当月费用里。在本事业部反思会上，肝付弘幸郑重警告该系负责人："这种采购失误的情况不要再发生。"

某个被肝付弘幸重点培养的下属系负责人，某个月业绩下滑，为了隐瞒，于是将低利润产品与高利润产品捆绑在一起记录。最终，这种伎俩并未得逞，肝付弘幸通过现场了解和数据比对发现了问题，将这位系负责人免职。对于这次"暗箱事件"，肝付弘幸的处理态度非常坚决，并在召开全课所有人参加的"拨正会议"上，对大家说："这种想法和做法不仅严重损害了企业利益，同样非常不利于个人成长。只有把不好的方面暴露出来，才能促使个人更快地成长。"

评估业绩需要记录结果，这就必须要反馈结果，查看结果。但这并不意味着只是查看结果，因为真正应该审查的是经营内容本身。（见图9-10）

图9-10　审查经营内容

阿米巴经营模式简单地说，是有根据地制订出计划，再通过实施得出实际结果，最后用结果进行验证。能否通过验证，能体现阿米巴领导者的工作能力和领导能力，也能体现各阿米巴成员的工作能力和努力程度。

若是阿米巴的经营业绩未能达到预计目标，则要问责阿米巴领导者，但并不问责员工（员工违反企业明令禁止的规定行为除外）。稻盛和夫认为京瓷成功的因素之一是"不会因为失败而指责员工"，他说："在我们公司，如果员工为了公司利益勇敢迎接挑战，即使失败了，甚至给公司造成巨大损失，我们也不会进行任何惩罚……只有允许员工失败，他们才能不断地迎接新的挑战，才能产生再向前跨越一步的勇气。"